北京市社会科学界联合会
北京市哲学社会科学规划办公室　资助出版

｜台湾研究系列｜

京台文化交流研究报告

（2018）

刘文忠　主编

九州出版社　全国百佳图书出版单位
JIUZHOUPRESS

图书在版编目（CIP）数据

京台文化交流研究报告. 2018 / 刘文忠主编. -- 北京 ：九州出版社，2019.12
　　ISBN 978-7-5108-8577-8

　　Ⅰ．①京… Ⅱ．①刘… Ⅲ．①文化交流－研究报告－北京、台湾 Ⅳ．①G127

中国版本图书馆CIP数据核字(2019)第272341号

京台文化交流研究报告（2018）

作　　者　刘文忠　主编
出版发行　九州出版社
地　　址　北京市西城区阜外大街甲 35 号（100037）
发行电话　(010)68992190/3/5/6
网　　址　www.jiuzhoupress.com
电子信箱　jiuzhou@jiuzhoupress.com
印　　刷　北京九州迅驰传媒文化有限公司
开　　本　720 毫米 ×1020 毫米　16 开
印　　张　15.75
字　　数　250 千字
版　　次　2020 年 1 月第 1 版
印　　次　2020 年 3 月第 1 次印刷
书　　号　ISBN 978-7-5108-8577-8
定　　价　42.00 元

目　录

"在京台生"社会调研报告……………………………………… 刘文忠　周小柯（1）

两岸经济关系发展 30 年的回顾与展望……………………………………… 朱磊（14）

基于移动电子商务的京台连锁服务业

　　对北京消费的引导机制研究………………………………………… 刘宇涵（37）

京台数字动漫产业合作机制构建

　　与合作潜力实证分析………………………………………………… 李立（64）

张我军与五四新文化在台湾的传播……………………………………… 李跃乾（82）

京台义务教育阶段美育研究综述………………………………… 汪艳丽　董琦琦（91）

台湾"政党法"的规范范围及其平衡问题探讨……………………………… 陈星（122）

新变局下两岸经贸关系发展新模式探讨……………………… 周小柯　李保明（136）

区域一体化下京津冀对台产业合作的整合效应与协同机制…… 周小柯（144）

当前形势下京台中小企业深化合作研究……………………………… 周小柯（165）

新时代中国企业家精神分析………………………… 唐少清　谢茜　刘立国（196）

台湾妇女人权保障状况及其对大陆的启示………………………………… 胡淑慧（208）

应用型大学通识教育概说………………………………………………… 常百灵（215）

海外智库及学者的中国发展道路评析……………………………………… 刘文忠（232）

民间私人幕僚型智库的实证分析：

　　以"小英教育基金会"为例……………………………………… 刘文忠（237）

"在京台生"社会调研报告

刘文忠　　周小柯[*]

"在京台生"是指在北京高校学习的台湾学生，包括学位生和非学位生，他们是台湾青年和大陆台生的双重代表，目前总人数已达 2000 多人，是我们加强对台统战工作的一个新渠道。为全面深入了解"在京台生"的学习生活、思想情况及其政治倾向，课题组在反复论证精心设计问卷基础上选择台生相对集中的 8 所北京高校进行了抽样问卷调查，组织了与"在京台生"和台湾青年学生交流的 3 场座谈会，并多次开展内部研讨，同时结合部分高校台生工作总结，形成了调研报告。

一、在京台生是两岸深化交流的重要组成部分

"在京台生"既是台湾同胞天然的组成部分，也是台湾青年中对大陆有密切接触和较深了解的一个特殊群体。面临部分台湾民众尤其是青年一代对"两岸同属一个中国""一国两制"等认同感偏低的现状，以及台湾青少年政治参与意识越来越强的新形势，迫切需要我们从战略高度，充分认识深入做好"在京台生"统战工作的重要意义。

（1）做好"在京台生"学习、生活安排，是实现中华民族伟大复兴的长远大计。党的十八大以来，习近平总书记提出实现中华民族伟大复兴的中国梦，成为团结海内外中华儿女的最大公约数。在今年 5 月份召开的中央统战工作会议上，《中国共产党统一战线工作条例（试行）》（以下简称《条例》）正式颁布实施，《条例》将"致力于中华民族伟大复兴"写入统一战线性质，使其完善为

---

　*　刘文忠，北京联合大学京台文化交流研究中心执行主任，台湾研究院副院长；周小柯，北京联合大学台湾研究院助理研究员，研究方向为两岸及京台产业合作、区域经济发展。

"全体社会主义劳动者、社会主义事业建设者、拥护社会主义爱国者、拥护祖国统一和致力于中华民族伟大复兴爱国者的联盟"。习总书记关于"中国梦"的深刻阐述和《条例》对统战工作尤其是对港澳台海外统战工作的规定，为新时期开展对台统战工作指明了方向，也提出了更高要求。站在大历史的视角看，祖国的完全统一应是中华民族伟大复兴的最具代表性的标志，两者具有内在一致性。今天的青年人在二三十年后将是主导政治局势的核心力量，从这个意义上讲，做好"在京台生"学习、生活安排，是促进祖国完全统一、实现中华民族伟大复兴梦的长远大计。

（2）做好"在京台生"学习、生活安排，是建设两岸命运共同体的重要路径。在中央对台政策的表述中，多次提到"两岸同胞是血脉相连的命运共同体"。今年5月4日，习近平总书记更是倡导国共两党和两岸双方携手建设两岸命运共同体，并提出5点主张，两岸青年交流也是其中的重要内容。习近平总书记指出，青年是民族的未来，也是两岸的未来。我们要更多关注两岸青年成长，为他们提供更多机会和舞台，让他们多交流多交心，成为共同打拼的好朋友、好伙伴。青年是最富朝气、梦想和活力、最具创造力的群体，做好"在京台生"统战工作，并以其带动两岸青年和两岸广大民众全面深入的交流合作，不仅是建设两岸命运共同体的内在要求，也是推进建设进程的重要路径。

（3）做好"在京台生"学习、生活安排，是开展对两岸以及京台青年学生交流的具体举措。开展对台统战工作，核心是做人的工作，进一步从发展的眼光着眼两岸关系的未来看，做青年人的工作又是核心中的核心。当前台湾青年一代总体上缺乏对大陆的认识和认同，这是未来两岸和平统一的最大隐忧。扭转这一局面，自然也要在台湾青年人身上做工作。"在京台生"数量超出2000人，分布在北京20多所高校内，涉及多个学科专业，既有本科生、硕士研究生、博士研究生，也有临时的进修生和短期培训生，而且"在京台生"也是台湾青年中相对优秀的群体，所以也非常有必要将其打造为开展京台青年交流"试验田"和"窗口"。就相关工作开展而言，至少要三管齐下：一是全面了解"在京台生"，二是服务好"在京台生"的学习生活，三是以恰当的方式积极影响并引导"在京台生"成为两岸交流合作、和平发展乃至完全统一的推动力量。

二、"在京台生"学习生活现状及面临的主要问题

没有调查，就没有发言权。做好"在京台生"统战工作，前提是要了解清楚他们的学习生活现状及所面临的主要问题。基于对 231 份有效回收问卷的数据分析，结合两场台生座谈会和部分高校的台生情况工作报告，课题组对在京台生学习生活现状及面临的主要问题了解如下：

（一）"在京台生"学习生活现状

1. 学习方面基本情况

从受访台生选择来北京学习的动因看，59.31% 是因为"北京高校的教育质量较好"，31.60% 是"希望毕业后留京工作"。从进入路径看，有 40.26% 的受访台生是通过普通高校华侨港澳台联考进入北京高校，35.05% 通过高校自主招生进入。从学习方式看，81.39% 的受访者以全日制的方式在京学习，以交换生和在职形式学习的受访者分别占 12.12% 和 5.63%。从学业所处阶段看，69.70% 的受访者为本科生，硕士研究生和博士研究生的比例分别为 21.65% 和 5.63%。从参与校内学术活动情况看，66.67% 的受访者有选择地参加，总是积极参与的占 11.26%。从受访者对学校课程设置、教学内容和教学方式的评价看，选择"满意"和"比较满意"的分别占 81.38%、87.88% 和 78.35%；选择"不满意"的分别占 13.85%、8.66% 和 15.15%。

2. 生活方面基本情况

从居住情况看，77.49% 受访台生居住在校内，22.51% 居住在校外。从参加学生组织或社团的情况看，79.22% 的受访者愿意参加；有 32.03% 的受访者参加的是学术性社团，25.11% 参加的是学生会等学生自治组织；60.61% 的受访台生在学生组织或社团中仅作为普通会员。对于校内外的志愿者公益活动，选择"有参加"和"没有参加"的台生基本上各占一半。从读书期间的社交情况看，32.03% 的受访台生"结交了许多真心朋友"，33.33% 的受访台生"结交了不少人，但缺少知心朋友"，31.6% 的受访台生"结识的人不多，但有几个知心朋友"。调查表明，台生在交朋友方面对内地生和台湾生并无明显的偏好，选择"大部分是内地学生"和"大部分是台湾学生"比例分别为 32.03% 和 32.9%，选择"内地学生和台湾学生各半"占 25.97%。在于内地学生关系方面，84.85% 的受访台生表示"相处十分融洽"或"相处比较融洽"。

总的来看，84.85%的受访台生表示能够适应在北京的学习生活。调查表明，绝大多数在京台生有意愿也能够比较全面地融入校园的学习生活。

（二）"在京台生"学习生活面临的主要问题

"在京台生"学习生活中也面临一些相对共性的问题，需要加以关注和予以合理解决。

1. 学习压力较大

由于两岸在中学阶段教学内容及难度有所差异，再加上台生入学门槛相对较低，生源参差不齐，部分台生入学后难以跟上内地学生的统一进度，特别是高等数学课程有不少台生学习非常吃力。在课题组与清华大学台生代表的座谈中，参与座谈的台生也普遍表示面临很大的学业压力：首先，学校课程安排十分紧凑；其次，毕业之前要求在核心期刊发表文章；最后，由于交换来的台生只能根据两校间签订的协议选课，导致有些台生只能选择一些冷门或者自己不感兴趣的课程，这间接加大了学业压力。

2. 不适应社会环境

尽管台生比较能适应校园环境，但对更大范围的社会环境则有相当一部分不能很好适应。图一显示，31.37%的受访者表示"不适应内地的生活习惯"，21.21%的受访者表示"无法融入内地文化氛围"，这些表明，如何适应内地生活习惯及文化氛围等大环境仍是台生生活中面临的挑战。不适应大的环境在一定程度上也与台生对两岸差异的认知有关（见图二），分别有64.94%和60.17%的受访者认为社会管理模式和生活方式是两岸之间的主要差异。

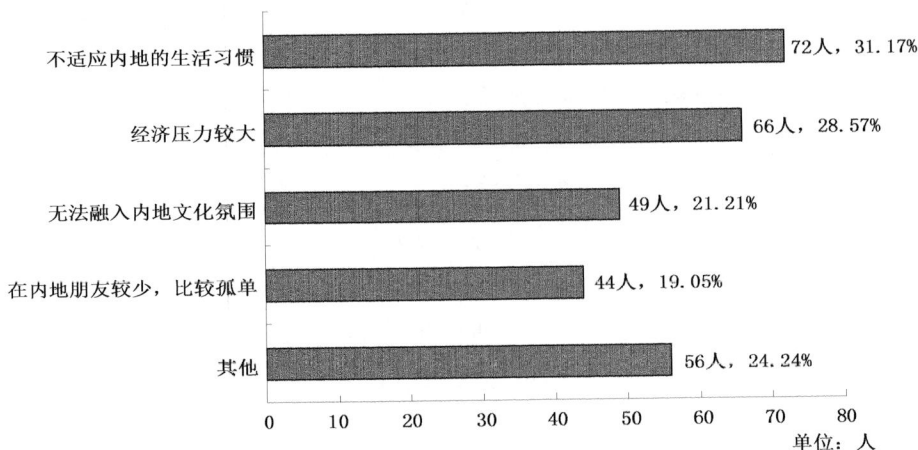

不适应内地的生活习惯　72人，31.17%
经济压力较大　66人，28.57%
无法融入内地文化氛围　49人，21.21%
在内地朋友较少，比较孤单　44人，19.05%
其他　56人，24.24%

单位：人

图一　"在京台生"生活中面临的主要困难（多选题）

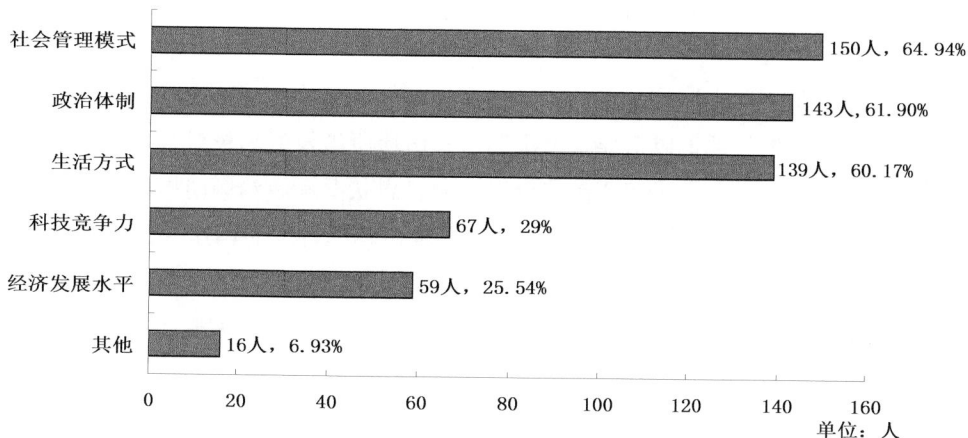

图二 "在京台生"对两岸差异的认知（多选题）

3. 在大陆就业很难

调查结果表明，有近1/3的受访台生来北京读书是希望毕业后留京工作；有37.66%的受访台生明确毕业后愿意在大陆工作，另有近一半台生会视情况而定。然而，目前台生在大陆就业面临的困难普遍比较大。台生作为一个特定群体，在学校的生源体系中属于计划外招生，因此不参加大陆毕业生的就业环节，也不纳入就业情况统计范围。虽然政府层面在努力推进吸收台湾籍毕业生在大陆就业，但由于种种原因大陆台资企业之外的企事业单位为台籍毕业生提供的工作岗位依然十分有限。此外，台生在校期间不能从事兼职工作，无法积累工作经验，这对台生的就业也有一定影响。还有台生代表反映，与台湾的大学相比，大陆的大学对于毕业生和在校生的就业帮扶较少。

4. 分开管理不利两岸青年融合

目前各个高校普遍对台生采用集中统一管理模式，如统一安排台生集中住宿，这种模式虽便于对台生的日常管理，但随之而来的负面影响是不利于台生与内地学生的融合。调查表明，有36.80%的受访台生所交朋友中大部分或全部是台生，25.97%的受访台生所交朋友中台生与内地生基本上各占一半；有14.72%的受访台生基本上与内地学生没有任何接触。

三、"在京台生"的思想状况及政治倾向

做好"在京台生"统战工作，关键是要掌握他们的思想状况和政治倾向，如此方能有的放矢地加以引导。本次调研和访谈所涉及的高校对台生工作都非常重视，为课题组真实了解"在京台生"的思想状况和政治倾向提供的便利条件和必要保障。整体而言，"在京台生"思维比较理性，对两岸共性有一定认知，有明确促统意向者多于有明确"台独"意向者，但更多的是对政治冷漠或刻意回避者，而且大多数在内心深处认可台湾的政治社会管理模式，这些倾向都不容忽视。

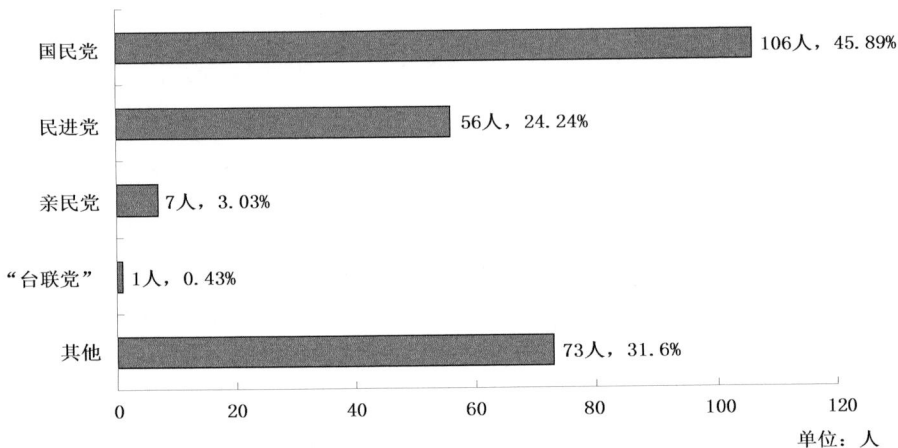

图三　对台湾政党的关注情况

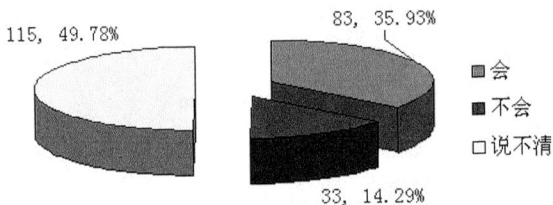

图四　对2016年台湾是否会发生政党轮替的看法

（一）思考问题比较理性，内心更认可台湾的社会政治制度

从受访者对台湾政党的关注看，图三显示，有45.89%的受访台生最关注国民党，明显高于关注民进党的24.24%，意味着受访台生偏蓝者多于偏绿者；但在对2016年台湾地区领导人选举的看法方面（见图四），则有35.93%受访台生认为将会发生政党轮替，明确高于认为将不会发生政党轮替的14.29%，并未出现因心偏蓝营而否认蓝营当前在选战中处于相对弱势的事实。从受访台生对"太阳花学运"和"九合一选举"的认知评价看（见表1和表2），总体上也未出现偏激认知。另外，调查表明，分别有93.5%、67.53%、61.47%和60.61%的受访者肯定大陆在经济、政治、文化和社会建设方面所取得的成效，而肯定马英九执政表现和台湾经济现状的分别仅有32.90%和16.88%。这些都说明受访台生思考问题并不受太多感情因素左右，总体上比较理性。

表1 对"太阳花学运"的看法（多选）

对"太阳花学运"的看法	样本数（人）	百分比（%）
主要是为了"反黑箱服贸"	88	38.10
占领"立法院"的方式不恰当	95	41.13
与年轻人薪资待遇低有关	59	25.54
与马当局政策失当有关系	51	22.08
是一场学生自觉自发的公民运动	63	27.27
激化了台湾社会的对立情绪	50	21.65
象征着"公民社会"的觉醒	41	17.75
暴露了台湾民主制度的不成熟	36	15.58
其他	25	10.82
未回答	1	0.43

表2 对"九合一"选举的评价（多选）

对"九合一"选举评价	样本数（人）	百分比（%）
蓝营内部失和，内斗严重	72	31.17
马英九政权施政不力，失去民意基础	108	46.75
绿营比较团结	15	6.49

对"九合一"选举评价	样本数（人）	百分比（%）
民进党摆脱了陈水扁的影响，实现翻身	25	10.82
以柯文哲为代表的中间人士异军突起，颇受民众欢迎	84	36.36
其他	53	22.94
未回答	3	1.30

另一方面，受访台生普遍不太关注大陆的政治环境和民主制度，且认为台湾在社会制度上优于大陆。调查表明，有54.55%的受访者关注大陆的经济发展，且有85.28%的受访者认为大陆在经济发展潜力方面较台湾更具优势。但与此明显不同的是，仅有6.06%的受访者认为大陆的政治环境具有吸引力，有29.44%的受访者关注大陆的民主制度；认为台湾在社会制度方面优于大陆的则占65.37%。对这些问题的回答显示出，尽管受访普遍台生认可大陆的经济发展成绩，但在内心深处还是更认可台湾的社会政治制度。

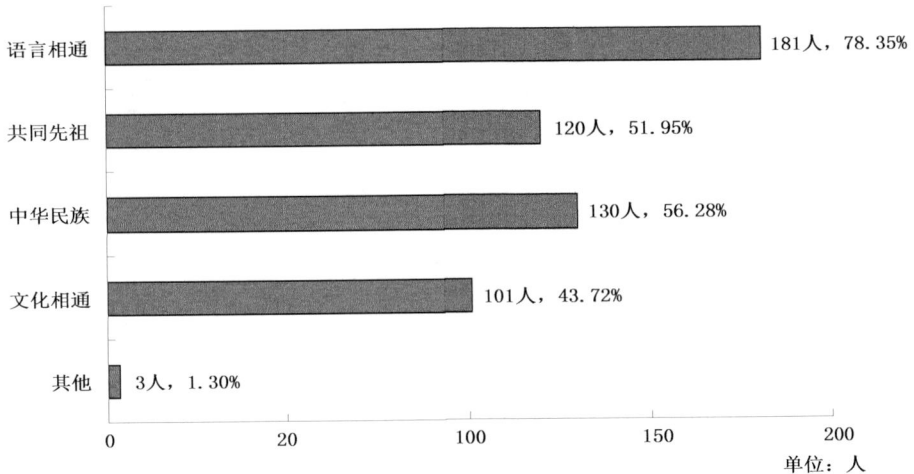

语言相通　181人，78.35%
共同先祖　120人，51.95%
中华民族　130人，56.28%
文化相通　101人，43.72%
其他　3人，1.30%

单位：人

图五　对两岸主要共性的认识

（二）对两岸共性有一定认知，但认同度仍有较大提升空间

从受访者对两岸之间主要共性的认知看（见图五），有101人选择"文化相通"，占43.72%；有130人选择"中华民族"，占56.28%；有120人选择"共同祖先",占 51.95%;有 181 人选择"语言相通",占 78.35%。整体来看,受访台生对两岸之间的共性有一定认知,尤其是在语言相通方面的认同度较高。然而,受访者对"中华民族"和"共同祖先"的认同虽然过半,但不认同的比例也都在 4 成以上,尤其对于"文化相通"的不认同比例接近 6 成,显示在增进台生对两岸共性认知方面仍有很大的改进提升空间。

（三）整体上不肯定"一国两制"在港澳的实践,对"一国两制"内容也缺乏足够的了解

图六显示,对于"一国两制"政策在港澳的实践,仅有 19.91% 明确表示成功;相反,有 41.56% 明确表示不成功,高于前者 21.65 个百分点。

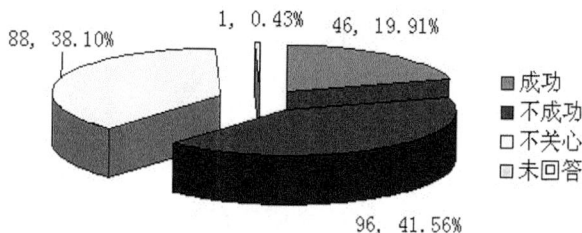

图六　对"一国两制"在港澳实践的评价

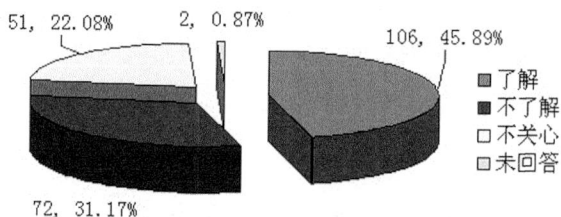

图七　是否了解"一国两制"的具体内容

上述情况在一定程度上与多数台生不了解"一国两制"政策的具体内容有关。图七表明,对"一国两制"具体内容不了解和不关心的加起来占 53.25%,超出明确表示了解者 7.36 个百分点,表明整体上"在京台生"对"一国两制"还是比较缺乏认知。

92, 39.83%　　　　　　　102, 44.16%

■ 是
■ 不是
□ 说不清

37, 16.02%

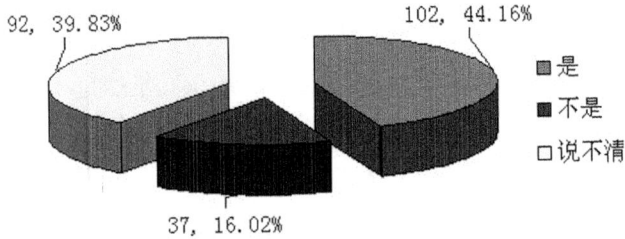

图八　是否认可"两岸一家亲"的提法

（四）具有促统意向者的多于反对者，但更多受访者存在对政治冷漠或刻意回避统"独"的倾向

在反映台生统"独"观的核心问题上，图八表明，认可两岸一家亲的受访者占44.16%，明显高于不认可的16.02%；图九表明，认为未来两岸之间有可能采用"一国两制"模式实现统一的受访者占45.02%，也明显高于认为绝不可能的23.81%；图十表明，明确认同"九二共识"的受访者占21.21%，略高于明确不认同者4.76个百分点。这些表明，在受访台生中，具有促统意向者要高于明确不赞成两岸统一或主张"台独"者。但进一步观察可以发现，对三个问题未表明态度者分别占39.83%、28.57%和62.33%，这三个比例累加为130.73%，高于有明确促统意向者三个比例累加的110.39%，意味着相对多数的受访台生存在对政治冷漠或刻意回避统"独"问题的倾向，这一倾向值得更深入的研究思考。

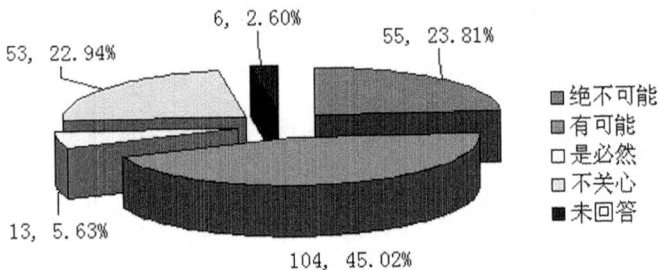

6, 2.60%　　　　　　55, 23.81%

53, 22.94%

■ 绝不可能
■ 有可能
□ 是必然
□ 不关心
■ 未回答

13, 5.63%

104, 45.02%

图九　未来两岸是否会以"一国两制"模式实现统一

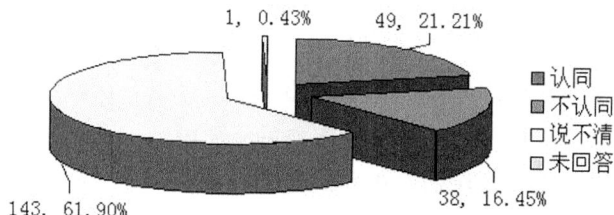

1，0.43%　　49，21.21%

■认同
■不认同
□说不清
□未回答

143，61.90%

38，16.45%

图十　是否认同"九二共识"

四、做好"在京台生"交流工作的具体建议

增强台湾的认同，最大范围争取台湾民心，建立两岸的命运共同体是新时期统战工作的基础。没有获得台湾民众的认同，对台统战工作就很难有成效。做好"在京台生"统战工作，核心是影响台生的统"独"观，通过一系列举措强化或争取他们在民族、领土、国族和价值等方面的认同。为达到这些目标，同时也为进一步服务好"在京台生"的学习生活，课题组提出以下建议：

（一）从器物、语言和历史认知符号三个层面，强化"在京台生"的中华民族认同

一是从器物层面开展工作。组织"在京台生"游览历史文化古都，重点参观北京及其他代表性古都的著名历史博物馆和名胜古迹，如陕西西安的兵马俑、河南安阳的殷墟青铜器和甲骨文等，通过让他们了解认知这些有形的历史器物来体验感受中华民族和中华文化辉煌灿烂的文明史，间接增加他们对中华民族的认同感。二是从语言层面开展工作。引导鼓励大陆青年尤其是从事台湾研究和两岸交流工作的年轻人有意识地学习一些闽南语、客家语、高山族语及其他台湾少数民族语，通过讲台湾方言进一步拉近与"在京台生"的心理距离。三是从历史认知符号层面开展工作。举办一些特定领域的中华文化交流活动，比如海峡两岸中医药文化研讨会、服饰文化研讨会、汉字形体演变等，鼓励"在京台生"积极参与；同时积极引导"在京台生"参与《中国诗词大全》、《中华好诗词》、《唐诗风云会》等电视节目，以此唤起并不断强化他们对中华历史文化符号的记忆和认知，增强其民族认同。

（二）从大历史视角加强对中国边疆史地的研究和宣传，争取"在京台生"的领土认同

领土认同是国家认同的组成部分，让"在京台生"认识到台湾是中国国土不可分割的一部分是对他们开展统战工作的重要内容。开展这方面的工作，应避免直接的说教，要从中国边疆史地研究的视角，系统加强对包括台湾在内的边疆地区的研究，弄清历史上边疆地区与中原地区相互融合共同形成中国今天固有领土的过程和历史必然性。同时，通过建立专门博物馆展示、在媒体开设专栏介绍和在高校开设专题讲座讲解等多种方式，正面引导"在京台生"站在大历史的视角，从历史发展的长河看待大陆与台湾的关系，促使他们认识到海峡两岸暨香港澳门都是中国领土不可分割的内在组成部分，虽然在漫长的历史发展过程中有过政治治理过程的分合，但从历史大趋势上则一直存在着两岸"分治但不分裂"的历史，以此强化他们的领土认同。

（三）以丰富和宣传两岸共性为基本手段，争取"在京台生"的国族认同

求同存异是开展统一战线工作的重要原则之一，在这一原则指导下，做"在京台生"统战工作要不断强化他们对两岸共性的认知。考虑到"在京台生"的特殊性，应重点从国共合作时期双方共同认可的历史人物入手开展工作。一是加强对以孙中山、廖仲恺为代表的主张国共合作的国民党代表性历史人物的宣传，让"在京台生"全面了解"三民主义""新三民主义"以及国共合作等形成的历史背景；二是加强对国共合作时期尤其是抗日战争时期国共双方共同认可人士的宣传，让"在京台生"深刻认知两岸所共同尊重的一批前辈曾经为祖国摆脱受奴役的命运所付出的努力，促使他们产生"两岸合、民族兴、国家强"的思想共鸣。此外，还应积极主动宣传台湾在日据时期抗日保台志士的英勇事迹，比如丘逢甲先生。通过"求同"丰富和夯实两岸共性，在此过程中争取并强化"在京台生"对中国人身份的认同。

（四）以柔性方式潜移默化，争取"在京台生"的价值认同

一是推动各个高校不断优化教学服务。要持续改进教学方式及教学服务质量，重点从课程设置和教学方式上优化教学服务，不断提高"在京台生"对教学的满意度。二是积极依靠广大青年学生开展台生统战工作。鼓励引导北京青年学子在日常的学习生活中多与台生交朋友，以己之"真心"融彼之"戒心"，

促进彼此心灵契合。在学习上，对学业压力大的台湾同学给予必要帮助，尤其是高等数学等两岸中学阶段教学内容差异比较大的课程；在生活中，适当照顾台湾同学，发现并多组织有相同或相似兴趣者一起集体活动，丰富台生在京学习期间的课余生活，使他们有归属感、无孤独感；在学生社团方面，多给台生一些重要位置，让他们有机会在社团中扮演更积极的角色，成为一些活动的策划组织者，全面实现个人价值。三是探索解决台生就业难题。要逐步在就业方面给予台生近似的"同等待遇"，为台生毕业后在大陆就业创造好的条件和公平机会，增强他们在大陆的就业意愿、就业竞争力和就业满意度。要积极鼓励两岸青年合作创业，通过举办两岸青年学子创新创业大赛、设立两岸青年创业基金、建设两岸青年创业基地或园区等方式，引导两岸青年共同创业，形成两岸青年命运共同体，真正做到"同呼吸、共命运"。四是引导"在京台生"设身处地思考大陆的发展道路和发展模式。通过向"在京台生"客观讲解大陆发展过程中所遇到的实际困难和各种挑战，并与其他国家和地区在这一发展阶段所面临的困难和挑战进行对比，让"在京台生"明白大陆发展环境的一般性和特殊性，让他们自己判断在特定历史和目前的环境中哪种发展道路和模式最适合于大陆的发展。

两岸经济关系发展 30 年的回顾与展望

朱磊[*]

一、前言

两岸经济关系起源可远溯宋元，即使是在荷兰殖民台湾的 38 年和日本殖民台湾的 50 年间，两岸贸易仍未中断，而 1949 年国民党退踞台湾后的 30 年，因其颁布"台湾地区戒严令"使两岸经贸倒退至隔绝状态。1979 年后两岸经济关系再次经历从无到有、由小到大的发展过程。此后的 37 年间大体经历以下几个发展阶段：一是恢复发展阶段（1979—1986 年）。1979 年元旦，全国人民代表大会常务委员会发表了《告台湾同胞书》，首倡两岸"三通"。两岸隔绝的经济关系开始松动，两岸间接贸易大量出现。二是快速发展阶段（1987—1995 年）。1987 年台湾当局允许与大陆间接贸易，并开放民众赴大陆探亲，其时正值台湾全面实施自由化政策，台商投资大陆掀起热潮，加工出口产业向大陆大规模转移。两岸贸易和投资规模均迅速增长。三是逆势发展阶段（1996—2007 年）。李登辉执政后期推出限制两岸经济交流与合作的"戒急用忍"政策和"南向政策"，以及陈水扁执政期间对两岸经贸总体上采取的"积极管理"政策，对两岸经贸发展产生负面影响。但在市场力量推动下，两岸经贸规模逆势发展，期间两岸先后加入 WTO 对两岸贸易与投资数量继续提升大有助益。四是深化发展阶段（2008 年至今）。2008 年国民党重新执政后，台湾当局对两岸经贸发展改采积极开放政策，大陆方面倡导了 30 年的两岸"三通"终于得以实现，两岸经济关系正常化、制度化、机制化取得长足进展，两岸经贸发展水平也显著提高。2010 年两岸签署《海峡两岸经济合作框架协议（ECFA）》标志着两岸经济关系

---

　　* 作者系南开大学教授。

的制度化与自由化进入新的历史阶段。但自 2014 年起，各种迹象表明两岸经济关系发展开始由原来高速增长开始进入了低速波动前进，也可称之为"新常态"。

二、两岸经济关系发展的拐点

两岸经济关系总体上经历了 30 多年的高速发展，两岸贸易水平和台商在大陆投资的发展速度与双方联系紧密程度令人瞩目，大陆早在 21 世纪初就已成为台湾第一大出口市场、第一大贸易伙伴及台商第一大岛外投资地区。近年来两岸经济关系制度化取得突破性进展，长期扮演两岸经济关系发展的排头兵和指标器的贸易与投资再次成为焦点：两岸的 ECFA 后续协议中，《海峡两岸投资保障和促进协议》和《海峡两岸服务贸易协议》分别于 2012 年和 2013 年签署，《海峡两岸货物贸易协议》迄今虽未签订，但自 2011 年 3 月起至 2016 年 1 月两岸商谈团队就两岸货物贸易协议已经举行了 12 次业务沟通，内容磋商接近尾声。然而纵观近年来两岸经济政治形势变化，两岸经济关系发展水平与制度化建设能否继续以原有的路径和速度向前推进是有疑问的，更准确地说，拐点已经显现。

一是两岸贸易依赖程度总体达到较高水平，但贸易增速下降。台湾对大陆的贸易和出口依赖度 30 多年来总体水平不断提升，按大陆海关数据计算，2014 年已经分别达到 33.7% 和 48.4%（图一），[①] 接近 20 世纪 80 年代台湾对美国的 38.4% 和 48.8% 的贸易和出口依赖度最高值，两岸贸易如果没有新的动力恐怕不易超越该峰值。遗憾的是近十几年来两岸贸易增长率却总体呈现下降趋势（图二），两岸贸易及台湾对大陆出口的阶段年均增长率分别为：1981 年到 1995 年是 36.7% 和 44.7%，1996 到 2005 年是 18.7% 和 19.5%，2006 到 2015 年是 8.4% 和 14.3%（图三），2015 年分别同比下降 4.9% 及 5.5%。

---

① 该数字如果按照台湾方面统计（含香港）应该是 29.7% 与 39.7%。台湾统计两岸贸易数据分为包含或不包含香港，台港间贸易有的是通过香港转入大陆，有的不是，难以准确分割。因此虽然大陆海关统计数据也有可能不准之处，但仍采用大陆方面公布数据计算。

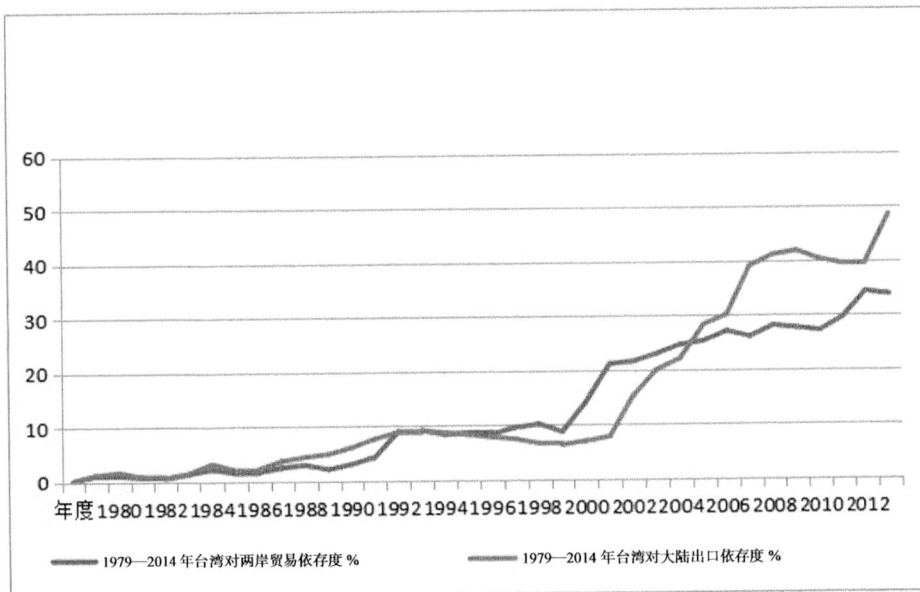

图一　1979—2014 年台湾对大陆的贸易和出口依赖度（%）

资料来源：根据两岸海关公布数据整理绘制

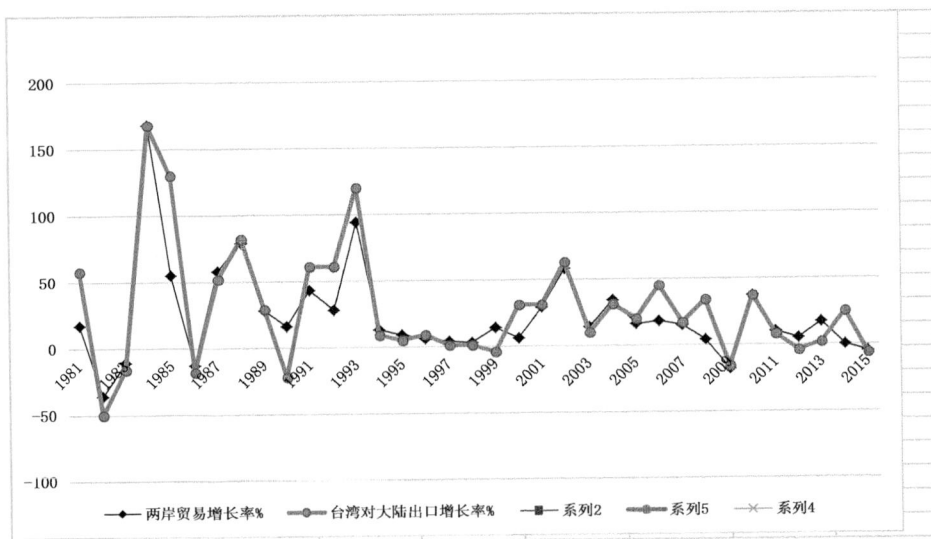

图二　两岸贸易及台湾对大陆出口年增长率（%）

资料来源：根据国台办公布海关数据绘制

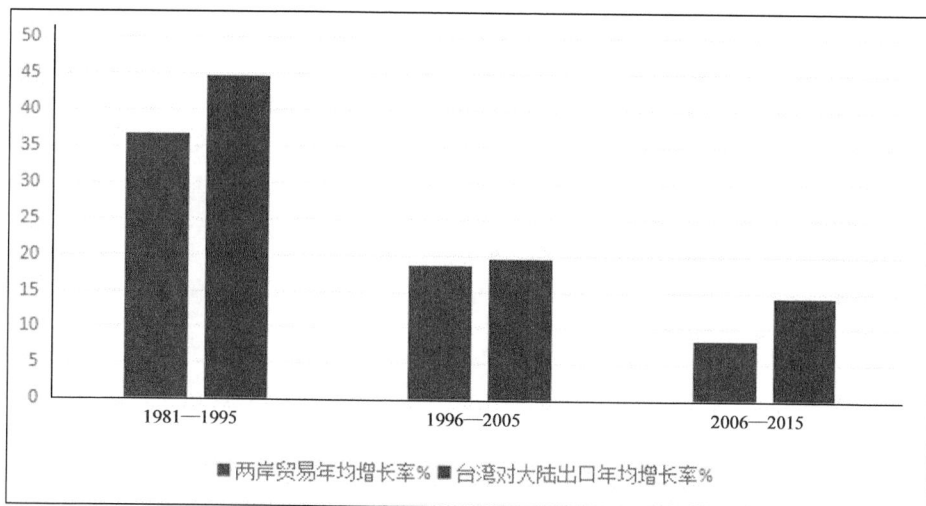

图三　两岸贸易及台湾对大陆出口年增长率分阶段比较

资料来源：根据国台办公布海关数据绘制

从大陆的角度看，两岸贸易规模与大陆的其他贸易关系相比已经处于相对较高的水平。虽然台湾市场占大陆出口市场的比重长期仅维持在 2% 左右，但两岸贸易规模已经达到近 2000 亿美元，约相当于中俄贸易额的 2 倍、中韩贸易额的 70%、中日贸易额的 50%、中美贸易额的 35%。2014 年台湾地区的经济规模只相当于俄国的 28.8%、韩国的 30.6%、日本的 11.5%、美国的 3%，根据国际贸易理论中的引力模型，双方的经济规模越大、地理距离越近相应的贸易规模也会越大，就台湾经济规模而言，两岸贸易规模相对水平已经不低。

二是台湾到大陆投资总体数额较高，但增速下滑明显。自 1991 年台商赴大陆投资岛内"合法化"以来，台资在大陆实际到资额基本稳定在 20 亿—40 亿美元之间，增长率波动区间大体稳定在正负 40% 以内（图四）。大陆是台湾最重要的境外投资目的地，台湾对大陆投资（自 1983 年起）占其全部境外投资（自 1952 年起）的比重，累计是 62%，2014 年当年是 57.4%，显示台商对大陆投资的最高潮时期已过。与香港对内地投资约占其对外总投资的 40%、新加坡对中国大陆投资约占 30%、韩国对中国大陆投资约占 20% 的情况相比，台湾在大陆的投资比重算是已经相对较高的。台商赴大陆投资的年均增长率衰退严重（图五），1991 年至 2000 年为 41%，2001 年至 2010 年为 5%，2011 年至 2014

年为 -3%。2015 年衰退 23.8%。

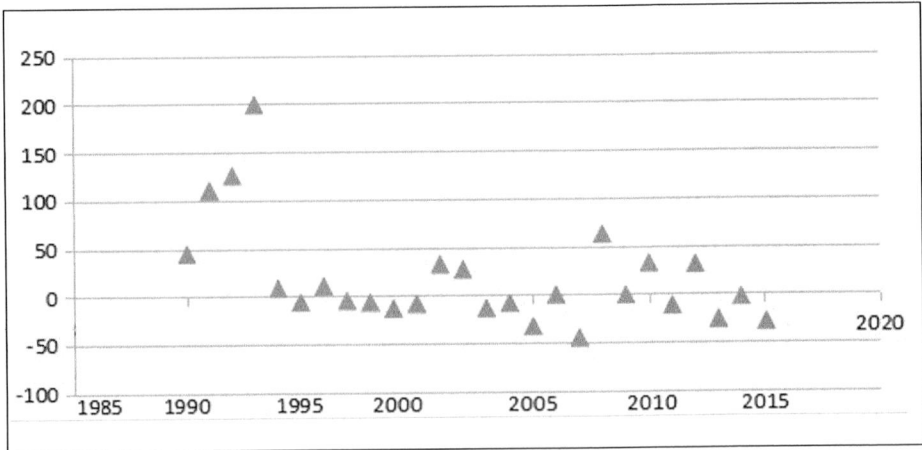

图四　1990—2015 年台商赴大陆投资增长率（％）

资料来源：根据商务部公布数据整理绘制

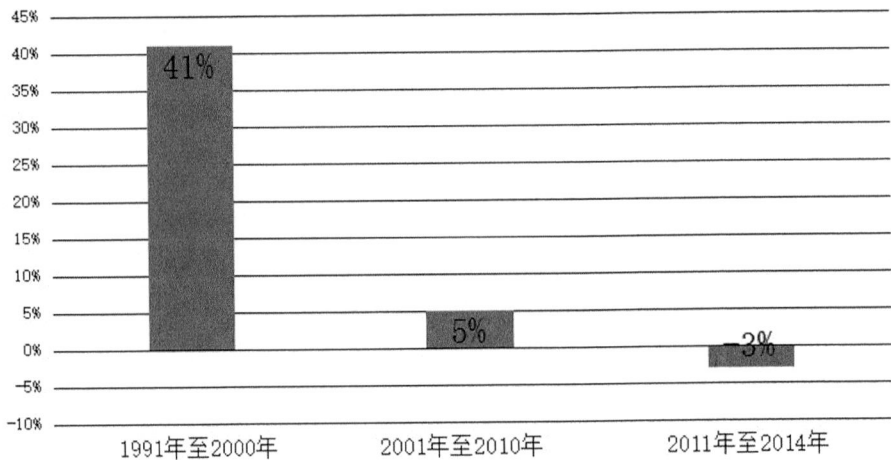

图五　台商赴大陆投资年均增长率分阶段比较

资料来源：根据商务部公布数据整理绘制

三是两岸经济关系制度化建设与台湾参与区域经济整合困难凸显，欲推乏力。虽然胡锦涛在纪念《告台湾同胞书》发表 30 周年座谈会上的讲话中提到"建立更加紧密的两岸经济合作机制进程……有利于探讨两岸经济共同发展同亚太区域经济合作机制相衔接的可行途径",时任台湾地区领导人的马英九也希望通过"先两岸、后国际"的经济整合路径参与全球产业分工,但两岸在"可行途径"的具体方案上一直没有明确共识,台湾有高度兴趣参与的跨太平洋伙伴协议(TPP)、区域全面经济伙伴协议(RCEP)等区域经济整合议题也没有找到可行途径。本来两岸经济关系制度化建设取得阶段性成果后可以为台湾参与区域经济整合提供极为有利的条件,但两岸经济合作框架协议(ECFA)的后续协议中,《海峡两岸服务贸易协议》虽然签署却因岛内"立法"部门不予通过而迟迟无法生效,《海峡两岸货物贸易协议》因 2016 年岛内政局发生重要变化而不确定性增加,下一步商谈和能否签署还要取决于双方沟通情况和两岸关系形势,影响到两岸经济关系制度化的建设。

三、两岸经济关系的拐点成因

随着全球经济格局深刻变革、两岸经历经济转型,两岸经济关系面临需求面、供给面和政策面的多种经济环境变化的挑战,同时随着两岸关系和平发展不断深入,双方深层次矛盾显现,由此促成两岸经济关系发展拐点的到来。

需求面因素,一是国际经济格局转变,台湾产品的国际最终市场萎缩。在二战以来东亚经济以"雁行模式"的产业梯次转移的过程中,美欧市场扮演了消化产能的最终市场的关键角色。两岸经贸中以"台湾接单——大陆生产——出口美欧"为特征的"三角贸易"比重一直很高,2008 年以后,美欧市场因次贷危机和欧债危机迅速萎缩,美国"再工业化政策"将很大一部分国内市场转移给国内制造商,台商通过"三角贸易"将其在美欧的销售通路和在大陆的低成本制造基地有机地结合起来将产品输入美欧市场的原有模式受到严重冲击。二是大陆经济转型,台湾一般贸易市场扩展受阻。在国际金融危机冲击下,台商原有的"三角贸易"模式需要尽快转变,将最终市场转向发展潜力更大的世界第二大经济体——中国大陆,增加两岸经贸中的一般贸易比重,但在产品需求导向、品牌通路方面还需要转型时间。此时恰逢大陆经济进入以中高速、优结构、新动力、多挑战为主要特征的转型期,新《劳动合同法》施行后企业的用工成本增加、用工风险和用工难度加大,都使传统台企低成本经营模式与产品结构受到冲击。三是两岸产业分工变动，两岸产品竞争程度增加。随着大陆产业链日益完整且生产能力不断扩充，两岸产业分工日益由原来的垂直分工转向水平分工，甚至倒垂直分工，挤掉了一部分原来台湾制造业的产品需求。台湾在相关产业的优势已经不再明显，特别是台湾的面板、半导体等制造业已经开始将大陆厂商视为主要竞争对手。

供给面因素，两岸经贸发展水平与两岸经济的各自发展程度密不可分，人才、技术、资金等生产要素的供给水平制约着两岸经贸的进一步发展。首先是两岸经济均处于结构转型、增长减速的背景下，两岸之间经贸增速也会受到限制。中国大陆经历了持续30多年的调整增长，人口结构和要素成本均发生明显变化，经济增长放慢成为必然趋势。台湾当前所处的后工业化阶段决定其经济走势将呈现中低速增长态势。以同为海岛型经济的日本和英国为例，截至2013年，日本人均GDP进入2万美元时代后27年间，年均经济增长率为1.6%；英国人均GDP进入2万美元时代后19年间，年均经济增长率为2.2%。台湾自2011年起人均GDP进入2万美元时代，年均经济增长率也很可能随之下降。经济和收入水平发展到一定阶段，民众日益重视生活质量而从事生产的积极性会减弱，降低总体经济发展速度。其次是台湾经济发展的内部供给因素存在很大限制。一是制度层面台湾社会缺乏推动经济发展的主导力量。台湾社会多元化特点的重要后果就是缺乏凝聚社会共识推动经济发展的力量，岛内任何政党执政都会受到在野党的强烈掣肘，难以真正贯彻落实改革方案和理念。二是政策层面台湾当局自我限制。对大陆企业的高度防范与限制破坏了市场自动平衡功能，资金出多进少妨碍经济发展。三是产业层面台湾产业结构转型缓慢，资源配置不合理，人才供需不协调，每年毕业生数量不少却难以满足企业实际需求。四是人口层面台湾人口结构老化日益明显，少子化倾向名列世界前茅，长期人才供给短缺。五是资金层面台湾投资报酬率偏低导致资金外流严重，岛内投资减少。

政策面因素，主要是台湾当局对两岸经济合作的政策限制依然严重制约两岸经济关系发展潜力的发挥。一是台湾当局对两岸经贸的政策限制较之台湾与其他经济体的政策限制明显更严格。贸易方面，台湾对大陆以外的国家或地区允许自由进口货物占进口总货物项目数的99.2%，但允许大陆自由进口货物只占进口总货物项目数的77.8%。投资方面，台湾对大陆以外的国家或地区资金的开放投资项目比例达96%，而对大陆资金的开放投资项目平均比例为66%；

台湾对侨外资投资采负面表列，禁止或限制投资的领域不超过 40 项，而对陆资仍采正面表列，禁止或限制投资的领域约 200 项。二是台湾当局的大陆经贸政策不能适应现实需要，发展趋势堪忧。近两年来，随着两岸关系和平发展不断深入双方深层次矛盾显现，政策分歧扩大。执政的国民党推出一系列旨在分散对大陆经济依赖的政策，包括吸引台商回流、严审赴台投资陆企、建立两岸协议"国安审查机制"，都影响到两岸经济合作的深化。台湾在野党对两岸经济合作的部分抵制有所增强。通过 2014 年 3 月的"反服贸运动"，民进党不仅迫使执政党接受对两岸服贸协议"逐条审查"，而且还以"两岸协议监督条例"来制约其他两岸协议的商签，对两岸经济领域，特别是服务业领域的相互开放形成更多障碍，两岸经济关系转型阻力增大。2016 年民进党上台在岛内执政后很可能推行蔡英文原来公开主张的"先国际、后两岸"的台湾对外经济发展路线，政策上有意疏离和淡化台湾经济与大陆经济的联系，不利于两岸经济关系进一步发展。

台湾当局对两岸经贸的保守性和歧视性政策源自两岸复杂的政治关系。岛内轮流执政的两个政党都不愿与大陆开启政治谈判，更不要说谈判和平统一，已有的两岸协商在众多重要敏感议题上因政治立场分歧难以涉足。岛内两党的共同点是都不肯放弃和与大陆协商台湾当局在岛内的各项对内最高权力，且希望争取拥有对外最高权力，争取国际认同；不同点是以何种名义争取"国际独立地位"以及是否要涵括中国大陆。因此，台湾当局对与大陆发展经贸关系态度复杂：国民党当局是希望借大陆经济发展的机遇壮大台湾经济实力，但又竭力避免台湾对大陆经济依赖度过高；民进党则是将台湾近年来经济表现不佳归咎于与大陆经济联系过于密切，认为台湾对大陆经济依赖度在亚洲"四小龙"中最高，经济表现也因此最差，所以需要降低对大陆的经济依赖度才能有更好发展。事实上，台湾对两岸经贸的政策限制是亚洲"四小龙"中最多的，这才是近些年台湾经济经常在亚洲"四小龙"中表现差的根本原因。20 世纪 90 年代以前，美国是世界经济火车头，台美之间的政策限制远少于当今两岸，当时台湾经济表现是亚洲"四小龙"之首；近 20 年，中国大陆对世界经济的拉动作用经常超过美国，台湾却因大量政策限制阻碍了自身经济与大陆这个世界经济引擎的同步发展，抑制了台湾经济与大陆经济的潜在高依赖度，导致经济增长率被政策限制极少的其他亚洲"三小龙"超越。

四、马英九执政八年的两岸经济合作

2008 年马英九在台执政后，两岸关系走上和平发展道路。在"九二共识"、反对"台独"的基础上，两岸关系稳定发展，两岸经济交流与合作取得丰硕成果，给两岸同胞带来了实实在在的好处。

（一）两岸经济关系正常化基本实现

1. 大陆 1979 年倡议、两岸同胞期盼 30 年之久的两岸全面直接双向"三通"得以实现

2008 年两岸周末包机如期实施，两岸两会共同签订两岸空运直航、海运直航、邮政合作等四项协议，实现了两岸同胞期盼已久的直接通航、通邮。2009 年两岸实现定期航班，通航、通邮进一步扩大，使两岸同胞的往来更加便捷。当年 6 月台湾当局开放大陆企业赴台投资，"陆资入岛"正式启动，两岸"三通"由"局部、间接、单向"发展为"全面、直接、双向"，正常交流使两岸经济联系更加密切，便利了两岸民众往来，提高了两岸产业合作效率，两岸之间的经济合作更加紧密，为两岸关系和平发展增添了新动力。

2. 两岸人员往来基本实现了正常的双向交流，旅游成为两岸人员往来的主渠道

2008 年台湾开放大陆居民赴台湾旅游，两岸同胞企盼已久的陆客团队游正式启动。2010 年大陆全面开放所有省、区、直辖市赴台团队旅游，2011 年正式实施大陆居民赴台湾地区个人旅游，截至 2015 年大陆赴台个人游开放城市达到 47 个。两岸建立并逐步完善了旅游市场监管、突发事件应急处置等合作机制，大陆居民赴台旅游品质总体良好。两岸旅游交流合作实现了互利双赢。大陆是台湾第一大入境旅游市场，台湾是大陆第三大入境旅游市场，两岸已形成互为重要客源市场的稳定格局。旅游开放不仅带动了两岸服务贸易发展，也在拉动两岸经济增长、调整产业结构、扩大消费、增加就业、改善民生等方面发挥了积极作用，两岸同胞也借此实现了多渠道、大范围、多层次交流。

3. 两岸金融监管部门签署一系列协议和备忘录，使属于特许经营行业的两岸金融业交流与合作可以正常开展

2009 年两岸签署金融合作协议，两岸银行业、证券期货业、保险业监管机构分别签署监管合作备忘录，两岸金融监管机构据此建立监管合作机制，两岸

银行业、证券期货业和保险业合作可以开展实质合作并进一步深化。2012 年两岸签署货币清算合作备忘录，建立两岸货币清算机制，有利于降低两岸民众和企业的汇兑成本和汇率风险，促进两岸投资贸易更为便利，进一步深化和扩大两岸经济合作。此外，台湾地区人民币业务于 2013 年正式开办，发展势头良好。

（二）两岸经济关系制度化取得突破

1. 两岸两会自 2008 年恢复协商以来，至今已经举行 11 次会谈，针对两岸交流中的制度性问题，签署了 23 项协议

具体包括：《海峡两岸关于大陆居民赴台湾旅游协议》《海峡两岸包机会谈纪要》《海峡两岸空运协议》《海峡两岸食品安全协议》《海峡两岸邮政协议》《海峡两岸海运协议》《海峡两岸金融合作协议》《海峡两岸空运补充协议》《海峡两岸共同打击犯罪及司法互助协议》《海峡两岸标准计量检验认证合作协议》《海峡两岸渔船船员劳务合作协议》《海峡两岸农产品检疫检验合作协议》《海峡两岸经济合作框架协议》以及《海峡两岸知识产权保护合作协议》《海峡两岸医药卫生合作协议》《海峡两岸核电安全合作协议》《海峡两岸投资保障和促进协议》《海峡两岸海关合作协议》《海峡两岸服务贸易协定》《海峡两岸气象合作协议》《海峡两岸地震监测合作协议》《海峡两岸避免双重课税及加强税务合作协议》《海峡两岸民航飞行安全与适航合作协议》。这些协议涵盖各个领域，有力地促进了两岸经济交流合作，增进了两岸同胞特别是基层民众的福祉，得到了两岸大多数民众的欢迎和支持。这些协议搭建起两岸和平稳定与经济互利的桥梁，使两岸关系进入 66 年来最为和平稳定、百姓获得政策红利最多的一个阶段。

2. 双方两岸事务主管部门联系沟通机制有效运行，为推动两岸各领域交流合作发挥重要作用

2014 年 2 月，国务院台湾事务办公室主任张志军与台湾方面大陆委员会负责人王郁琦在南京会面，这是双方两岸事务主管部门负责人第一次正式会面并交换意见。随着两岸经济合作的深化，协商所考虑的层面愈来愈广，已逐渐碰触到深水区。两岸事务主管部门负责人进行面对面的沟通与调解，不但对于后续洽谈的经济合作有所帮助，对于日后两岸洽谈非经济事务也有稳固的基础。国台办和陆委会建立常态化联系沟通机制，有利双方加强沟通、增进了解、深化互信，推动妥善处理和解决两岸交往中、特别是两岸经济合作过程中遇到的突出问题。2015 年两岸热线正式启用，有助于双方及时沟通、避免误判，处理紧急问题，迄今共通话 4 次。在两岸均认同"九二共识"的基础上，2015 年 11 月 7 日，两岸领导人在新加坡实现了 66 年来的首次会面，两岸政治交往取得历史性突破，更为两岸经济关系制度化夯实基础。习近平在这次会面中明确表达了大陆对两岸经济合作的立场："我们愿意首先与台湾同胞分享大陆发展机遇。两岸可以加强宏观政策沟通，发挥好各自优势，拓展经济合作空间，做大共同利益蛋糕，增加两岸同胞的受益面和获得感。"

（三）两岸经济关系自由化有所推进

2010 年两岸签署《海峡两岸经济合作框架协议》（ECFA）明确了两岸经济往来自由化的目标，构建了两岸经济合作机制化平台。两岸签署框架协议是两岸遵循世界贸易组织规则，结合两岸经济发展的现状和特点，按照平等互惠原则签署的经济合作协议，旨在逐步减少或消除彼此间的贸易和投资障碍，创造公平的贸易与投资环境，进一步增进双方的贸易与投资关系，建立有利于两岸经济共同繁荣与发展的合作机制。框架协议具有鲜明的两岸特色，是开放、渐进的经济合作协议。框架协议规定，两岸将在框架协议生效后继续商签货物贸易、服务贸易、投资等多个单项协议，逐步推进两岸间的进一步开放，最大限度实现两岸经济优势互补，互利双赢。框架协议也是全面、综合的经济合作协议，内容涵盖了两岸间的主要经济活动，确定了未来两岸经济合作的基本结构和发展规划。框架协议既关注协议签署后带来的即时的经济效益，关注两岸产业国际竞争力的提高，更关注两岸经济的长远发展，关注两岸人民的福祉。

1. ECFA 后续协议取得重要成果，充分体现了两岸政治互信对两岸经济关系自由化的基础性作用

ECFA 签署后，双方已经签署了两岸投资保护与促进协议、两岸海关合作协议、两岸服务贸易协议，未签署的两岸货贸和争端解决协议商谈也在不同程度上取得了进展。2011 年，海峡两岸经合会作为由两岸共同成立的执行与磋商机构在 ECFA 下成立，经合会例会每半年在两岸轮流举行，磋商、监督并评估 ECFA 的执行，通报重要经贸信息等，起到两岸深化经济合作重要平台的作用。两岸经合会产业合作工作小组下设汽车、无线城市、冷链物流、显示、LED 照明、纺织、医药、电子商务等 8 个产业分组，推进试点项目和重大项目合作。2011 年以来，台湾早收清单项下货品对大陆出口值逐年增加，出口成长率均大

幅高于整体货物出口成长率。

2. 两岸在海关合作、产业合作、中小企业合作、经贸社团互设办事机构、青年创业等方面也成果丰富

2015 年两岸海关电子信息交换系统上线运行，两岸货物通关效率大幅提高。两岸海关还共同解决了部分因第三方贸易无法适用 ECFA 优惠税率的情况，使更多经营者享受到 ECFA 带来的利益。大陆推出便利通关与检验检疫措施，推动台湾农产品拓展大陆销售渠道和提升贸易便利化程度。两岸产业合作进一步深化。两岸企业家峰会 7 个产业合作推进小组在各自领域取得积极进展，产业合作试点项目取得新成果。两岸信息产业和技术标准论坛迄今在 9 个产业领域共达成 288 项共识，发表 31 项两岸共通标准。两岸在冷链物流、LED 照明、电子商务等产业合作方面取得进展，中小企业合作稳步推进。两岸农业合作不断深化，大陆积极发挥市场作用，进一步推动台湾农渔产品进入大陆市场，台湾农民创业园的设立有助进一步完善创业平台建设，大陆还积极开展两岸基层乡村交流和两岸农民交流互访。扩大开放台湾居民在大陆申请设立个体工商户。2013 年大陆机电商会与台湾贸易中心分别在台北和上海、北京（后来增加广州、青岛）设立了办事处。2014 年大陆海峡两岸经贸交流协会 (海贸会) 与台湾区电机电子工业同业公会 (电电公会) 成为两岸第二家互设办事机构的经贸社团。大陆还设立了 21 个海峡两岸青年创业基地和 1 个海峡两岸青年就业创业示范点，推动有条件的国企、民企和台企为台湾青年实习、就业提供岗位。

（四）两岸经济关系紧密化不断深化

八年来，两岸贸易投资平稳发展，经济合作持续开展，两岸经济相互依赖不断深化。两岸年贸易额由 1200 多亿美元升至近 2000 亿美元，台湾对大陆的贸易和出口依赖度分别接近 30% 和 40%；大陆实际使用台资累计金额由不到 500 亿美元上升至将近 1500 亿美元，台湾对大陆的投资依赖度约为 60%。在两岸经济联系日益密切的背景下，两岸人员往来迅速扩大，两岸人员往来总量由不到 500 万人次升至近 1000 万人次，数量增长翻一番。大陆实施台湾同胞来往大陆免签注和卡式台胞证，使两岸人员往来更加方便。

1. 两岸经济关系日益紧密对台湾经济有显著的正面作用。首先是有力支持了台湾经济增长

台湾是出口导向型经济，外贸依赖度高达 120%，经济增长的主要源泉均来自对外贸易顺差，两岸贸易差额在出口、投资和消费等拉动台湾经济增长的三驾马车中扮演最重要的力量。如果没有两岸经贸往来，八年来台湾外贸将缺少7344亿美元的贸易顺差，由当前累计2477亿美元的贸易顺差变为4867亿美元的贸易逆差。即使考虑贸易转移效果，没有这7000多亿美元的贸易顺差，台湾经济发展与岛内就业状况将远远达不到目前的水平。

2. 直接和间接强化了台湾经济潜力

两岸经济关系紧密化使台湾企业可以更充分地利用大陆的市场、人才和资金从事企业转型和升级，对于台湾企业的规模成长和市场扩张直接起到重要支撑。更重要的是，两岸经济关系日趋紧密和两岸关系和平发展使得不少国家愿意和台湾地区加深贸易关系，提供技术支持与深化策略合作，间接提升了台湾企业和台湾经济的竞争力。

3. 保障和扩大了台湾经济福利

八年间，开放两岸全面直接双向"三通"方便了两岸民众往来，提高了台湾企业经营效率，增加了两岸经济合作的商机。开放大陆游客赴台及开放陆生赴台就读带动了两岸间人流、物流、资金流、信息流不断扩大，促进两岸交通、基础设施、岛内教育等多领域投资，促进了两岸经济社会共同进步。开放大陆企业赴台投资及两岸金融交流与合作带动了岛内就业和消费，刺激了岛内资本市场发展与两岸资本市场合作，拓展了两岸金融机构与企业的合作空间。两岸贸易人民币结算比例逐步提高，台湾金融机构大陆营业网点继续增加，为两岸企业和民众带来更多便利。两岸各项经济协议的签署均为优化台湾企业投资环境和经营条件、扩大台湾民众的投资机会和就业机会、维护台湾民众的合法权益与政策优惠提供了前所未有的机遇与保障。在相关协议的保障下，岛内民众的食品安全、人身安全、金融安全、核电安全、知识产权、防灾防疫等生产生活条件均可得到提高和改善。此外，海峡西岸经济区、平潭综合实验区、昆山深化两岸产业合作试验区建设的顺利推进，上海自由贸易试验区的建立，为深化两岸经济合作，探索合作新模式提供了新的平台。厦金海缆与福（州）淡（水）海缆以及福建向金门地区供水工程正式开通或开工方便了台湾地区金门与淡水民众的生产生活。

五、蔡英文执政两岸经济关系发展形势

实践证明，要保持两岸关系和平发展方向和良好势头及推动两岸经济关系不断向前发展，关键是要巩固反对"台独"、坚持"九二共识"的共同政治基础。有了这个基础，两岸经济关系就能继续向前发展，两岸民众的权益与福祉就能得到维护和增进。然而遗憾的是，由于 2016 年上台的蔡英文当局没有明确承认"两岸同属一中"的"九二共识"，破坏了两岸两会商谈的政治基础，两岸两会无法继续协商，两岸经济关系制度化建设的进程被迫中断。

（一）没有"九二共识"两岸经济关系制度化进程受阻

在两岸经济关系逐步实现正常化、制度化和自由化的过程中，两岸已经先后签署了《海峡两岸经济合作框架协议》（"ECFA"）及《海峡两岸投资保护和促进协议》、《海峡两岸海关合作协议》和《海峡两岸服务贸易协议》，还有一些后续性协议没有完成，包括《海峡两岸货物贸易协议》《海峡两岸争端解决协议》。没有完成签署和虽已签署但未生效的各项协议原本将对两岸经济关系发展及台湾经济增长有重要的正面影响，由于民进党当局没有明确承认"九二共识"导致两岸两会商谈的中止和多项协议的停摆，两岸经济制度化协商受阻，台湾经济受到较大影响。以经过第 12 轮谈判、完成大部分条文协商但尚未完成签署的两岸货贸协议为例，签署生效后台湾将有 6700 多项出口大陆产品由目前平均高达 8.9% 的关税税率降为零关税，并且享有通关便捷的优惠，对于提升台湾出口大陆产品的竞争力将有极大的帮助。现在这些产品在大陆市场面对东南亚国家与韩国产品的激烈竞争，处境非常不利。大陆与东盟的 FTA 早已生效，去年双方完成了 FTA 的升级协定书，现有的中国—东盟自贸区零关税已经覆盖了双方 90%—95% 税目的产品，其余少量产品仅征收平均 0.1% 的关税，所有产品并享有通关便捷化措施。中韩 FTA 自去年底正式生效后，韩国在中国大陆的进口市场占有率迅速上升到 11.3%，创造了新的历史纪录。受惠于中韩 FTA，奶粉、干果类、巧克力、皮革制品等部分消费品今年前 2 月的出口同比实现了两位数的增长，工业用玻璃产品、平板轧钢制品、激光除毛机、锻造机等产品则实现了 100% 以上的增长。[1]台湾产品在其最大的出口市场上正面临前所未有的

---

[1] 　注释：《中韩 FTA 生效促中国对韩国消费品出口猛增》，中国网 2016-4-16，http://www.dzwww.com/xinwen/guojixinwen/201604/t20160416_14152922.htm。

竞争压力。

（二）台湾经济表现低迷有三重原因

台湾经济形势不好有趋势性、周期性和政策性三种因素，前两个是一般性因素，后一个是特殊性因素。趋势性因素是台湾经济发展到一定阶段必然会出现的经济增速下降现象。台湾经济年均增长率战后前 40 年高达 9%，1990 年代降至 6%，2000 年至 2010 年为 4.4%，2011 年至 2015 年为 2.5%。人均 GDP 进入 2 万美元时代后年均经济增长率会明显降低，同为海岛型经济，日本为 1.6%，英国为 2.2%，台湾自 2011 年达到人均生产总值 2 万美元之后年均增长率降到 3% 以下也属正常，低增长率会成为台湾经济未来的"新常态"。周期性因素是世界经济景气周期性波动必然会影响台湾经济，景气衰退阶段台湾经济表现低迷是正常的。例如近来世界经济景气趋缓，2015 年世界经济增长速度已经回落到 2009 年国际金融危机爆发后的水平，高度依赖外部市场、外贸依赖度 120% 的台湾经济当然会受影响，因此出口连续 16 个月下滑，不过其经济竞争对手韩国出口也同样出现衰退，多达 17 个月的连续下滑，这是整体经济环境恶劣所致。政策性因素是台湾当局政策不当导致台湾经济恶化程度高于其他经济体。台湾人均 GDP 增幅滑落速度在"亚洲四小龙"中较高，2002 年被韩国反超之后差距越拉越大，目前已在"亚洲四小龙"中牢牢垫底，且差距仍在增大。博鳌亚洲论坛中发布的"亚洲竞争力 2016 年度报告"显示，台湾在综合竞争力排名中连续两年居"亚洲四小龙"之末。[1]2014 年底以来虽然"亚洲四小龙"在国际经济景气衰退的背景下均出现经济增长下滑，但台湾滑落速度明显高于其他三个经济体，说明台湾经济问题存在不同于一般性因素的独特原因。

（三）民进党当局的经济政策无法解决台湾经济根本问题

台湾经济近年来始终增长乏力转型不顺的根本原因在于台湾没有顺应国际潮流积极参与区域经济整合，特别是没有积极主动利用和融入中国大陆市场，由此导致和表现为出口、投资、消费疲弱导致的经济增长动能不足。在区域经济合作风起云涌的时代潮流下，台湾没有参与其中，与香港、韩国、新加坡自由贸易协议覆盖率分别超过 50%、70% 和 80% 相比，台湾不到 10%，这就意味

---

[1] 《博鳌论坛"亚洲竞争力 2016 报告"：台湾连续两年居"四小龙"之末》，新华网 2016 年 03 月 23 日，http://news.xinhuanet.com/tw/2016-03/23/c_128825686.htm。

着当竞争对手的产品在大部分市场上进行零关税出口时台湾产品却要负担平均接近 9% 的高关税，致使台湾产品在以中国大陆市场为主的全球市场中处于不利的竞争地位，加之整体国际经济景气欠佳，对经济起主要拉动作用的出口增长停滞甚至衰退，台商为摆脱这种不利的竞争条件被迫转移投资，岛内投资因而不足，进而造成岛内失业人口上升、未失业人口薪资停滞，岛内消费因而渐弱，于是三驾马车都丧失了动力。解决这一系列问题的突破口就是加速两岸经济关系制度化，通过与大陆市场连接拓展全球市场，全面提升台湾产品竞争力，扩大出口，吸引台湾民间投资，提升岛内民间消费，增强经济发展动能。

蔡英文当局开出的经济药方有两大主轴："多元"和"创新"。"多元"就是要分散市场，降低对大陆的市场依赖，"积极参与多边及双边经济合作及自由贸易谈判，包括 TPP、RCEP 等，并且，推动"新南向"政策，提升对外经济的格局及多元性，告别以往过于依赖单一市场的现象。""创新"就是要"优先推动五大创新研发计划，藉着这些产业来重新塑造台湾的全球竞争力。"国台办的回答已经很明确："至于台湾方面参与区域经济合作问题，如果一个中国原则不能得到维护，政治互信不复存在，势必对之带来不利影响。如果企图在国际上进行'台独'分裂活动，搞'两个中国''一中一台'，这条路根本行不通。"① 台湾甩开大陆去拓展国际经济空间只是一厢情愿的不现实想法，台湾的经济规模小，没有大陆的国际地位和市场筹码为台湾背书，台湾很难找到哪个重要的国际经济组织或经济体与之签署"多边及双边经济合作"协议。放弃利用大陆的市场、资金和人才同样不利于岛内企业的研发创新和转型升级，并且意味着失去两岸经贸为台湾提供的每年数百亿美元的巨额贸易顺差和大量投资及就业机会。

台湾"经济部长"李世光在 5 月 25 日举行上任后首次记者会，提出对于台湾经济未来发展台湾当局有四大施政主轴、八大重点。包括推动产业创新、永续的能源与资源管理、拓展经贸布局、塑造优质经营环境。

规划内容虽然不少，不过归根结底，台湾经济的真正出路仍然需要充分利用大陆资源，尤其是市场资源，至少不应该在竞争对手都在利用大陆及全球市场创新升级的时候故步自封，当局应主动为台湾企业提供更广阔的市场和利基促进其研发创新，这才是提升台湾经济竞争力的根本之道。有了竞争力就会增

---

① 《5 月 25 日国台办新闻发布会》，中共中央台办、国务院台办网站 http://www.gwytb.gov.cn/xwfbh/201605/t20160525_11466675.htm。

加出口、促进投资、带动消费，台湾经济的活力才能释放出来。不过，利用大陆市场、推动两岸经济合作有两个轮子，一个轮子是要加强两岸经贸合作的制度化建设，但基本上因两岸两会协商的政治基础被民进党当局破坏而停转了，就只剩下另一个轮子：两岸在没有公权力互动的情况下继续进行民间经济合作。

六、"新常态"下继续推动两岸经济关系发展

在政治经济因素的多重作用下，两岸经济关系开始进入以低速波动前进为特征的"新常态"阶段。由于两岸经济发展达到一定阶段，大陆跨越了刘易斯拐点而台湾"少子化"问题日益突出，随着劳动力供给减少两岸经济关系发展的潜在增长率降低是正常现象。加之国际与两岸市场结构发生变化导致的需求不足，进一步造成两岸经济关系的实际增长水平不能达到潜在增长能力，因此降速后的两岸经济关系发展"新常态"将是市场决定下的长期趋势。从对台工作思路的角度出发，主要应明确新形势下要不要、能不能以及该怎样推动两岸经济关系在"新常态"下争取维持合理速度而避免"硬着陆"冲击两岸关系和平发展。

两岸经济关系发展在对台工作中既是手段又是目的。从服从两岸关系发展大局的角度看两岸经济关系发展是推动两岸政治关系的手段。两岸经济关系与政治关系既相互促进又相互制约。正是在20世纪80年代两岸经济关系迅猛发展的市场洪流推动下，台湾当局不得不放弃"三不政策"，正视两岸经济关系发展中的现实问题，逐步放开和承认台商对大陆的贸易和投资。在此背景下，1990年和1991年台湾的"财团法人海峡两岸交流基金会"（简称"海基会"）和大陆的"海峡两岸关系协会"（简称"海协会"）相继成立，并于1992年达成对两岸政治关系影响深远的"九二共识"。同样，2008年岛内执政党在中断了9年之后重新承认"九二共识"奠定了两岸关系发展的政治基础，两岸两会6年多来签署21项协议，两岸经济关系也取得了飞跃发展，实现了正常化、制度化和部分的自由化。反过来也会相互制约，台湾当局从政治角度考虑出台的"戒急用忍""积极管理"等政策均在短期内抑制了两岸经贸的发展；两岸经济合作的竞争性大于互补性现象的出现，也对两岸政治合作的意愿强度产生负面影响。另一方面，长远看两岸经济关系发展本身又是大陆对台工作的根本目的。不仅当前两岸经济关系发展可以为两岸民众带来更多的商机和便利，长期而言两岸

政治上追求和平统一的根本目的还是为了能够更好的提高两岸民众的福利水平，通过发挥合力效果实现两岸有更优的经济表现、更高的收入水平、更多的就业机会、更好质量的生活。因此，即使是在"新常态"背景下，面对台湾不承认"一中原则"的民进党执政的不利局面，推动两岸经济关系发展仍然是着眼于增加两岸民众、特别是台湾民众福祉的正确方向。

"新常态"下继续推动两岸经济关系以适当速度向更高水平发展是有可能的。理论上讲，两岸经济关系的潜在增长率主要由两岸经济增长速度、生产要素供给、生产率水平和生产结构互补性等因素决定。生产要素、生产率潜力、生产结构的互补性没有得到充分利用，潜在增长率就仍有提高的空间。影响最直接最明显的是台湾当局以"安全"为理由的种种政策限制束缚了两岸经济交流与合作的进一步深化，例如对大陆资金、人员和商品的歧视性政策限制，阻碍了两岸生产要素的投入和流动，也影响到生产率和生产结构互补性的提升。如果对目前这些限制条件大幅放宽，两岸经贸交流水平仍有提升空间。此外通过调整结构扩大需求也可以缩小实际增长水平与潜在增长能力之间的差距，从而提高两岸经济关系的发展速度。实践中看，国际对比，虽然台湾对大陆经贸依赖程度已经接近历史上台湾对美国的最高依赖程度，但两岸经贸较之台美经贸具有多种优越性，例如距离、语言、文化等优势都将对经济交流与合作发挥重要影响，因此两岸经济关系潜在依赖水平应该高于台美经济关系，使得台湾与大陆的贸易和投资密切程度仍有潜力超过当初台湾对美国的依赖水平。对比港台，台湾对大陆出口依赖度 2014 年虽然已达 26.2%（或加计对香港出口共 39.7%），低于韩国和新加坡对中国大陆 21% 和 13% 的出口依赖度，但与香港对内地出口依赖度 57% 相比仍然有提升潜力。

由此可以得出新常态下进一步推动两岸经济关系发展的工作思路：一是减少和消除两岸经济关系发展中的政策性、制度性障碍，增强生产要素的供给和流动，提高潜在增长率。但这项工作与两岸政治形势密切相关，且很多单方面的政策措施并不操之在我，协商起来可能难度颇大。二是做好大陆经济转型工作，实现经济增长动力向创新或全要素生产率驱动的转换。通过教育体制改革和劳动力市场发育，改善人力资本积累及其激励机制，满足产业升级优化对技能和创造力的需求。通过简政放权等一系列促进发挥市场作用的改革，创造一个良好的竞争环境与投资环境，从而大幅度提高全要素生产率。三是引导台湾企业通过转型升级积极开拓大陆内需市场。国际金融危机后传统美欧市场发生重大变化，台湾企业在通过产业升级和技术更新提高产品竞争力的同时，要积极开拓大陆庞大而富有潜力的内需市场。由于大陆市场的消费习惯、销售渠道和产业链结构都与美欧市场有很多差异，原来以出口为主的两岸企业需要适应大陆市场的要求和特色，积极转型，重新设计产品。市场主体充满活力必然能给自身经济发展带来动能。四是不断创新两岸经济合作模式，适应形势变化和市场要求。从两岸经济宏观合作模式看，大体有四种推动方式：两岸官方、两岸半官方（官方授权机构）、大陆官方与台湾民间（官民合作）、两岸民间。[①]民进党在岛内执政后，两岸经济制度化进程受阻，大陆需要更多开展与台湾民间的经济合作，大陆官方在农业契作、通关检验、产品标准、金融开放等方面可直接与台湾民间行业团体协商合作，或给予授权。两岸民间行业团体之间也可以在没有公权力介入的情况下通过协商达成对行业有一定约束力的协议或共识。此外，两岸在农业、制造业、公共服务平台等方面的合作模式已经出现多样化态势，未来还需继续创新，发挥两岸经济合作的独特优势。[②]五是深化两岸金融合作，通过投融资政策开放和金融体制改革更有效率地配置资金。贸易和投资往来必然带动资金往来，两岸金融往来大体与两岸投资往来同步出现，但因金融业属于高度管制的特许经营行业，两岸金融往来与合作起步晚，但发展空间巨大。从金融机构的相关业务规模看，间接金融方面，估计台资银行人民币贷款占其贷款总额不到1%；直接金融方面，估计台湾资本在大陆资本市场不到2%，岛内人民币存款额仅占台湾存款总额约4%，相当于香港人民币存款的1/3，可见两岸金融交流还有巨大潜力。以金融合作拉动两岸实体经济交流与合作也是"新常态"下推动两岸经济关系发展的可行政策举措。六是大陆单方面推动贸易投资便利化举措，推进大陆交通基础设施和信息通信技术等硬件基础设施建设，提高贸易投资效率；建立统一的信息平台和实现无纸化通关，推动电子信息交换通道建设；营造公正、公开、稳定、透明的良好贸易投资环境，加大对腐败和垄断的打击力度，增强政策法规和行政程序的公开化与透明化，规则与措施须保持政策的稳定性、连续性和透明性。

两岸经济关系经过30多年的高速发展近年来进入了低速波动前进的"新常

---

① 曹小衡、柳晓明：《海峡两岸区域间经济合作的前景与路径研究》，《台湾研究》2015年第1期，第70页。

② 单玉丽：《秉持"两岸一家亲"理念持续深化两岸经济合作》，《现代台湾研究》2014年第5—6期合刊，第72页。

态"，自 2015 年起两岸的贸易、出口、投资等指标都开始出现负增长。拐点的出现是经济、政治因素多项叠加综合作用的结果，既有国际经济环境与两岸经济转型的根本作用，又有两岸政治分歧对两岸经济合作的重要影响。今年以来两岸经贸呈现明显下滑态势。台湾地区海关统计数据显示，今年上半年，台湾对大陆（含香港，下同）出口 503.4 亿美元，自大陆进口 215.6 亿美元，分别同比减少 11.5% 和 7.0%。台湾总体出口已经连续第 17 个月负增长，而从台湾出口地区结构来看，台湾对大陆出口衰退尤其明显：台湾对东盟、美国、日本出口同比分别减少 8.9%、7.6% 和 3.9%；对欧洲出口甚至同比增加 1.4%；而对大陆出口同比减少 11.5%，明显高于台湾其他贸易伙伴。台商对大陆投资也在下降。据台湾"投审会"统计，台湾对大陆投资占比已连续 6 年下滑至 2015 年的 3.5%。2016 年前 5 月台湾当局核准对大陆投资件数为 97 件，同比减少 23.6%；核准投资金额 34.3 亿美元，同比减少 2.2%。与之相反的，大陆赴台投资还在增加。今年 1 至 5 月核准陆资赴台投资件数为 67 件，同比增长 15.5%；投资金额为 1.5 亿美元，同比增长 233.3%。大陆民众赴台游也在锐减。台湾"观光局"统计显示，今年 3 月陆客赴台同比成长还有 30%，但 4 月成长剩 4%，5 月由涨转跌，同比减少 8.7%，6 月减少幅度是在 32.3% 左右。不同景点感受不同。阿里山景区和野柳景区减少约 30%，日月潭景区则大减 70%。

继续推动两岸经济关系有利于两岸关系与各自经济向更好的方向发展。当前最大的障碍是台湾新上台的民进党当局改变了过去 8 年来两岸关系和平发展的政治基础，拒绝承认"九二共识"和认同其两岸同属一中的核心意涵，打破了两岸政治现状与制度化协商基础。两会协商和联系机制能否得以维系的关键，在于海基会方面能否得到授权，向海协会确认坚持"九二共识"这一体现一个中国原则的政治基础。两岸如果能够恢复制度化协商，对推动两岸经济关系无疑是非常有利的。大陆方面在当前两岸制度化协商难以恢复的情况下仍应继续旗帜鲜明地推动两岸经贸往来，通过民间交往的持续扩大增进两岸民众的福祉。过去 30 年，台商在两岸经济交流与合作中扮演了关键角色。未来 30 年，台湾技术人员和青年创业者将在两岸经济合作中起到顶梁柱的作用。他们不仅将为两岸经济合作与创新提供源源不断的动力，还将为保持台湾经济活力与促进两岸融合夯实基础。吸引台湾人才的方向符合市场潮流。英国牛津经济研究院评比 46 个国家或地区的人才供给和需求情况，发布《全球人才 2021》报告，预估 2021 年台湾人才外流将达到世界第一，平均每 10 人外流就有 6 人是专业人才。台湾当局对此也非常重视，并制定"全球竞才方案"，台湾"行政院国发会"今年2月还在强调推动弹性薪资制度改革、松绑科研机构延揽人才限制、协助企业延揽人才等三项重点工作，加大力度协助学研机构及企业竞逐人才。

从大陆的角度看，2016年以后，两岸即使在经济合作制度化停摆的情况下仍可通过加强民间经济合作打造不同于30年来两岸经济合作模式的"两岸经济合作增强版"。有别于以吸引台商为主的"第一次两岸经济合作"，两岸可以推动以协助台湾技术人员和青年来大陆就业为特征的"第二次两岸经济合作"新高潮。过去30年两岸经济合作大陆以吸引台商为主，两岸经贸红利更多惠及台湾企业家阶层；未来大陆以协助台湾技术人员和青年来大陆就业为主，让岛内中产阶级和基层民众在中国大陆经济发展与两岸经济合作中普遍受益。这一转变是由两岸经济发展阶段变化决定的。大陆经济30多年的发展，要素禀赋结构发生很大变化，资本已经非常充裕和廉价，此时更需要通过大量技术人员和青年的创新创业来推进供给侧结构的转变，让台湾技术人员和青年在供给侧改革的过程中贡献力量是两岸双赢的结果。

在打造"两岸经济合作增强版"的过程中，大陆不必为台湾青年制定不同于大陆青年的就业政策，一切按"合情合理、依法依规"的原则办理，重点是为岛内青年在大陆就业与创业提供平台、拓宽渠道，提供更多法律保障，解决和维护其生存能力和竞争能力。台湾青年有良好的创意基础和国际视野，大陆市场有充分的表现机会和施展舞台，不需要依靠当年吸引台商时提供的税收减免和土地廉租等手段，只要简化办事手续和减少就业障碍，就可以产生足够多的就业创业机会吸引大量台湾青年来大陆发展。大陆经济正在转型升级，供给侧改革将会在调整经济结构的过程中创造众多新机会，未来市场红利将集中表现在新兴产业，台湾有大量的新兴产业人才却缺乏足够大的企业规模和产品市场，大陆打造"两岸经济合作增强版"不仅有利于台湾技术人才与青年找到更多施展才能的机会，还为两岸经济进一步融合发展开辟新的渠道和局面。

在创造条件吸引台湾青年来大陆就业的工作方面，大陆已经有了相当多的政策举措和工作基础。未来，大陆还可以结合自身的"一带一路"建设和"自贸区"建设推动"两岸经济合作增强版"的建设。在大陆的"一带一路"建设布局中将产生很多新的创业机会，例如"一带一路"沿线目前已有77个境外经贸合作区，台湾人才可以利用这一历史性机遇走向世界，发挥自身特长，创新合作理念，深化两岸合作，实现互利共赢。在境外投资建设经贸合作区，是以企业为主体，以商业运作为基础，以促进互利共赢为目的，主要由企业根据市场情况、东道国投资环境和引资政策等多方面因素进行决策，通过建设经贸合作区，吸引更多的企业到东道国投资建厂，增加东道国就业和税收，扩大出口创汇，提升技术水平，促进经济共同发展。境外经贸合作区不仅为台商提供投资机会，也为台湾的技术人员创造出多彩的人生舞台。大陆还为推进"一带一路"建立了亚投行和丝路基金，台湾金融人才可以利用其在金融理念创新、金融产品开发、金融人才培养体系方面的优势与大陆机构开展合作，台湾制造业企业和人才也可以进入"一带一路"的项目投资和产能外移中去，捕捉新的开拓契机，这种战略视野比台湾当局鼓励的"新南向政策"无疑更有施展舞台和成功机会。此外，中国大陆还将加快实施自由贸易区建设，逐步构筑高标准自由贸易区网络，积极同"一带一路"沿线国家和地区商建自由贸易区，加快区域全面经济伙伴关系协定、中国—海合会、中日韩自贸区等谈判，推动与以色列、加拿大、欧亚经济联盟和欧盟等建立自贸关系以及亚太自贸区相关工作，全面落实中韩、中澳等自由贸易协定和中国—东盟自贸区升级议定书，继续推进中美、中欧投资协定谈判。台湾众多优秀的国际事务人才在岛内缺乏施展空间的困境下可以加入中国大陆的迅速发展的自由贸易区建设中来，为中华民族的共同事业贡献力量。

过去 30 年，台商在两岸经济交流与合作中扮演了关键角色。台商投资大陆在大陆对外贸易发展、促进两岸贸易快速增长、推动两岸通航取得积极进展、促进大陆劳动力就业数量与素质不断提高以及大陆技术进步等方面都起到了重要作用。台商投资大陆不仅为大陆经济建设做出了巨大贡献，同时也促进了台湾经济转型和产业升级，使台湾顺利进入后工业化阶段。台商大量投资大陆，为台湾相关产业注入的新的活力，密切了两岸联系，推动了两岸关系的发展，促使两岸经济交流合作成为两岸中最具活力的因素。未来 30 年，台湾技术人员和青年创业者将在两岸经济合作中扮演重要角色。他们不仅搭建起两岸产业合作与创新的桥梁，还为保持台湾经济活力与促进两岸融合夯实基础。大陆需要像过去关心台商权益一样关心和保护台湾技术人员和青年创业者的各项权益。1994 年 3 月大陆通过《中华人民共和国台湾同胞投资保护法》，这是大陆第一部也是迄今唯一关于台湾同胞投资权益保护的全国性法律，是台湾同胞权益保障工作的基础性法律规范。1999 年 12 月国务院出台了《中华人民共和国台湾同胞投资保护法实施细则》，进一步细化和明确了保护台胞投资权益的各项具体措施。2005 年 3 月，大陆通过的《反分裂国家法》中明确规定"国家依法保护台湾同胞的权利和利益"，再次以法律的形式宣示保障台胞权益。未来还需要像重视台商一样重视台湾技术人员和青年创业者，出台相关法律法规和政策办法明确保障其各项权益，使其在安全、平等的法制环境中为"第二次两岸经济合作"新高潮做出贡献。

基于移动电子商务的京台连锁服务业对北京消费的引导机制研究

刘宇涵[*]

一、本报告研究基础

（一）研究意义

根据北京市商务委数据显示，2016 年前两月北京市服务业引资超 50 亿美元。其中，台资连锁服务业在北京地区的投资发展已初具规模，具有分布广、行业集中、规模逐渐扩大、发展趋势多元化等特征（李红梅，2004）。[①] 目前北京服务业的发展水平位于全国前列，也能够促进京津冀一体化发展。同时新常态下，我国经济增长的主要动力是消费拉动、扩大内需。而北京台资连锁服务业成熟先进的经营模式也已成为拉动北京消费的有效路径。现阶段，北京台资连锁服务业企业仍在进一步实现转型升级，并以此带动产业的协同发展。

北京商务委主任闫立刚表示，"新常态下的北京将加快推进电子商务创新发展，在促消费工作中发挥更大作用"。近年来，完善的 4G 网络服务和以微信、微博等为移动通信平台的移动互联网发展速度呈惊人之势。据北京市统计局统计，2015 年，北京手机上网用户达 2635.1 万户，比上年增长 13.9%；而北京网上零售额 1456.9 亿元，对社零额增量的贡献率达 82.8%。移动电商的主流化不断刺激首都网络消费，现已成为拉动北京市消费增长的主要力量。台资连锁服务业企业（如：永和豆浆、一茶一坐等）通过逐渐引入移动互联网平台实现转型升级。不断通过与各大移动电商的密切合作以及自主开发 App 等方式拓展其销售渠道。因此，通过对北京台资连锁服务业在移动互联网平台下发展的有效

---

* 作者供职于北京联合大学商务学院。

① 李红梅：《世界经济提话背景下的京台服务业合作》，《海峡科技与产业》2004 年第 6 期。

引导，北京网络消费可以实现飞速增长，促进首都经济发展和民生改善。同时，研究移动互联网新模式下京台连锁服务业对北京消费的影响因素，构建京台连锁服务业发展新模式，将能更加有效地促进其在京蓬勃发展，具有极其重要的理论学术价值。

因此，本课题将主要探索两大基本问题：第一，通过研究移动互联网平台下北京台资连锁服务业发展新模式，为北京台商更好地开展经营管理提供一个全新视角，同时帮助首都电商企业和台资转型连锁服务业企业消除消费者选择网络消费的障碍；第二，探索基于移动电商的北京台资连锁服务业引导北京消费发展的影响因素，以及政府如何创造这些条件。本课题的主要特点不同于以往的宏观理论研究，将站在北京台资连锁服务业企业的视角，从客观实际的微观主体出发，构建移动互联网平台下京台连锁服务业对北京消费的引导机制模型，并以北京消费者为实证对象，进行可行性分析及探索性因子分析，有利于满足京台连锁服务业企业和政府开拓北京消费的实践需要。因此，本课题将具有较高的实际应用价值。

（二）研究目标

本项目旨在通过有效引导北京台资连锁服务业在移动互联网平台下的发展与优化，实现北京网络消费的飞速增长，促进首都经济发展和民生改善。同时，研究移动互联网新模式下京台连锁服务业对北京消费的影响因素，构建京台连锁服务业发展新模式，将能更加有效地促进台资连锁服务业立足北京的蓬勃发展。

（三）研究方法

①文献综述与数据收集。虽然移动互联网平台下京台连锁服务业有较强的实践性，而理论研究体系尚不完善。本课题将查阅大量国内外相关理论文献及政策，进行梳理和系统总结归纳。同时采用调查问卷、实地访谈等获取第一手数据信息。

②理论分析与实践研究相结合。理论分析主要是运用严密的逻辑推理对京台连锁服务业影响北京消费的有关问题进行理论描述，或者新型经营模式对有关问题进行论证和分析；而实践研究是根据实际情况，运用统计数据或其他资料得出结论。只有将理论研究与对策研究结合起来，通过对当前京台连锁服务业创新协同发展存在的困难和问题进行理论思考，并提出对策措施，才能到达

研究目的。

③结构方程分析法。本课题通过构建引导北京台资连锁服务业促消费发展的结构方程模型，探索显著性相关关系、回归分析，以及模型指标拟合程度。

二、国内外研究现状及评析

近年来，台湾服务业品牌在大陆的分布已初具规模（见表1），且经营模式独具特色。总体上看，台商在北京服务业的投资呈现四个特点：投资地区分布广、投资行业比较集中、投资规模逐渐扩大、服务业发展趋势多元化（李红梅，2004）。台湾服务业不仅进入北京市场，而且以连锁店模式逐步扩大。截至2017年4月，以"连锁服务业"为关键词，检索中国知网中文期刊全文数据库，共有30018篇文献，这说明关于连锁服务业经营的研究受到我国政府、科研机构及研究学者的重视，学术界对于连锁服务业经营进行了卓有成效的研究。

表1 大陆主要台湾连锁服务业情况统计

代表台商连锁企业	规模	门市数	进入年	代表台商连锁企业	规模	门市数	进入年
大润发	54200	185	1998	多样屋生活馆 *	300	400	1998
好又多 *	16500	104	1997	欧迪芬 *	239	1000	1993
丹尼斯百货	7400	52	1997	英派斯健身俱乐部	176	84	2000
YY Sports 胜道 *	6700	10200	2008	克里斯汀面包 *	NA	800	1992
达芙妮 *	6000	5000	1990	皇冠皮箱 *	NA	600	1985
徐福记 *	3000	16000	2000	喜士多便利店 *	NA	500	2001
天福茗茶	1510	1062	1993	全家便利店 *	NA	407	2004
元祖食品	1860	480	1993	两岸咖啡 *	NA	400	2003
HOLA 特力屋 *	1100	25	2004	仙踪林 *	NA	280	1996
太平洋百货 *	934	11	1993	罗莎蛋糕 *	NA	200	1994
丽婴房	816	1360	1993	85 度 C*	NA	131	2007
Tony Wear*	450	800	1993	真锅咖啡 *	NA	120	1997
永和豆浆	510	490	1999	一茶一坐餐饮 *	NA	85	2002

注：本表根据相关企业网站和财务报表数据整理（截至 2015 年 12 月 31 日），加 * 数据来源于台湾"外贸协会"公布的调查数据（截至 2014 年 8 月 21 日），规模单位为百万元销售额。

从连锁服务业经营影响因素来看，相关研究集中在连锁经营的战略、管理营销、物流供应链、竞争情报，以及连锁经营与电子商务关系等方面。我们的课题无疑应该属于"促进京台连锁服务企业发展的新的经营模式"的应用性研究。这一方面的研究，从目前的连锁经营模式研究来看，发荣、何春凯（1999）提出并比较了连锁经营的三种基本模式：直营连锁模式、特许经营模式和自愿连锁模式。Pajiv P.Dant，Andhesh K.Paswan 和 John Stanworth（1996）对特许经营中的所有权转向理论进行分析，认为当财务资本和人力资本的稀缺性不再凸显时，特许人为未来发展的需要，将会选择更传统的成长策略。浩宇（2008）通过实例比较分析认为，对于直营和特许经营的选择取决于企业发展的规模及阶段，早期由于资源的稀缺可能偏向于特许经营，然后逐渐向直营转换，到了一定阶段，企业可以根据自身的发展特点和需要来选择特许和直营或两种模式并用。葛夏等（2016）认为，连锁企业的盈利模式是以双赢为核心。

刘玉春，王建民（2014）提出，对京台服务业合作的三个重点领域：知识性服务业；文化、教育与医疗；地产物业管理领域。虽然台湾服务业主导地位已经确立，但在当前移动互联网环境中，北京台资连锁服务业企业的发展仍面临新的挑战。截至 2017 年 4 月，以"移动互联网"为关键词，检索中国知网中文期刊全文数据库，共有 1522 篇文献。

移动互联网构建了庞大的移动生态系统，并已经开始逐渐成为网上消费的主导渠道。在一定程度上，移动互联网的突破了消费的时间和空间界限，改变了消费者的消费习惯和消费观念，促进了消费市场的转型升级。伴随"互联网+"模式的创新发展，以及社会化媒体平台的成熟，消费者的个性化需求越来越显现，市场细分已经可以精细化到每一个消费者都可以成为一个独立的细分市场，这就进一步带动了移动消费体验的提升。Pine & Gilmore（1998）提出了体验经济，并强调了体验创造价值的思想。国内外知名企业的发展也越来越重视用户体验的重要性，认为大数据时代下，客户体验将直接带来顾客忠诚，也是决定企业能否成功的关键因素。在网上消费领域，消费者的消费体验扮演着重要的角色（Demangeot & Broderick,2006），是一种情感反应，是消费者在网购过程中产生的一系列心理感受（廖以辰，2005）。目前，最主要的体现形式为社会化媒体交互平台，用户可将移动终端作为自己随时随地方便表达思想的载体，向公众分享自己的消费体验，并以病毒式传播的速度在网络范围内扩散。移动互联网环境下的消费者也越来越重视自己的亲身消费体验对企业产品品质、品牌信誉、运营规模等各项内容做主理性评价与判断，以指导自己更好的产生未来消费。消费体验与消费者购买意愿、消费者行为之间都存在着显著相关关系（Yelkur，2000）。[①] 从某种程度上看，网络消费者会根据自己在网购过程中的经验通过体验购物全过程来判断购买行为的满意程度，从而导致某种消费行为倾向。

从移动互联网引导消费领域研究主要分为五方面内容：①移动互联网引导消费者行为模式研究。日本电通广告集团（1999）创造性地提出新的消费者行为模式（AISAS）。赵和平（2007）[②] 对该模式作出进一步解释，并提出在线分享和在线搜寻两大网络特质。②移动互联网引导消费的特征研究。刘枫等（2007）[③] 认为，移动互联网环境下消费行为特征表现为个性化、主动性、便利性、参与性四个方面。③移动互联网引导消费者购买决策研究。Thong，Hong & Tam（2006）[④] 以移动网络用户为样本，验证了感知易用性、感知娱乐性、用户体验差距、用户满意对购买决策产生影响。④移动互联网引导消费内容的研究。蒋原伦（2012）[⑤] 总结为三个方面，分别是具体商品消费的引导、生活方式消费的引导、消费领域的引导。⑤移动互联网引导消费的效果研究。游麟（2007）分别从对社会的影响、对个人的影响和移动互联网的社会责任三个角度展开分析，认为移动互联网对消费的引导，刺激社会内需，拉动了经济的增长。而我们的课题正是属于"移动互联网平台下北京台资企业对消费的影响和引导"领域的研究。

综上所述，从现有文献成果来看，该领域仍存在一定空间亟待深入探索和研究：

第一，从模式研究来看，现有国内外关于台资连锁服务业在移动互联网平台下经营模式的研究较少，且几乎属于宏观研究。如何正确定位移动互联网在北京台资服务业的发展，寻找影响和引导北京消费的关键因素，从微观层面的引导路径来促进北京消费增长的研究尚属空白。

---

① Yelkur R. Customer Satisfaction and the Services Marketing Mix [J].Journal of Professional Services Marketing, 2000, 21(1):105-115.

② 赵和平：《ALSAS：整合营销传播 2.0 北京电通的探索与实践》，《当代经理人》2007 年第 11 期。

③ 刘枫等：《基于互联网的消费者行为模式研究》，《科协论坛》2007 年第 2 期。

④ Thong, Hong & Tam. Examing Customer's trust in online uenders and their dropout decisions: An empincal study [J]. Electromic Commerce Research and Appeications, 2006.06.

⑤ 蒋原伦：《节日与传播中的消费文化》，《节日研究》2012 年第 6 期。

第二，从研究数据来看，目前北京台商引导消费的实证研究大都以政府统计年鉴宏观数据为主，缺少对具体微观台商企业数据的挖掘和真实的北京消费者调研数据的支持。忽视了台资连锁服务业企业和北京消费者作为发展主体的重要性。

第三，缺乏研究方法创新，局限了移动互联网平台下北京台资连锁服务业企业引导北京消费市场的研究思路。就目前我们所查阅的资料中，主要包括案例研究、调查访谈、实验法等定性研究法，但缺少对成熟台商在移动电商下消费市场深入的定量研究法，例如：精细加工可能性模型（ELM）、结构方程模型等。

三、京台连锁服务业典型成功案例分析

"十二五"期间，台资企业所面临的政策环境进一步优化，结合移动互联网的应用，其发展优势主要包括：第一，相对于其他外资企业，台资企业与居民的文化、饮食、生活习惯基本相仿，沟通更加优势；第二，台资企业与本地企业的合作经验丰富，可以迅速建立高度配合的合资连锁模式；第三，两岸经济协议（ECFA）的签署，进一步加强了驻区台资企业投资保障，有力促进其迅速拓展经营项目。不仅为驻区台资企业带来巨大商机，同时也满足北京消费者的综合化需求，加快首都经济进程。

案例一：呷哺呷哺餐饮管理有限公司（以下简称呷哺呷哺）
呷哺呷哺是台商投资、国内首创、最大规模的吧台式涮锅连锁企业，是国内首创、规模最大的吧台式涮锅连锁企业。目前，呷哺呷哺在全国拥有 200 多家分店，其中北京 160 余家，天津 20 余家，上海 30 余家，是京津沪地区最受欢迎的中式快餐连锁企业之一。在品质安全、满意服务、食材采购、规范管理、品牌建设等方面，均已形成独特的企业优势，同时现已形成颇具规模的经营管理流程和统一化标准化。呷哺呷哺在 2014 年稳定运行 ERP 后，呷哺也开始考察数据分析系统，包括 IBM、SAP、Oracle。同时，结合互联网＋移动电商平台，发挥了营销链的优势——用微信、QQ 等平台锁定消费者。

与星巴克相同，火锅连锁品牌呷哺呷哺同样非常重视移动互联网给企业带来的各种帮助，特意在总部市场部设专职人员负责此类型项目，同时也在积极

推动类似合作的不断开展。在腾讯 QQ 的美食页面，呷哺呷哺有针对团购、微信等人群定期发送的新品、优惠、品牌等信息，成为呷哺呷哺与消费者沟通的一个新途径。呷哺呷哺餐饮管理有限公司副总裁富宇介绍，呷哺呷哺与多个App 客户端展开了合作，能够使呷哺呷哺的优惠信息更精准地传递到潜在消费人群中。与腾讯微信合作中，呷哺呷哺在短时间内聚集了 25 万微信会员，这个专属人群 100% 是呷哺呷哺的消费者，为呷哺呷哺对目标消费群体宣传起到很重要的作用。

同时，结合呷哺呷哺原有的经营优势和经验借鉴，主要有以下四点：

（1）方便快捷。中央厨房、统一配送、统一策划等规范运作简易服务是方便快捷的必要保证，同时有力的获取了低价竞争优势。

主要做法包括：通过中央厨房和中央物流，建立"农餐对接"的食材供应链体系，形成及时采收、及时配送、即时分货、及时出餐的"JIT"供应机制；点菜单式的菜谱加快了点菜的服务速度；吧台式回转设计使得服务员和顾客面对面交流，提高了服务效率；选址多在商厦内，顾客可以在购物间歇在商厦内部方便用餐；用电磁炉代替传统火锅的酒精、石蜡点燃方式，既安全环保操作便捷，又保证了店面的卫生，减少了服务员更换燃料、清理饭桌的工作量。

（2）绿色健康。呷哺呷哺关注顾客健康，提倡绿色健康饮食。此外，绿色健康也成为呷哺呷哺独特的口味。

主要做法包括：食材中蔬菜居多，用料考究；套餐双拼的营养搭配专业；食材标准统一，严把质量关，甚至点菜单上每种菜品都备注温馨提示说明其营养价值，"滋养脾胃""降脂降压"等提示体现了呷哺呷哺在每一个细小环节都关怀顾客的健康的理念；从健康角度出发，设计符合现代科学进食条件，高座椅避免了传统进食高坐低位时胃部受到的挤压。

（3）简易服务。

主要做法包括：把主要的"烹饪"工作都交给了顾客自己完成，自己调节电磁炉、添加小料、自己涮煮；服务员经过训练，分工明确，全店收银、打饮料有专门的人员负责，此外，按工作区安排人员负责工作区内点餐送餐添料清理的整套工作，专项专人和专区专人的分工职责明确，运转顺畅；服务虽然简易，但是随叫随到给人轻松惬意的感觉，符合现代人简单自然的追求。

（4）先进物流。呷哺呷哺连锁餐饮物流配送中心的定位在于多功能物流综合体与集物流、加工于一体的区域性供应链中心。

主要做法包括：总部设有中央采购中心负责各类商品采购，各区域公司及物流中心则无直接采购权，只有订货权；门店所需全部食材、物料与日常消耗品均统一由物流中心管理，所有货物的质量检验检测均由物流中心负责；制定标准化的保障食品安全操作流程；高效利用物流中心冷链一体化功能；所有信息实现计算机管理。

综上所述，移动互联网因其信息传递的精准性、便捷性等方面的特点，能够在餐饮行业精细化营销、品牌传播等方面起到重要的作用。这主要表现在：精准的目标人群传播、便捷的浏览方式、很高的到达率等。移动互联 App 服务商，由于聚集了大量的具有相同属性的人群，使得企业信息传播的精准度大大提高，成本也随之下降。同时移动互联网的广泛应用，也使得手机的"移动"特性得以延伸。

案例二：宝岛眼镜

宝岛眼镜创办于台湾，目前在大陆已发展到 1000 余家。作为中国首屈一指的眼镜渠道商，"品质、技术、满意"是宝岛眼镜十几年来对消费者秉承的承诺，就是这样一家追求专注的传统企业，紧随时代变迁，借力移动电子商务 O2O，努力提升自己的管理和运营水平，打造高水平的 ERP 供应链体系，实现精细化运作，成功抢占大陆市场。

随着互联网及电子商务技术的成熟发展，零售业迎来了一个以个性化为热点的时代。消费者购物习惯在电子商务平台上随时随地搜索商品信息，与商户互动交流，参与评论，对比价格，完成购物、支付的消费行为。 O2O 更是把网上和实体店的优势完美结合起来。让消费者在享受线上优惠价格的同时，又可享受线下优质服务。优势有：充分利用互联网跨地域的海量信息、海量用户的优势，充分推广线下资源，将线上订单和线下消费结合，进而促成线上用户与线下商品与服务的交易，团购就是 O2O 的典型代表；可以对商家的营销效果进行准确统计和追踪评估；提供丰富、全面、及时的商家折扣信息，以及实现线上消费者"售前体验"。宝岛紧随时代潮流，2011 年成立电商部，并于同年 9 月份在淘宝商城设立宝岛眼镜官方旗舰店，在京东、当当、卓越亚马逊等知名 B2C 平台均设有品牌专营店。眼镜行业因为顾客需要接受验光，再挑选镜片，所以非常适合于 O2O 的模式。2013 年，网店在"双 11"全民狂欢网购中，推出低、中、高端不同价位的团购配镜套餐，销售业绩喜人。投入了 1000 多家门店参与到天猫"双 11"活动中，利用电子商务和网络平台，简化了传统促销操作方式。以平均 3 至 4 折的价格销售电子提货券，消费者购买后可直接到分布在 150 多个城市的 1000 多家门店换购商品。同时，O2O 模式还可实现不同商家的联盟。2014 年，宝岛眼镜入驻美团 O2O 旗舰店，这是国内最大的一个生活服务电商平台，利用美团网的 O2O 平台，宝岛眼镜可以集中展示多种配镜优惠套餐信息，更利于销量的提升以及自身的品牌推广。同时，可以将更多的宝岛眼镜线上潜在用户引流到线下，宝岛眼镜则能够根据用户的需求，提供更多优惠及个性化、定制化的服务，给予更好的用户体验。

宝岛眼镜连锁经营模式在商业统一体建设方面的启示主要有以下几点：

一是"一站式真诚服务"模式。宝岛眼镜的经营领域不仅局限于专柜销售，同时实现了销售前端与终端的服务双向延伸。宝岛一层为都会流行时尚区，以当季热销的太阳眼镜为主，不定期举办各种品牌眼镜的新品发布或特惠活动，充分满足时尚潮人对品味和造型的需求；二层为隐形眼镜专区，博士伦、强生、海昌、视康等国内外各大知名品牌隐形眼镜，均设有专柜；三层为专业眼科延伸服务，星创宝岛眼科为宝岛眼镜所属的星创视界集团旗下的专业眼科医疗机构，配置了代表目前治疗近视眼、白内障、高端眼部健康检查等最高水平的先进仪器设备专业设备，组建了国内外知名医疗团队，为消费者提供最佳的眼睛检查、配镜、镜片保养咨询等服务；四层为国内优质品牌和国际二三线品牌专区，设有专门的儿童眼镜区和女性眼镜特区，同时特设专业视力保健中心，由专家为顾客免费进行眼科检查和咨询，为了方便带小孩的父母来安心配镜，还特别设有儿童游乐区；五层为国际时尚一线品牌、国际设计师品牌等专区，包括 Gucci、Dior、Prada、Burberry、Armani 等国际名牌，顾客还可以到蔡司光学中心、东海光学中心去亲身体验，同时也可以在等待服务时喝杯咖啡享受悠闲的时光；六层为 VIP 国际顶级奢侈品牌和设计师品牌专区、最高级的 K 金专区，以及高级眼镜定制区，同时特设 VIP 验光室，由资深视光学专家负责验光配镜，定制类服务满足 VIP 顾客需求，在颜色、材质、配件等各方面为顾客量身定做。

二是 ERP 信息化管理模式。从产业链层面来看，ERP 项目不仅帮助宝岛眼镜搭建全国统一的管理平台，实现对各地的集中、统一和及时的监控管理，突破管理瓶颈、持续优化管理的过程，有效实现顾客资料库的管理，商品价格标准化，培训效率的提升，带来企业内部控管能力与工作效率的提升。近几年，随着供应链系统的进一步开发，宝岛眼镜已成为全国第一家与供应商共享零售终端销售资料的眼镜公司，全面提升眼镜产业效率，促进产业链协同发展。

三是诚信服务的经营理念。品质、技术、满意是宝岛眼镜面向顾客的三大保证。"用专业的心，做专业的事"是宝岛眼镜员工的经营态度。在专业服务方面，宝岛眼镜汇集国内医科大学毕业的医师、各种视光学专家和管理人才，配置一流的进口全套验配仪器，并且引进标准的企业识别系统，将配镜的服务流程标准化，以便消费者在任何一家分店配镜都能享受绝对专业、满意的服务。在产品控管方面，在多地区成立众多加工中心，严格把关每一副眼镜加工品质。凭着诚信、专业和品质以及连锁的经营方式，一家配镜可享受全国连锁服务。

现在的宝岛眼镜以专业化的服务流程、高标准的品质控管和供应链管理系统，成熟的电子商务技术和O2O营销模式，在互联网时代独树一帜，争取2016年取得更好的业绩。

案例三：85度C咖啡蛋糕烘焙专卖店

十年的经营令85度C火爆中国，其星星之火甚至燎到了澳洲，85度C不可谓不成功。高品质商品和平价化价格的结合，明亮整洁的店面，温暖优雅的服务使85度C在消费者中得到了一致好评。能够远销国内外的烘焙产品仅有饼干、月饼等少部分品种，大多数烘焙产品受新鲜程度的限制只能近距离销售。国内消费者开始青睐于绿色健康食品，高纤维的杂粮面包、低热量的全麦面包、富含蛋白质的乳酪和优格成为市场新宠。各种蛋糕由于在生日、婚礼、庆典、节日方面的广泛应用，市场需求量广泛上升。而一些节日糕点如粽子、月饼、元宵，传统点心如绿豆糕、老婆饼、蛋黄酥等也占有一定市场。

第一，品牌策略

品牌是企业价值的外在表现形式。85度C取名来自"咖啡在85度时最好喝"之意。85度C咖啡豆选用"瓜地马拉"的品种，由研发人员每天调制试喝后确定最适口，价格最符合大众的口感。而85度C聘用国际顶级烘焙大师开发产品，以"高品质商品平价化价格"的旗帜、"咖啡＋蛋糕"的搭配风格给消费者留下了性价比较高的印象。85度C以独有的"85度C"造型，融合红白，在视觉上营造高质感的视觉品味形象，店内大量布置企业动态，以各种热门产品彩图作为装饰，其所展示出的高质量平民化的企业形象是其他同类型企业所望其项背的。为提升品牌价值，除统一的客户形象识别系统和在店内密集使用标志性的品牌商标外，85度C通过开展深入贫困家庭送祝福活动、积极进行雅安地震救灾支持，开展儿童公益捐助等多种形式提高企业品牌的社会责任形象。同时，为增加与消费者的联系互动，85度C在微博上开启多个公众号，接受消费者的建议和批评，构建亲民形象。为了使消费者更加了解企业的文化，85度C建立了自己的官方网站，85度C官网的运行比同类型烘焙企业要高明得多，不但详细介绍各种产品，还讲述品牌故事，拉近了与消费者的距离，培养了一部分潜在顾客。

第二，开发策略

对于烘焙行业而言，将一些经过实践检验适应市场需要的产品保留下来，而减少生产或淘汰一些销售不对路的产品是必须的，发挥创造性研制全新产品或改良优化原有产品也十分重要。消费者对其产品保持新鲜感、对品牌保持持久忠诚度，反映了85度C在产品开发方面做得很好。

85度C平均每月有4到5个新产品上市，反对快速大批量生产，拒绝与其他生产商在产品开发上合作，坚持自主研发、自行生产，其研发成本达到了烘焙行业中的巅峰。在绿色健康潮流的今天，85度C适时地推出多款欧式面包，低糖少油迎合大众审美。在重大节日推出特色产品，中秋节推出各种特色月饼，端午节推出自制粽子，圣诞节不但推出多款欧包，销量好的几款延续至今，还以"圣诞"为主题进行命名，更新一系列包装来营造节日氛围。除了新产品开发外，85度C定期更新产品包装以避免视觉疲劳的做法也十分可取。

为了使消费者了解新产品，85度C在新产品一经推出就在官方网站和微信上大加宣传，并在门店门口添加试吃台，由专门服务人员进行推荐，短期内使消费者对产品产生兴趣，创造很好的销售业绩。相比于过去昂贵的广告费用，官网的宣传能节省一笔客观的费用。在开发新产品的同时，考虑到销售量和消费者评价等因素，85度C每月会淘汰一些产品。85度C在各个季节会推出与当季时令相关的特色的产品，过时不售，利用饥饿营销客观上增加消费者的购买欲。

第三，产品组合策略

85度C产品组合策略85度C产品主要分为面包、蛋糕、饮料和休闲点心四大种类。从产品的广度上来说，85度C的产品覆盖了烘焙行业的各个品种，因此能适应各种产品的市场需求。不仅有作为正餐主食的吐司三明治，下午茶的各种蛋糕，还有随时可以享用的饼干糖果。消费产品范围覆盖全天各个时段，完全可以一整天消费 85 度 C 一个品牌。从产品的深度上来说，85 度 C 对于各项产品做了细致地区分。面包分为日式、台式、丹麦、欧式、吐司、常温系列，饮品分为咖啡茶饮冰沙奶茶，蛋糕则有慕斯乳酪弥月系列，由于消费者只在有特殊意义的日子购买蛋糕，又设置了小蛋糕系列。不同系列风格口味不同，适应消费者的多种需求，灵活性很强。

产品广度度和深度需要考虑到产品种类繁多造成的成本增加。考虑到成本和新鲜程度的需要，85 度 C 通常不会一次性将所有产品生产展示出来，而是在保证热销商品供应良好的同时，定期生产其他产品，在保证产品宽度和深度的同时尽可能避免浪费。85 度 C 中央厨房的生产和其良好的配送能力，使门店鲜少出现供应不足的现象，而生日蛋糕等需要现场制作的产品在半天至一天内均能实现供货。从产品的关联程度上来说，85 度 C 通过观察消费者的生活习惯，设计了一些套餐组合，如豆浆加面包的早餐组合，咖啡加蛋糕的下午茶组合，以烘焙产品带动饮品的销量，实现利益的优化。由于其方便实惠，受到白领和学生的热烈欢迎。

第四，质量监控体系

产品质量把握着食品企业的命脉。85 度 C 的质量监控政策十分严格，从原料供给到生产环境、加工、包装、储存、运输及销售的各个环节的质量安全管理都有涉及。产品的生产采用国际领先的全自动生产设备，超过国家食品卫生安全标准。在配送过程中，货到即放入冷藏柜，冷藏柜执行严格的消毒卫生标准。督导抽查制在 85 度 C 的质量监控中广泛使用，检查人员会不定期赴门店进行抽查，而每家门店的店长也肩负着监督门店工作的活动。不足的是，在一些含有蔬菜的三明治面包中有消费者反映出现虫子的现象，原料供给或运输途中的质量不能完全保证，而门店清洗工作也不够彻底。幸而大多数情况下，85 度 C 能妥善处理此类情况，给予道歉和追究，但仍给消费者的信任程度带来一定影响。尽管如此，85 度在消费者意识中仍具有较高的安全度。85 度 C 产品均具有固定配方，使得其产品口味外观具有一定稳定性，而入职前的培训也使因烘焙人员操作不当而造成的失误很少，加强了产品的稳定性，不偷工减料，发挥稳定，成为 85 度 C 的标识。对于过期产品的处理是产品质量控制的另一个重要方面。85 度 C 门店严格记录产品保质期，过期产品遵照规定进行报废处理，绝不允许销售给消费者。严格的质量监控体系使 85 度 C 在消费者中形成良好的口碑，为人们留下 85 度 C 监管严格，产品健康的印象，客观上促进销售量的增长，有利于企业的发展。

85 度 C 作为台资连锁服务业的典型企业，对我们的启示有：

1. 重视食品质量监控体系的构建。食品是人类赖以生存和发展的基本的物质条件，食品安全关系到人们的健康和社会的稳定经济的发展。少部分企业无视国家法律法规，偷工减料，掺杂使假，滥用食品添加剂，短期内或许能降低生产成本，但长此以往会失去消费者的信任和忠诚，减少二次购买率。85 度 C 始终坚持使用安全原料，严把食品安全这一关口，连使用的咖啡豆都和星巴克来源于统一产地。高品质始终是 85 度 C 发展的基石。

2. 注重服务水平的提升。85 度 C 工作人员入职前经过统一培训，在店内均能以微笑示人，对于消费者提出的问题能耐心地解答，给予顾客极大的尊重，使消费者拥有愉快的消费经历，提高二次购买的概率。目前一些烘焙企业采取传统的师傅带徒弟形式，不愿意花费培训费用，使企业失去拥有高素质门店服务员，建立不了完善的服务体系，重商品轻服务，使部分产品优良的企业失去进一步发展扩大的机会。

3. 企业要有长远的规划。一家企业只有战略正确才能为企业插上腾飞的翅膀，85 度 C 创立伊始就制定"高品质低价格"的策略，逐步占领台湾市场、大陆市场，进而打入国际市场。85 度 C 将星巴克作为竞争对手，并取得一定成就。

四、移动电商平台下京台连锁服务业对消费的模型构建

（一）基于移动电子商务的顾客认知价值

移动电子商务是当今网络营销领域理论界与企业界的研究新热点。Mylono-poulos & Doukidis（2003）[1] 认为移动电子商务是基于交互界面的网络消费生态系统。Tsalgatidou & Pitoura (2001)[2] 和 Barnes (2002)[3] 提出移动电子商务的主要作用体现在通过移动互联网进行的各种价值交换，也就是说，移动电子商务对于消费者和企业而言，意味着价值和信息对称。这为企业带来了发展的新契机。

---

[1]　Mylonopoulos,Doukidis.M-commerce in Canada:privacy[J].Canadian Journal of Administrative Sciences interaction framework for wireless.20 (1), 2003, 54-73.

[2]　Tsalgatidou,Pitoura.Examining customers' trust in online venders and their dropout decisions: An empirical study[J]. Electronic Commerce Research and Applications,2001.06, 171-182.

[3]　Barnes.Conceptualizing trust: a relationships model[J].Proceedings of the 34th Annual System Sciences.2002.

通过对国内外文献相关研究的梳理，可以发现，目前对移动电子商务的研究主要集中在基础性理论、WI-FI 基础设施、移动中间件、移动终端用户以及移动商务的案例应用等五个方面的研究上。但是，尚未有从移动电子商务顾客价值的视角的深入探索和研究，而在网络营销中顾客是企业价值的核心力量，价值创造的本身仍然体现在顾客价值上，因此，这无疑需要开展进一步定性与定量研究。

从顾客让渡价值的视角，菲利普·科特勒（1997）[①]提出，顾客让渡价值等于顾客总价值减去顾客总成本，顾客总价值即顾客认知价值，主要包括产品价值、顾客价值、形象价值和认同价值。Rust（2000）[②]提出基于顾客价值模型的视角提出驱动顾客认知的价值的三个因素主要包括一般、品牌、和关系价值。其中，一般价值主要受到企业产品本身的质量、品质等方面的驱动；品牌价值主要受到顾客对品牌认知、品牌认同、品牌忠诚等方面的驱动；而关系价值主要从情感上驱动顾客对企业的长期联系。移动电子商务实际上主要依托于信息通信技术层面，表现为无形的服务产品类型，为用户提供便利的信息服务，规避顾客在网购过程中的时间和空间限制。

那么，本文结合国内外研究学者的主要观点，认为移动电子商务顾客认知价值主要是指用户在移动互联网环境下获得信息服务时体验的一种感知价值，主要包括产品价值、服务价值、形象价值和认同价值四个维度。

（二）消费体验与网购意愿

在移动电子商务的新模式下，用户体验最能体现消费者对企业的价值贡献。Eggert & Ulaga（2002）[③]通过研究认为，顾客价值主要通过消费者满意度对购买意愿产生影响。李建州、范秀成（2006）[④]提出，在外界环境的刺激下，以及顾客与企业人员的互动会使消费者产生影响消费过程满意程度的情绪。用户感知到的良好的消费体验会提高消费者的满意度，带来正面的口碑传播，增加购买行为，反之亦然。消费者的体验价值会对消费者购买行为产生正向作用

---

① 菲利普·科特勒、凯文·莱恩·凯勒：《营销管理》，上海人民出版社 2006 年版。

② Rust.Quadratic Engel Curves and Consumer Demand[J].Review of Economics&Statistics,2000, 79(4):527-539.

③ Eggert A, Ulaga W. Customer perceived value: a substitute for satisfaction in business markets? [J]. Journal of Business & Industrial Marketing, 2002, 17(2/3):107-118.

④ 李建州、范秀成：《三维度服务体验实证研究》，《旅游科学》2006 年第 2 期，第 54—59 页。

（Anderson & Sullivan，1993）。[1]Wakefield & Baker（1998）[2]认为，消费者的知觉价值对购买意愿的影响有正相关关系。

移动电子商务顾客认知价值的产品价值主要体现为消费体验中的商品因素。在移动电子商务环境下，商品与传统实体店的商品展示形式不同，主要通过远程图片、视频等形式来传递商品特性信息，Figueiredo（2000）[3]指出，由于电子商务存在跨空间的特点，因此，大多数的实体商品的特点往往很难被准确地表达出来。也就会经常出现我们所说的"买家秀与卖家秀"的问题，导致消费者在网购过程中出现对商品本身的期望价值与实际价值之间的偏差，从而导致不满情绪。据此，本研究提出如下假设：

H1：移动电子商务下京台服务业消费体验中的商品因素对消费者网购意愿有正向的影响关系。

移动电子商务顾客认知价值的服务价值主要体现为消费体验中的交互因素。用户从网络企业服务中获得的价值主要表现为企业与顾客之间的互动与交流。在当今个性化突出的消费时代，顾客越来越关心自己内心的感受和满足，也更加注重消费体验过程中企业是如何通过交互渠道实现服务价值，一旦形成良好的交互共识，会进一步形成消费者对企业品牌的认知与顾客忠诚。因此，本研究提出如下假设：

H2：移动电子商务下京台服务业消费体验中的交互因素对消费者网购意愿有正向的影响关系。

移动电子商务顾客认知价值的形象价值主要体现为消费体验中的移动技术因素。移动电子商务主要通过移动信息通信技术等手段实现消费者全面网络消费过程。所以，移动技术因素便成为直接影响企业形象价值的重要顾客消费体验因素。一般体现为安全性、速度、稳健程度等方面。所以，本研究现提出如下假设：

H3：移动电子商务下京台服务业消费体验中的移动技术因素对消费者网购意愿有正向的影响关系。

---

① Anderson E W., Sullivan M W.The antecedents and consequences of customer satisfaction for firms[J]. Marketing Science,1993,12(2):125-143.

② Wakefield K L，Baker J. Excitement at the mall: Determinants and effects on shopping response[J]. Journal of Retailing, 1998, 74(4):515-539.

③ Figueiredo.Toward an understanding of the behavioral intention to use mobile banking[J]. Computers in Human Behavior, 2000, 21(6):873-891.

　　移动电子商务顾客认知价值的认同价值主要体现为消费体验中的信任因素。国内外很多学者通过研究发现，消费者对企业的信任态度将影响其最终购买意愿。而信任态度在移动网上购物中更多地表现为互联网交互的结果。企业与消费者的信息交互、情感交互，最终上升为更高层次的认知信任。McKnight & Chervany（2002）、Pavlou（2003）通过研究发现，网络顾客对企业品牌的信任程度对消费者购买倾向会产生正面的积极影响。因此，本研究现提出如下假设：

　　H4：移动电子商务下京台服务业消费体验中的信任因素对消费者网购意愿有正向的影响关系。

（三）网购意愿与网购决策行为

　　当顾客认知价值作为影响顾客消费决策行为的前置研究因素时，国内外研究学者主要形成了两派学说：即"意愿主导论"和"价值主导论"。前者认为购买意愿和顾客认知价值因素相比，购买意愿对消费者购买决策行为的直接影响作用更大；后者认为顾客认知价值是影响顾客购买决策行为的直接前置因素。结合单前因和多前因研究，本文倾向于将二者综合考虑，认为基于顾客认知价值的消费体验对网购意愿产生直接影响，间接影响消费者网购决策行为，消费者的移动网购意愿对网购决策行为产生正向直接影响。因此，本研究现提出如下假设：

　　H5：移动电子商务下消费者网购意愿对消费者网购决策行为有正向的影响关系。

　　H6：移动电子商务下京台服务业消费体验中的商品因素对消费者网购决策行为有正向的影响关系。

　　H7：移动电子商务下京台服务业消费体验中的交互因素对消费者网购决策行为有正向的影响关系。

　　H8：移动电子商务下京台服务业消费体验中的移动技术因素对消费者网购决策行为有正向的影响关系。

　　H9：移动电子商务下京台服务业消费体验中的信任因素对消费者网购决策行为有正向的影响关系。

（四）理论模型

综合以上分析，本文研究的理论模型及逻辑体系如图一所示。

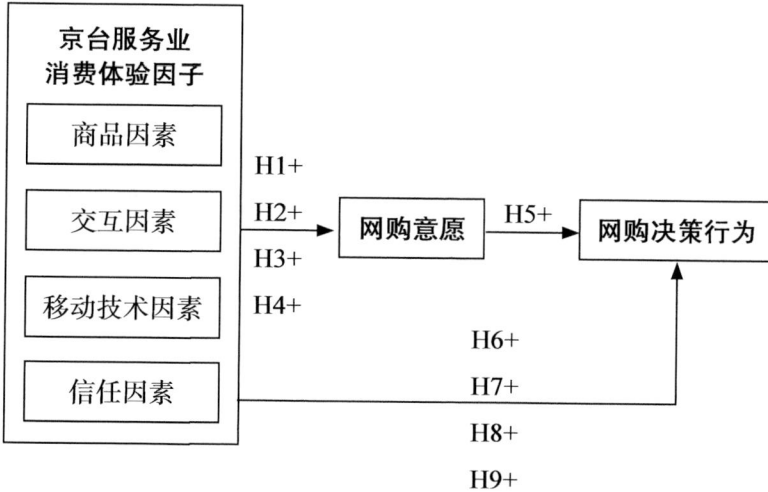

图一　本研究理论模型及逻辑体系

五、研究设计——以北京消费者市场为例

（一）问卷设计

为了对上述五个假设进行验证以及能够更加客观真实地反映研究假设，本研究参阅了国内外相关研究文献，通过梳理最终确定了每个变量的操作性定义，再根据每个变量的操作性对问卷进行设计。本文采用北京消费者市场问卷调查，并结合深度访谈法对研究数据进行收集。本文根据所构建的研究理论模型（图一），调查问卷应该包括消费体验中的商品因素、交互因素、移动技术因素、信任因素、网购意愿以及网购决策行为等六个变量的内容。其中，移动电子商务环境下的消费体验分别由商品因素、交互因素、移动技术因素和信任因素四个构面（潜变量）构成。调查问卷包括三个部分：问卷基本介绍、正文部分以及调查样本基本信息部分。在量表的选择上，结合本研究的移动电子商务背景特征，同时借鉴国内外成熟的量表和题项，对本研究每个变量的测量题项进行初步设计。对于商品因素的量表，本文主要从"顾客感知网络商品的质量"和"顾客感知商品的网络价格"两个方面测量；对于交互因素的量

表，本研究主要借鉴了 Preece（2001）、[1]Gefen et al.（2003）、[2] 孙居好（2005）、[3] 范晓屏（2007）[4] 的量表；对于移动技术因素的测量量表主要参考了 Corbitt et al.（2003）、[5] 于兰（2009）[6] 的测量量表；对于信任因素的测量量表主要参考了 Gefen et al.（2003）、[7] Koufaris & William（2002）、[8] Teo & Liu（2006）[9] 的测量量表；对于网购意愿的测量量表主要参考了 Petrick & Dubinsky（2003）[10] 等学者的成熟测量量表，设计了"如果您要购物，选择移动网络购买的可能性较大""您乐意经常在移动网络中进行购物""当有人询问您购物的意见时，您会推荐你心仪的移动网络网站"和"以后您会继续在移动网络上购物"四个测量题项；对于网购决策行为的测量量表主要参考了 Kacen & Lee（2002）[11] 的测量量表。

为了避免实际测量量表出现偏差，本研究邀请网络营销领域专家对引自国外的测量量表进行了英译汉翻译，并进行汉译英二次回译，以检验对测量量表的准确性表达。同时，根据本研究的移动电子商务的背景，通过北京消费者市场抓取的样本进行深入访谈，对测量量表的内容作出有针对性的修订。根据国内外开展实证研究的研究学者的测量方法，为了提高变量与变量之间的区分程度，本研究采用李克特 7 点量表法，分别设置从 1 到 7 的七种尺度来衡量被测样本对测量问题的同意程度，分值越高表示被测样本的同意程度越高，被测样

---

[1]　Preece, J. Online communities: designing usability, supporting sociability: Supporting Sociability, Designing Usability[M]. Chichester: John Wiley&Sons, 2000.

[2]　Gefen, D.,&Straub, D. W. Building paper, Robinson College of Business,consumer trust in electronic commerce[R]. Working Georgia State University, Atlanta GA, 1999.

[3]　孙居好：《社区成员视角的虚拟社区评价指标体系研究》，浙江大学 2005 年论文。

[4]　范晓屏：《基于虚拟社区的网络互动对网络购买行为的影响研究》，浙江大学 2007 年论文。

[5]　Corbitt et al..E-customer loyalty applying the traditional rules　of business for online success[J]. European Business 2003(1):173-179.

[6]　于兰：《B2C 移动商务中消费者信任影响因素及其测度的研究》，北京邮电大学 2009 年论文。

[7]　Gefen, D., Cz M. Rose, et al. Cultural Diversity and Trust in IT Adoption: A Comparison of Potential e-Voters in the USA and South Africa[J]. Journal of Global Information Management,vo1.13, No.l 2005, 54-78.

[8]　Koufaris,William.Understanding customer experiences in online blog environments[J]. International Journal of Information Management, 2002, 31(6):510-523.

[9]　Teo,Liu.Value of Mobile Commerce to Customers[J].Proceedings of the Third Annual Workshop on Hci Research in Mis, 2006.

[10]　Petrick,Dubinsky.Value creation in mobile commerce: Findings from a consumer survey[J]. Jitta Journal of Information Technology Theory&Application, 2003(4):43-64.

[11]　Kacen, Jacqueline J., and Julie Anne Lee. 2002. "The Influence of Culture on Consumer Impulsive Buyign Behavior." [J].Journal of Consumer Psychology 12 (2): 163-176.

本在对应的数字上进行钩选。

（二）数据获取与描述性统计分析

本研究是以北京地区消费者市场中的消费者作为调查对象。为了保证调查问卷填写的有效性和质量，更加有效的验证本文研究假设，要求被调查者有过在移动网络上进行购物的经历，并通过拦截式发放问卷、问卷星、微信朋友圈等多种渠道进行样本数据收集，以次保证研究结论更加具有普遍适用性。同时，为了保证调查数据的真实性，调查问卷设置了同义和反义两种检测句来评估回收问卷的质量，如果出现前后回答矛盾，那么该问卷将被视为无效问卷予以剔除。

首先，问卷预试阶段。该阶段的主要是在大规模发放问卷之前，为了保证研究的合理性和科学性，对问卷进行的小范围发放，根据数据结果对测量题项进行修订、删除和完善，从而提高变量的信度和效度。本阶段调查了50名微信朋友圈消费者，由于微信朋友圈被试样本与笔者主要为朋友关系，不仅具有一定黏性，还更能以认真的态度填写问卷，以提升问卷回收率和有效率。根据调查数据结果对问卷再次修订，初步估计研究变量的信度和效度，以保证研究的可行性。

其次，问卷正式发放阶段。发放时间为 2017 年 3 月 1 日至 2017 年 3 月 15 日，历时 15 天。正式调查共发放问卷 300 份，筛选剔除无效问卷，有效问卷 259 份，有效回收率为 86.3%。获得被调查对象的人口统计分析结果如下：男性所占比例为 47.39%，女性比例为 52.61%，性别比例合理；年龄主要集中在 20 至 30 岁和 30 至 40 岁，所占比例为 37.67% 和 32.18%，可以见得这部分人群是当今移动电子商务平台中的主导力量；网龄主要集中在 5—10 年，所占比例为 40.85%；通过移动网络平台浏览购物网站频率主要集中在每周 5—10 次，所占比例为 38.74%。上述数据分析结果符合正态分布，说明调查对象数据具有合理性。被访者的描述性统计情况整理为表 2。

表2：被访者的样本描述性统计表

变量 （被访者）	指标	所占比例 (%)	变量 （被访者）	指标	所占比例 (%)
性别	男	47.39	网龄	1—5年	26.84
	女	52.61		6—10年	40.85
	总计	100		11—15年	32.31
年龄	10岁—20岁	7.09		总计	100
	21—30岁	37.67	移动网络 平台浏览 购物网站 频率	每周1—4次	11.7
	31—40岁	32.18		每周5—10次	38.74
	41—50岁	13.9		每周11—15次	33.49
	50岁以上	8.54		每周15次以上	16.07
	总计	100		总计	100

（三）信度和效度检验

为了检验修订后的测量题项是否达到本研究的要求，首先对量表进行信度检验，利用内部一致性指标 Cronbach's α 系数进行衡量。如果 Cronbach's α 系数在 0-1 之间，且系数越大，则说明测量量表具有越高的内部一致性。Cronbach's α 系数最小可接受范围在 0.65—0.7 之间。本研究利用 SPSS20.0 统计软件对各变量进行信度检测结果如表3所示。结果显示，各变量量表的 Cronbach's α 系数均大于 0.7，同时整体量表的信度大于 0.9，说明各测量题项之间具有较高的内部一致性，本研究为各个变量设计的测量题项较好，量表具有较高的信度，满足了本研究的要求。

表3 信度分析结果

变量	Cronbach's α	变量	Cronbach's α
商品因素	0.824	交互因素	0.760
移动技术因素	0.703	信任因素	0.815
网购意愿	0.771	网购决策行为	0.746
量表整体信度	0.904		

本研究采用 SPSS20.0 统计软件对测量量表进行探索性因子分析。首先对各

个变量进行 Bartlett 球体检验和 KMO 样本测度检验，其中，Bartlett 球体检验的 P 值显著（P=0.000）各个自变量均表现为自相关，变量与变量之间均不相关；KMO 样本测度检验，如果 KMO 值在 0—1 之间，且数值越大，则越说明该变量适合进行因子分析。再利用主成分分析法抽取因子，以最大方差法旋转因子，运行 AMOS20.0 得出结果，各测量题项所在对应潜变量上的因子载荷在显著性水平下均大于 0.5，说明本研究的测量量表具有良好的收敛效度。

采用结构方程模型方法，运行 AMOS20.0 统计软件对变量进行验证性因子分析，检验测量模型的聚合效度以达到提高本研究结果质量的目的。其中（χ^2/df）为 2.82，小于 3，比较拟合指数（CFI）=0.94，规范拟合指数（NFI）=0.983，均方根误差近似值（RMSEA）=0.034，达到小于 0.1 的标准，从各个拟合优度指数的结果可以看出，假设模型的拟合度良好，所有测量指标都能较好的反应各变量，都能较好的用来验证假设。

六、研究结论与讨论

（一）假设检验

1. 相关性分析

本研究首先利用 Pearson 相关系数对变量与变量之间的关系进行描述，初步对模型的各个假设进行检验，包括消费体验各维度——网购意愿，网购意愿——网购决策行为，消费体验各维度——网购决策行为进行相关性分析。数据分析结果见表 4 所示。

表 4 模型变量间的相关系数

	网购意愿		网购决策行为		网购决策行为
商品因素	0.557（**）	网购意愿	0.804（**）	商品因素	0.839（**）
交互因素	0.681（**）			交互因素	0.732（**）
移动技术因素	0.523（**）			移动技术因素	0.582（**）
信任因素	0.839（**）			信任因素	0.624（**）

注：** 表示显著水平为 0.01，* 表示显著水平为 0.05。

根据表 4 的数据显示，消费体验的四个维度：商品因素、交互因素、移动技术因素和信任因素与消费者的网购意愿的相关系数均大于 0.5，且均达到 0.01 的显著性水平，这说明消费体验的四个维度：商品因素、交互因素、移动技术因素和信任因素与消费者的网购意愿存在正向相关关系。

另外，表 4 的数据显示，消费者的网购意愿与网购决策行为的相关系数为 0.804，大于 0.5，且达到了 0.01 的显著性水平，这说明消费者的网购意愿与网购决策行为存在正向相关关系。

表 4 的数据显示，消费体验的四个维度：商品因素、交互因素、移动技术因素和信任因素与消费者的网购决策行为的相关系数均大于 0.5，且均达到 0.01 的显著性水平，这说明消费体验的四个维度：商品因素、交互因素、移动技术因素和信任因素与消费者的决策行为存在正向相关关系。

2. 回归分析

通过 Pearson 相关性分析初步检验了本研究模型的假设，本研究将进一步通过建立回归方程对每个自变量和因变量之间的相互关联程度进行判断。所以，本研究将针对消费体验的四个维度——网购意愿，网购意愿——网购决策行为以及消费体验的四个维度——网购决策行为进行回归分析。

（1）消费体验的四个维度对网购意愿的回归分析：因变量是网购意愿，自变量是消费体验的商品因素、交互因素、移动技术因素和信任因素，得到回归分析结果如表 5 所示。模型的 F 统计量为 53.072，达到了显著性的检验要求，满足 F 检验和 T 检验要求，回归效果显著，说明该回归模型的设定可以接受。其中，Adjusted R^2 为 0.337，表示消费体验因变量解释网购意愿变异的 33.7%。消费体验的商品因素与网购意愿显著正相关，移动技术因素与网购意愿显著正相关，信任因素与网购意愿显著正相关，交互因素与网购意愿正相关但不显著，这与本研究所提出的假设相反，也是本研究的一个新的发现。根据回归分析结果，我们可以判断该模型具有较高的拟合度。

表5 消费体验的四个维度对网购意愿的回归分析

变量	网购意愿	
	常数项	系数
商品因素		0.329***
交互因素	1.472	0.287
移动技术因素		0.324**
信任因素		0.140***
F	53.072	
R²	0.342	
Adjusted R²	0.337	
N	0259	

注：*** 表示显著水平为 0.001，** 表示显著水平为 0.01，* 表示显著水平为 0.05。

根据回归数据，我们还可以发现，消费体验中的商品因素比其他维度变量先进入回归方程，这表明，相比于消费体验中的其他变量，商品因素对消费者网购意愿的影响最大。而其他变量进入回归方程的顺序为：移动技术因素、信任因素。

（2）网购意愿对网购决策行为的回归分析：因变量是网购决策行为，自变量是网购意愿，得到回归分析结果如表6所示。模型的F统计量为55.612，达到了显著性的检验要求，满足F检验和T检验要求，回归效果显著，说明该回归模型的设定可以接受。其中，Adjusted R² 为 0.302，表示网购意愿因变量解释网购决策行为变异的30.2%。网购意愿与网购决策行为显著正相关。根据回归分析结果，我们可以判断该模型具有较高的拟合度。

表6 网购意愿对网购决策行为的回归分析

变量	网购决策行为	
	常数项	系数
网购意愿	0.825	0.748***
F	55.612	
R²	0.327	

变量	网购决策行为
Adjusted R^2	0.302
N	259

注：*** 表示显著水平为 0.001，** 表示显著水平为 0.01，* 表示显著水平为 0.05。

（3）消费体验的四个维度对网购决策行为的回归分析：因变量是网购决策行为，自变量是消费体验的商品因素、交互因素、移动技术因素和信任因素，得到回归分析结果如表 7 所示。模型的 F 统计量为 47.263，达到了显著性的检验要求，满足 F 检验和 T 检验要求，回归效果显著，说明该回归模型的设定可以接受。其中，Adjusted R^2 为 0.326，表示消费体验因变量解释网购决策行为变异的 32.6%。消费体验的商品因素与网购决策行为显著正相关，交互因素与网购行为决策显著正相关，信任因素与网购行为显著正相关，移动技术因素与网购决策行为正相关但不显著，这与本研究所提出的假设相反，也是本研究的一个新的发现。根据回归分析结果，我们可以判断该模型具有较高的拟合度。

表 7　消费体验的四个维度对网购决策行为的回归分析

变量	网购决策行为	
	常数项	系数
商品因素		0.469***
交互因素		0.142**
移动技术因素	1.425	0.643
信任因素		0.247***
F	47.263	
R^2	0.331	
Adjusted R^2	0.326	
N	259	

注：*** 表示显著水平为 0.001，** 表示显著水平为 0.01，* 表示显著水平为 0.05。

根据回归数据，我们还可以发现，消费体验中的商品因素比其他维度变量先进入回归方程，这表明，相比于消费体验中的其他变量，商品因素对消费者网购决策行为的影响最大。而其他变量进入回归方程的顺序为：信任因素、交互因素。

（二）结果讨论

通过上述分析，本研究的假设检验结果见表8所示。其中，H2 和 H8 未获得支持，其他假设均获得了支持。

表8　假设检验结果

	研究假设	检验结果
H1	移动电子商务下京台服务业消费体验中的商品因素对消费者网购意愿有正向的影响关系	支持
H2	移动电子商务下京台服务业消费体验中的交互因素对消费者网购意愿有正向的影响关系	不支持
H3	移动电子商务下京台服务业消费体验中的移动技术因素对消费者网购意愿有正向的影响关系	支持
H4	移动电子商务下京台服务业消费体验中的信任因素对消费者网购意愿有正向的影响关系	支持
H5	移动电子商务下消费者网购意愿对消费者网购决策行为有正向的影响关系。	支持
H6	移动电子商务下京台服务业消费体验中的商品因素对消费者网购决策行为有正向的影响关系。	支持
H7	移动电子商务下京台服务业消费体验中的交互因素对消费者网购决策行为有正向的影响关系。	支持
H8	移动电子商务下京台服务业消费体验中的移动技术因素对消费者网购决策行为有正向的影响关系。	不支持
H9	移动电子商务下京台服务业消费体验中的信任因素对消费者网购决策行为有正向的影响关系。	支持

实证研究结果表明，移动电子商务环境下，京台服务业消费体验中商品因素、移动技术因素和信任因素对消费者网购意愿有显著的正向影响，这与本研究所提出的假设相一致。该结论与相关研究学者的结论相同，但根据这三个因素的系数可以判断，商品因素和移动技术因素对网购意愿的影响相对较大，而信任因素的相关系数较小，这说明随着移动互联网环境的不断完善，消费者会

很轻而易举地获得来自网上各种渠道的消费者评价信息，而对这些信息的真实来源并不能做出比较信赖的感知，对陌生人的信任感难以产生。因此，消费者便会在移动电子商务中产生不是特别明显程度上的信任，但确实会给消费者的购买意愿带来些许影响，只是影响程度相对较小，因此会出现与相关研究学者有一定出入的研究结论。另外，京台服务业消费体验中的交互因素对消费者网购意愿并没有显著的正向影响关系。这与本研究所提出的假设不符，分析原因在于：现阶段移动电子商务环境下，运营商多呈现出鱼龙混杂的局面，不规范的商家经常会采用不正当的手段对顾客进行违反规范的欺瞒和诈骗的行为，使得顾客的京台服务业消费体验不如人意，这不仅影响了商家的信誉，也不利于移动电子商务平台的健康发展。同时，由于目前的移动电子商务的大多数卖家的规模相对较小，更多是以 C2C 模式呈现于移动电子商务平台，所以，无论是售前、售中，还是售后，都无法对顾客作出最及时的回复，也会给顾客来带来不良的京台服务业消费体验。因此，单纯从交互因素上已经无法满足顾客对京台服务业消费体验的需求，更加无法实现其网购意愿。

实证研究结果表明，移动电子商务环境下，消费者的网购意愿对网购决策行为有显著的正向影响，这与本研究所提出的假设相一致。这说明消费者的网购意愿无论是在线下的实体店还是在线上的移动电商平台，强烈的购买意愿都会刺激网购决策行为的发生。

实证研究结果表明，移动电子商务环境下，京台服务业消费体验中商品因素、交互因素和信任因素对消费者网购决策行为有显著的正向影响，这与本研究所提出的假设相一致。该结论与相关研究学者的结论相同，但根据这三个因素的系数可以判断，商品因素和信任因素的系数相对较大，对网购决策行为的影响相对较大，而交互因素的系数相对较小，根据上面的结论分析，也可以判断，单纯依靠交互因素已经很难甚至是无法实现对消费者网购决策行为的影响。另外，京台服务业消费体验中的移动技术因素对消费网购决策行为并没有显著的正向影响关系。分析原因在于：移动技术的表现形式可以为安全性、感知易用性、外观舒适性等等，而目前移动电子商务平台虽然获得了消费者的普遍认可和接受，但其发展仍然处于起步阶段，很多软件内容的开发仍然尚不完善，只是简单的处于信息查询和简单的支付应用等方面，因此，对于手机移动平台的接入还应该进一步的改进。

七、管理启示

第一，强化体验式营销。京台服务业在移动电子商务环境下，智能手机的不断开发，移动网络技术的不断更新，消费者的购买模式正在发生着变化，消费体验已经逐渐成为消费者最为关注的方向，京台服务业移动电商应该强化体验式营销，不仅要突出商品本身的质量、价格等方面的优势，还应该加强与消费者之间的即时沟通，通过社会化媒体平台丰富企业与客观之间的沟通方式，加强与顾客的紧密程度，建立长期沟通渠道。

第二，京台服务业在移动技术层面上不断挖掘新技术，开发新程序，寻找新亮点，突出新创意，以吸引顾客安装并使用 App，强化用户界面的便利性，适当配置软文推广，使消费者对企业产生一定的黏性，增加消费者的购买频率。

第三，京台服务业应通过增强信任因素，来加强维系老顾客。不仅可以通过口碑传播实现老顾客与老顾客之间的口口相传，还可以建立企业与顾客之间的即时通信工具建立良好的长期信任机制，营造深厚的信任体系，使企业在移动电子商务环境下更加活跃的健康发展。

京台数字动漫产业合作机制构建
与合作潜力实证分析

李立[*]

一、引言

　　动漫是动画和漫画的简称。随着互联网、手机等新媒体数字化技术的出现和普及，动漫产业除了狭义上的传统动画产业和漫画产业的集合内容外，其内涵也更为丰富。根据 2008 年国务院发布的《关于推动我国动漫产业发展的若干意见》，动漫产业是指以"创意"为核心，以动画、漫画为表现形式，包含动漫图书、报刊、电影、电视、音像制品、舞台剧和基于现代信息传播技术手段的动漫新品种等动漫直接产品的开发、生产、出版、播出、演出和销售，以及与动漫形象有关的服装、玩具、电子游戏等衍生产品的生产和经营的产业。[①] 即动漫产业可以分为上游的内容市场和下游的衍生市场。动漫产业已成为现下文化产业发展的核心，成为代表一国或地区文化软实力的一部分。中国大陆动漫产业总产值从 2013 年的约 882 亿元到 2017 年达到 1536 亿元，在线内容市场规模近 150 亿，[②] 在 2017 年 34722 亿元[③] 的文化产业总产值中占比 4.4%，短短 5 年时间，总产值增加超过 170%。同时，政府在扶持中国的动漫产业发展方面，也做出了巨大的努力，发布了一系列的政策措施推动中国动漫产业的发展和完善。中国动漫产业迎来了"黄金时代"。

　　作为中国文化中心的北京和为美日等漫画产业发达的国家加工代工多年的

---

　　* 作者供职于北京联合大学台湾研究院。
　　① 国务院办公厅：《关于推动我国动漫产业发展的若干意见》（国办发〔2006〕32 号）
　　② 数据来源：艾瑞咨询《2018 年中国动漫行业研究报告》
　　③ 数据来源：国家统计局

台湾，两地的动漫产业同时蓬勃发展，前景广阔，但两地的发展却各有优势。从 2008 年以来，海协会和台湾海基会已经签署了包括《海峡两岸经济合作框架协议》（ECFA）在内的一系列合作协议，两岸的文化产业交流也日益加深，动漫产业的合作潜力逐渐加大。在此条件下，本文就北京和台湾两地的动漫产业的发展状况和特点为基础，从理论上探讨了两岸动漫产业各自的优势以及合作的可能性，构建推动京台动漫产业合作的机制模式，再从实证层面上分析京台两地动漫产业的合作潜力，这对京台两地动漫产业合作的可持续性发展具有一定意义。

二、相关研究综述

关于动漫产业跨区域合作实施的提出，侯汝军（2005）[①] 在其硕士论文《中国动漫产业落后原因分析及解决方法探讨》中提出要发展具有中国特色、中华民族特色的动漫产业，要跨行业和地区来整合我国的动漫资源，以此来更好地发展动漫产业。俞锦莉（2011）[②]《台湾与内地动漫产业比较研究》一文从宏观上详细深入分析了两岸动漫产业软硬实力、政策导向、产业集群化效应的状况，认为两地的动漫产业在业态、价值链生成及政策对于产业所起的作用等各个方面自然具有一定的可比性。陈淑如（2012）[③] 的《两岸动漫产业合作模式之初探研究》以合作模式为研究构架，以微笑曲线以及博弈论的竞合战略为理论基础，研究分析动漫产业，得出两岸动漫产业各有优势，如果能够分工整合彼此优势，必能创造和争取高附加价值的结论。吴琳琳、罗敏（2018）[④] 在《全球价值链下两岸动漫产业的发展与合作——基于历史的考察和交易成本分析》中，基于全球价值链的角度下，提出大陆动漫产业在全球价值链中，依然处于中低端位置；台湾受到其市场规模的限制，动漫产业在数字全球化发展趋势下，创新方面动力略显不足，但两岸动漫产业能够在市场经济原则下，进行基于比较优势的一种互补的交流与合作。

---

① 侯汝军：《中国动漫产业落后原因分析及解决方法探讨》，四川大学 2005 年论文。
② 俞锦莉：《台湾与内地动漫产业比较研究》，上海师范大学 2011 年论文。
③ 陈淑如：《两岸动漫产业合作模式之初探研究》，台湾师范大学图文传播学系 2012 年硕士学位论文。
④ 吴琳琳、罗敏：《全球价值链下两岸动漫产业的发展与合作——基于历史的考察和交易成本分析》，《国际新闻界》2018 年第 8 期，第 122—140 页。

合作模式方面，各学者对海峡两岸暨香港合作都有一定研究。何建平（2010）[①] 在《深港两地动漫产业合作模式探讨》中从政府、业界、学界和辅助性市场主体四个方面对具体的合作模式进行了可行性探讨。陈锋（2016）[②] 在《论闽台动漫合作之生态产业链的构建》认为应该从构建生态产业链的角度出发，做强做大闽台特色的动漫产业。李扬（2016）[③]《闽台动漫产业合作探析》利用SWOT分析方法探讨了闽台动漫产业合作的机遇与可行性，提出福建与台湾的动漫产业合作应该形成以扩大融资渠道、扶持龙头企业、校企联合培养人才、拓展延伸产业链的模式。

从上述对于动漫产业研究的状况综述中可以产出，两岸动漫产业的研究，主要集中在从理论上分析大陆与台湾两地产业发展对比以及合作的必要性与可行性。对于动漫产业合作机制模式的研究，则主要是以福建和台湾、深圳与香港动漫产业为研究对象，分析其现有的合作机制模式，并对相应合作机制提出修正意见，而京台两地动漫产业合作研究较为匮乏。

本文正是以北京和台湾两地的数字动漫为研究对象，以两地动漫产业发展状况分析为起点，从理论上揭示京台两地动漫产业可持续发展的内在规律和作用机理，进而构建京台两地数字动漫产业合作机制，通过实证分析两地合作潜力，为推动京台动漫产业合作的发展提供借鉴。

三、京台两地数字动漫产业发展与合作状况及特点

（一）产业规模持续增长，增长率波动幅度较大

北京动漫产业产值主要来自动漫上游的内容市场和下游的衍生市场两大块，规模从2010年到2018年连续8年增长。2010年产值仅100亿元，2014年达372亿元，与2013年相比增长69%，增幅为历年来最高，占2014年全国动漫游戏产业总产值1145亿元的近三分之一，出口金额约42.3亿元，稳居全国第一。2015年产值为455亿元，增长率下降到22%，这之后增长率一直在10%到20%间波动，到2018年总规模已经达到710亿元，是2010年的7倍多，占

---

① 何建平：《深港两地动漫产业合作模式探讨》，《当代电影》2010年第10期，第131—144页。
② 陈锋：《论闽台动漫合作之生态产业链的构建》，《今传媒》2016年第4期，第77—78页。
③ 李扬：《闽台动漫产业合作探析》，《现代经济信息》2016年第6期，第337—338页。

全国动漫产业总产值约 40%，但增长率下降到 13%，与 2014 年到 2018 年间中国内地动漫产业总产值 15% 的平均增长率差距不大。2014 年增长率达 67%，主要是由于在 2013 年以后，端游和页游逐渐进入成熟期，手机游戏依托 4G 网络和智能手机呈现了爆发式增长，以腾讯为代表的游戏渠道商异军突起，动漫产业中的游戏产值增长迅速；除此之外，2014 年原创动漫作品超过 3000 部，也为其产业总值贡献巨大。[①]

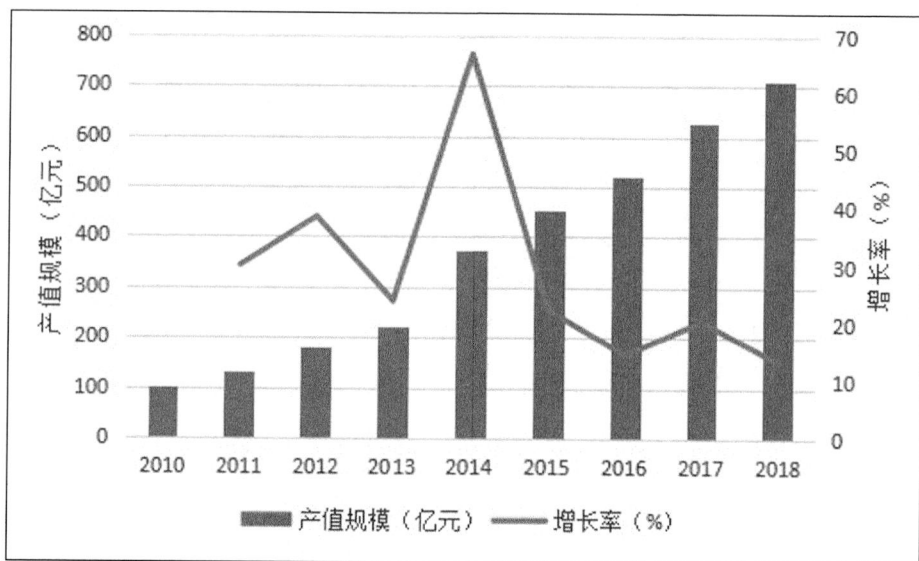

图一：2010—2018 年北京动漫产业规模和增长率

数据来源：作者根据北京市文化局官网整理

　　台湾动漫产业从 2010 年的 9.62 亿元到 2015 年的 15.66 亿元，一直呈稳步增长趋势，但 2016 年的 12.3 亿元相较于 2015 年的 15.66 亿元减少了 21.4%，出现了负增长现象。[②]

---

① 数据来源：北京市文化局官网整理
② 数据来源：《台湾数位内容年鉴（2016）》

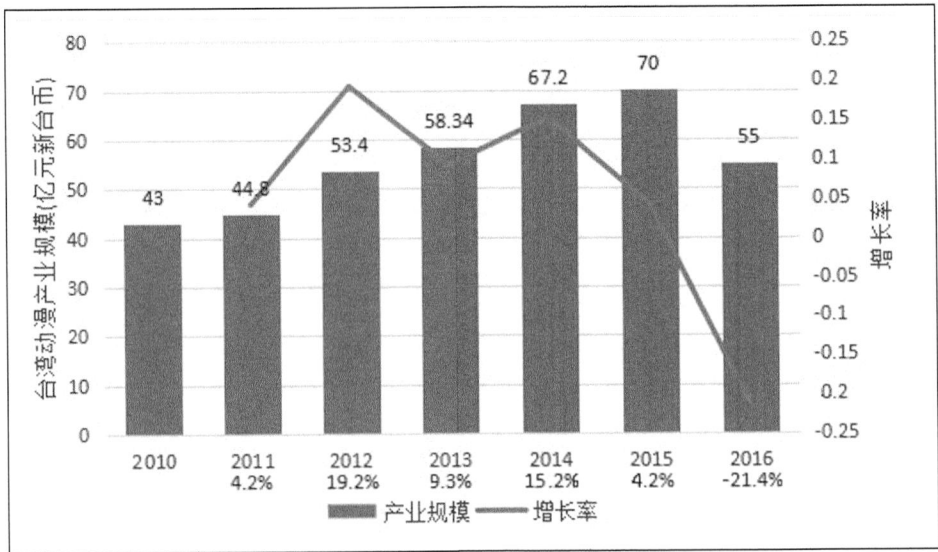

图二：2010—2016 年台湾动漫产业规模及增长率

数据来源：《台湾数位内容年鉴（2016）》

（二）动漫企业数量与从业人员数逐步稳定，作品数量波动较大

根据文化部、国家统计局、中宣部和国家新闻出版广电总局公布的数据，从 2010 年到 2014 年，北京动漫企业（这里的动漫企业主要是经过北京市政府认证的动漫产业上游内容市场的企业，并未包括相关产业的企业）数量连续增加，从 2010 年的 30 家到 2014 年的 66 家，之后 2014 年到 2016 年动漫企业数保持不变。同时，动漫产业相关从业人数除 2010 年在 2000 人以下外，其余年份均保持在 2000 人以上，并且人数浮动不大。原创动漫作品数量波动幅度较大，在 2010 年达 1488 部，2014 年更是达 3113 部，其他年份在 100 到 500 部之间波动。原创动画作品数量相对较少，2010 年达 709 部，2011 年急剧下降到 74 部，其他年份则平均在 200 多部。[①]

---

① 数据来源：EPS 数据平台，http://oldolap.epsnet.com.cn/Sys/Olap.aspx?ID=OLAP_CH_CULTURE _Y_R_WEB

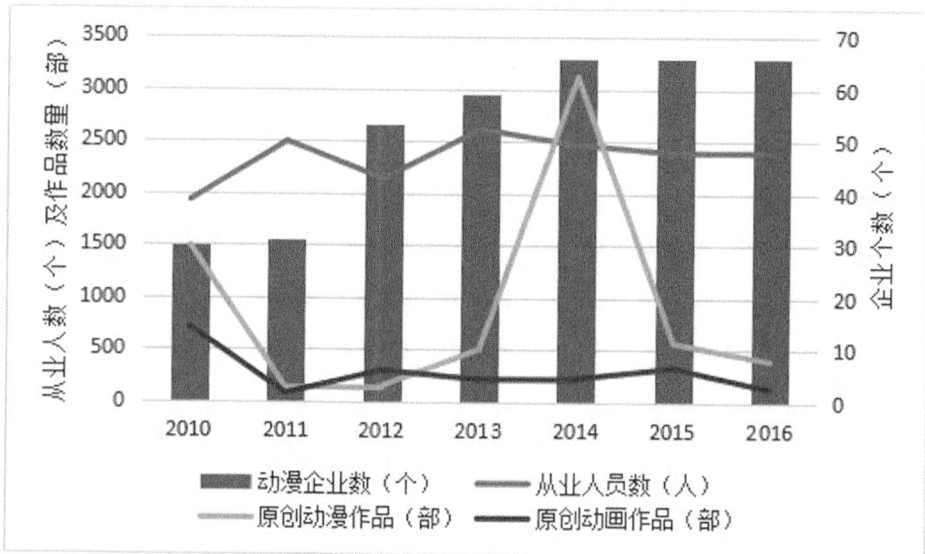

图三：2010—2016 年北京动漫企业数和从业人员数

数据来源：EPS 数据库，http://oldolap.epsnet.com.cn/Sys/Olap.aspx?ID=OLAP_CH_CULTURE_Y_R_WEB

（三）京台两地各自均有动漫相关政策扶持，但侧重不同

一个国家和地区的文化产业总是存在着高度意识形态，因此在文化产业发展的过程中，政府主导的产业发展政策对文化产业有决定性作用。动漫产业作为文化产业中一个重要的部分，其发展史离不开政府政策的支持的。

1. 北京动漫产业政策提高了相关企业的生产积极性，但仍有不完善以及落实不到位的情况存在

北京方面，在 2009 年时，动漫产业成为《政府工作报告》的一项内容。次年在党的十七届五中全会上，明确提出了要将中国的文化产业推动成为国民经济支柱性产业。早在 2006 年，国务院办公厅就转发了文化部、广电总局、新闻出版总署等 10 部门《关于推动我国动漫产业发展若干意见的通知（国办发〔2006〕32 号）》，提出了 10 条相关意见，并且包括 28 条细则，用于推动我国动漫产业的良性快速发展，《意见》提出，要促进弘扬中华民族优秀文化、内容积极健康、贴近群众的动漫产品的创作，满足人民群众精神文化需求，为未成年人健康成长营造良好氛围，同时要采取切实有效措施，增强我国动漫产业自主良性发展的能力，支持动漫产品"走出去"，拓展国内动漫产业的发展空间。2018

年《北京市文化局"十三五"时期文化发展规划中》提出，要加快动漫、游戏、网络文化、数字文化服务等新兴文化产业，构建结构合理、门类齐全、科技含量高、竞争力强的现代文化产业体系，推动文化产业跨越式发展。

　　根据这些导向性的政策文件，北京市政府在微观层面上通过实施了一系列具体的扶持政策来落实。北京市政府在北京市《十一五规划纲要》中将文化创意产业列为支柱产业，文化创意产业的发展受到重视。2008 年北京文化局、财政局、税务局等为扶持动漫产业发展，落实国家对动漫企业的财税优惠政策，就结合北京市具体情况，发布了《动漫企业认定管理办法（试行）》，按照本办法认定的动漫企业，即可申请享受有关优惠和扶持政策。2015 年《北京市关于支持中国动漫游戏城发展的实施办法（试行）》《北京市关于支持网络游戏产业发展的实施办法（试行）》和《北京市关于支持影视动画产业发展的实施办法（试行）》开始实施。具体的奖励办法包括设立中国动漫游戏城发展专项资金，每年 1 亿元，支持动漫游戏城公共服务平台建设、技术研发、知识产权保护、人才培养等；对办公场所租金进行补贴，对高管人员给予奖励、协调提供优惠价房源或人才公寓，对员工连续 5 年提供每年 100 万元的教育培训经费等。[1] 到了 2017 年，由国家新闻出版广电总局、文化部文化产业司、北京市文化局、北京市新闻出版广电局等政府部门发起的动漫企业申报的扶持奖励多达十余个。

表 1：2017 年北京市动漫企业部分扶持奖励政策汇总[2]

扶持政策	发起方
提升出版业国际传播力奖励扶持	北京市新闻出版广电局
北京文化艺术基金艺术人才培养项目	北京市文化局
北京市原创动漫形象作品专项扶持基金	—
动漫企业认定	文化部、财政部、国家税务总局
北京市科技服务业促进专项	北京市科学技术委员会
文化产业发展专项资金新闻出版广播影视重大项目	国家新闻出版广电总局
动漫品牌建设和保护计划	文化部文化产业司

---

　　① 《北京出台三大政策奖励扶持动漫游戏产》，载新华网 https://www.aliyun.com/zixun/content/2_8_1045158.html。

　　② 《北京市动漫企业 2017 年扶持奖励政策汇总》，载三文娱 https://www.sogou.com/link?url=58p16RfDRLsKc40Ys1prwVDT9KGvmMyWgb9yD7qRmNVX7PQJYZ-PSdM7Xe6uZ5eq。

北京市科普项目	北京市科学技术委员会
遴选优秀影视作品进行译制资助	—
北京影视出版创作基金	—

大陆首先在宏观层面上肯定了动漫产业的地位，对动漫产业的发展确立了总体方向，对中华民族的本土文化给予高度重视，将本地的市场需求作为导向，希望能创造出具有自主性的动漫产业。国家层面的扶持政策下发到地方政府，再由地方政府制定和实施具体政策措施。从以上北京市政府有关的产业政策可以看出，北京方面主要从税收减免和资金补贴两种方式对动漫产业进行扶持，其特点是专项资金投入大，融资环境创新力度大，并且促进了动漫产业的产业集聚。①但由于缺乏有效的评估标准以及监督审查机制，使得政策的落实力度不大，且政策的设计并不完善，对相关企业和人才的吸引力度不高，这极大地阻碍了北京市动漫产业的发展。除此之外，对于动漫相关企业的融资难问题，北京市政府虽然出台了一些文件用以鼓励和引导各银行机构开展金融创新，为相关产业发展提供支持，但实际上能够融到资的都是较大型的企业，中小型企业依旧很难获得所需的资本。并且，由于在法律政策上对知识产权的不够重视、对侵权的认定没有确切完善的标准以及维权成本过高等原因，导致动漫市场上盗版猖獗，这不仅侵害了创作人的权益，还打击了其原创的积极性，不利于动漫产业的良性发展。

2. 台湾动漫产业政策宏观上注重技术发展，微观则从多方面入手对产业提供支持

宏观层面，早在 1994 年，台湾当局就意识到政策对动漫产业的扶持有利于文化产业的发展，台湾的"行政院新闻局"最初对动画电影的制作采取的是辅导金的形式进行资助，之后台湾以政策导向来推动动漫产业的发展。2002 年颁布"挑战 2008——'国家'发展重点计划（2002—2007）"，确立了数位内容产业是未来台湾高附加价值"两兆双星"核心优势产业之一，"经济部"将计算机动画列入十大具有发展潜力的产业。②2009 年，为了构建文创产业生态发展，并整合产业平台，提出《创意台湾——文化创意产业行动方案》，执行时间为

---

① 刘斌：《北京动漫产业政策实施效果与评价》，《现代传播（中国传媒大学学报）》2013 年第 1 期，第 100—104 页。

② 俞锦莉：《台湾与内地动漫产业比较研究》，上海师范大学 2011 年论文。

2009—2013 年，主要目标是以台湾省为基地，拓展市场，进军国际，将台湾打造成为亚太文化创意产业汇流中心。其动画产业的政策方案包括"数字内容产业旗舰计划"与"数字内容产业发展行动计划"，2016 年应经济发展方向改成"数字文创内容多元产制与汇集计划"。[①]

微观层面，台湾当局主要从资金、人才、产业研发、市场、知识产权保护等角度对动漫产业提供了政策支持。在资金辅助政策上，台湾当局除了对动漫产业园区基础设施建设资金支持，还对动漫产业从业者还拥有着多元化的资金扶持政策，依据动漫产业成长各个阶段的需要提供多元的政策协助工具，其从创业初期的"圆梦补助""育成补助"开始，到成长期提供研发生产、品牌行销与市场拓展等补助，在成熟或转型阶段则提供贷款与投资等协助。在人才培养政策上，台湾当局通过建立教学资源中心，整合高校资源，搭建了人才、媒介、产学合作的整合平台；鼓励高校开设相关课程和进行创意研发、创作实验，培养动漫产业所需的各类型人才，并提供在职人员进修学习的机会。在市场支持政策上，台湾的动漫产业多为微型或中小型企业，在自身能力与资源有限的情况下，要拓展市场及走向海外则亟须当局辅助政策，台湾当局通过"企业走出去，买家引进来"的方式，协助台湾动漫产业企业进行国际拓展，并且提供动漫品牌、中小型及微型企业与个人创作者出岛参展补助，为企业市场拓展提供支持。在知识产权保护政策上，台湾当局重视动漫知识产权，保护动漫企业的知识产权不受侵害，促进企业良好发展。[②]

但总体来说，台湾当局有关动漫产业的政策在制定过程中主要与数位内容相关，经济和科技占据了主导地位，以技术导向和经济效益为主要原则，希望通过对技术的扶持，使台湾在国际动漫产业链中占有一席之地；而这种产业扶持政策对当地文化存在着较大的忽视，进而忽视了本地的市场需求，这使得台湾的动漫产业失去了文化的自主性。

（四）产业园区各具特色，集群效应促进了动漫产业的发展

动漫产业作为文化创意产业非常重要的一部分，其产业园区除了专门的动漫产业园区外，通常依托于文化创意产业园区内。

---

① 邱世萍：《台湾动画产业发展现状及趋势》，《两岸创意经济研究报告（2017）》，第 13 页。
② 《台湾的文化创意产业为什么如此发达？》，载于 Sun 大发 https://www.zhihu.com/question/267054811/answer/320277855。

1. 北京动漫产业园区现状

2008 年，位于北京中关村的"国家网络游戏动漫产业（北京）发展基地"正式挂牌成立，在这之后，一大批动漫产业园区在北京各地陆续建立起来。截止到 2017 年，北京已经形成了 30 个文化创意产业集聚区，主要分布在首都功能的核心区和拓展区内。目前主要的动漫产业园区有：中关村创意产业先导基地、北京 798 艺术区、宋庄原创艺术与卡通产业集聚区、中国动漫游戏城、三间房动漫园、石景山动漫园等。各区域凭借自身历史人文、科技、经济、旅游等资源，使得这些园区各具特色。

表 2：北京主要动漫产业园区 [①]

园区位置	基地类型	授权单位
中关村石景山园	国家网络动漫游戏动漫产业发展基地	新闻出版总署
东城区雍和科技园	国家网络动漫游戏动漫产业发展基地	新闻出版总署
中关村创意产业先导基地	国家网络动漫游戏动漫产业发展基地	新闻出版总署
北京电影学院	国家动画教学研究基地	国家广播电视总局
中国电影集团	国家动画产业基地	国家广播电视总局
中国传媒大学	国家动画教学研究基地	国家广播电视总局
北京文化创意产业集聚区	国家动画产业基地	国家广播电视总局
中央电视台中国国际电视	国家动画产业基地总公司	国家广播电视总局
北京市大兴区	国家新媒体产业基地	科技部

动漫产业园区属于文化创意产业集聚区的一部分，北京市各区县为了吸引各大企业形成聚集效应发展文化创意产业，在微观层面上制定了更符合本地的、更细致的优惠政策。比如怀柔区从 2008 年开始，每年安排 2 亿元专项资金引导园区内的产业发展。从 2009 年起昌平区政府每年安排 3000 万元财政专项资金，用来扶持文化创意产业发展；朝阳区则在 2008—2013 年间先后向 220 家文化创意产业重点企业投入了 6.5 亿元；怀柔区则自 2008 年开始，每年安排 2 亿元专项引导资金。除此专项扶持资金的大量投入，对于入驻的公

---

① 徐锡花：《影响首都动漫产业园的发展要素分析》，北京印刷学院 2013 年论文。

73

司，各区域的产业园区不但会按企业承租租金的一定比例予以补贴，同时在财税方面也给予各种扶持，园区还会建立公共技术平台建设，提供给园区内的企业使用。[①]另外，各园区定期还会举办各种动漫节（展）或论坛，为动漫创作、人才引进、投资融资等提供了大量机会。这些产业园区把动漫产业作为重要发展支柱，带动了整个北京动漫产业的发展，并向周围地区和其他产业辐射，形成一定规模的产业集聚效应。北京动漫产业园区的经营模式主要由各区政府牵头主导并管理，成立相应的园区管理委员会和办事机构，通过各项优惠政策吸引各类动漫相关企业到园区注册经营，政府在动漫产业园区的经营管理过程中的权力较大。

但许多产业园区的具体实施效果却存在着与政府的初衷背道相驰的情况。一是许多优惠落实不到位、补贴发放不及时，并且这些优惠补贴相比其他地区并无优势，使得许多公司依旧要承担除房租水电外其他的巨额费用。二是公共技术平台投入资金虽然很大，但是使用情况等并不如预期，一些设备使用效率不高，一些设备数量又不够。三是企业参加各种动漫节展园区都会给予一定的资助，但大部分活动形式趋于单一化，没有体现出园区的差异性和自身优势；并且部分企业认为自己的主要精力是经营，不太愿意主动参加会展。四是由于政府的管理权力较大，导致市场机制效率不高，政府过多的干涉使得资源配置存在不合理现象时有发生。

2. 台湾动漫产业园区现状

在我国，台湾地区最早提出了建立通过建立文化创意产业园区来发展动漫产业。2002 年台湾提出"挑战 2008：'国家'发展重要计划（2002—2007）"，将文化创意产业列为重点发展计划，推动了台北、台中、嘉义、台南及花莲五大文化创意产业园区的建设及产业聚群营运计划。在 2008 年台湾的六年发展计划中，台湾当局对文化创意产业的预算是 15.8 亿新台币，其中超过百分之三十的经费用在了文化创意产业园区的建设发展上，由此可见产业园区在文化创意产业中的核心地位。

---

① 刘斌：《北京动漫产业政策实施效果与评价》，《现代传播（中国传媒大学学报）》2013 年第 1 期，第 100—104 页。

表3：台湾主要动漫产业园区

园区名称	开放时间	管理单位	经营模式
华山1914文化创意产业园区	2007年	台湾文创发展股份有限公司	台湾"文化部"、OT、ROT、BOT
台中文化创意产业园区	2009年	台湾""文化部""文化资产局	台湾"文化部"、OT
嘉义文化创意产业园区	2003年	台湾"行政院文化建设委员会"	台湾"文化部"
台南文化创意产业园区	2014年	南台科技大学	台湾"文化部"、南台科技大学
花莲文化创意产业园区	2011年	新开股份有限公司	台湾"文化部"、ROT

　　台湾的动漫产业园区的经营模式主要选择"公办民营"模式，这一模式主要分为三种：BOT模式、OT模式以及ROT模式。[①]"公办民营"模式的主要优点在于将市场机制和当局干预相结合，发展建立官商合作互补的合作关系，利用民间团体机构拥有的实务经验与管理经验，提高经营效率，有效弥补当局单方面对于园区只强调硬件基础设施规划的思考，为台湾动漫产业园区的持续活力发展提供保障。每年台湾的各动漫产业园区都举办着各类的展演与活动，增加园区的活力，除了通过丰富多元的活动进行营销外，园区还通过捷运和游客中心传单、举办动漫文化论坛、请明星代言、官网和各大社交媒体等渠道对园区进行宣传。除此之外，台湾的动漫产业园区还将当局、企业与社区居民联系在一起，利用园区进行活化闲置资源，扣连城市特色打造城市意向，能有效地

---

　　① （1）BOT模式（Build-Operate-Transfer，直译为"建设—经营—转让"），政府通过招标方式将土地的所有权交由民间团体投资园区的组织建设和管理运营，等特许期满后，再将其所有权转让回政府；（2）OT模式（Operate-Transfer，直译为"经营—转让"），由政府投资建设完成后，委托民间团体经营，经营期满后再将所有权交转让回政府；（3）ROT模式（Renovate - Operate - Transfer，直译为"重整—经营—转让"），重整是指在获得政府特许授予所有权的基础上，对现有的过时、陈旧的园区设施、设备进行改造更新，然后由民间投资者经营若干年后再将所有权转让回政府，这是BOT模式的一个变体，其差别在于将"建设"变化为"重整"，常适用于投资金额少、建设期间短，风险较小的情况。

与社区互动，获得市民的认同。①②

四、推动京台两地动漫产业合作机制构建与合作模式的完善

为推动京台两地动漫产业合作的可持续发展，可以根据两地合作主体、运行平台及组织程序建立以政府引导、民间自发交流为主导的、密切的以及常设的合作机制，在此机制下就两地动漫产业合作问题进行定期的、经常性的对话，实现自发的、良性的持续合作。

（一）京台两地动漫产业合作机制运行机理

京台动漫产业合作机制的正常稳定运行是通过一定的合作责任主体（责任人、机构、组织等）在一定的平台构架、并依据预先设立的程序展开的。③其机制运行机理主要由以下内容构成。

1. 合作主体

京台两地动漫产业合作主体应当包括两地政府、民间协会组织、企业以及个体工作者、参与两地动漫人才培养的各大高校等。

2. 运行平台

动漫产业作为文化产业的一部分，具有意识形态属性，其发展过程是离不开政府的政策引导和扶持的。由于政治方面的原因，要想通过两地政府直接对话进行动漫产业合作协商的可能性不太大。但两地政府的不交流并不符合两岸经济利益的发展，更违背两岸民间强烈的经贸往来愿望，所以政府和民间之间的沟通交流并不受阻碍。因此，京台两地动漫产业合作机制的运行平台的第一级应该是政府和动漫产业各组织协会进行协调协商，政府负责制订产业规划和政策，与协会共同建立区域协调、绩效评估以及争端解决机制。

京台两地动漫产业合作机制的运行平台的第二级则是动漫企业、个体工作者进行项目合作。而在具体的动漫合作项目实施过程中，人才、资金、技术等

---

① 《台湾文化创意产业园发展特色及案例分析》，载前瞻产业研究园 https://f.qianzhan.com/yuanqu/detail/181022-76b26db7.html。

② 《台湾的文化创意产业为什么如此发达？》，载 Sun 大发 https://www.zhihu.com/question/267054811/answer/320277855。

③ 林跃勤：《合作机制理论与完善金砖国家合作机制研究》，《亚太经济》2017 年第 3 期，第24—32、193 页。

要素的整合，以及利益保障问题，都需要通过合作协议的签订来确保京台两地要素资源的高效流动和利用，同时保障双方利益。为了保证要素流动的可持续性和利益保障的可能性，就需要在此过程中构建要素整合机制和利益保障机制。

3.合作程序

通过以上合作主体参与的机制构建，京台动漫产业合作机制的运行程序主要包括政策制定、协议签订、要素投入、利益保障、绩效评估、监督问责和争端仲裁几个环节。其中政策制定和协议签订主要由区域协调机制主导，要素整合机制决定了要素投入环节，最终利益保障机制、绩效评估机制和争端解决机制决定了利益保障、绩效评估、监督问责和争端仲裁环节。

随着北京台湾两地动漫产业合作交流的不断加深，产业合作机制要自发稳定、正常有序的运行起来，还需要有新的平台机制建立并运行起来，起着补充、完善的作用，同时，也会有新的相关主体陆续参与进来，参与者将更多、更专业化。合作程序的各个环节所涉及的细节也将更加精确。

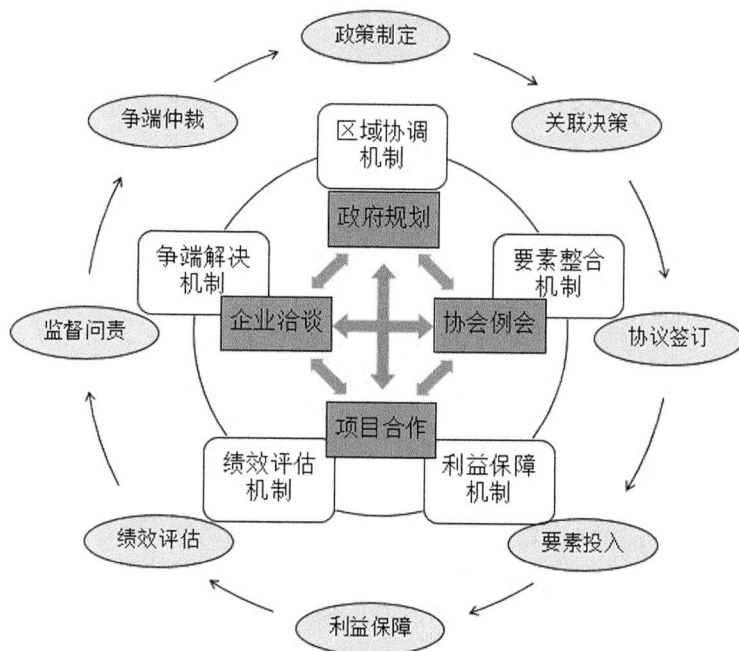

图四　京台两地动漫产业合作机制结构和运行机理

（二）京台两地动漫产业合作机制主要内容

1. 区域协调机制

北京和台湾两地的动漫产业合作属于跨区域产业合作，由于受到距离、政治、经济以及技术等因素的制约，使得两地产业之间的合作并不能达到最佳状态和良性发展。因此，为了京台动漫产业合作的可持续发展，有必要建立区域协调发展机制，发挥区域间产业的协同作用以及两地政府与市场的作用，解决两地产业合作低效率、低收益现状，来推动京台两地产业与区域经济的发展。

2010年6月两岸签署了ECFA，之后双方同意成立"两岸经济合作委员会"，两岸经济合作开始了组织化的常态运行，为京台动漫产业合作提供了良好的发展空间。但大陆和台湾在政治和意识形态上的对立依旧是两岸经贸往来最大的阻力之一。为解决京台两地动漫产业合作过程中的此问题，应当从北京和台湾动漫产业自身发展的优势以及不足出发，建立更加具体的区域协调机制和产业协商机制，来保障双方合作交流的顺畅进行。考虑到北京和台湾两地动漫产业合作机制运行平台的第一级是政府和动漫产业各组织协会进行协调协商，除了要尽快建立两地政府间的对话合作，具体的合作机制可以有以下内容：

（1）定期举办京台动漫产业年会、展会，或者由政府牵头、定期、大型的其他动漫产业交流活动，在此类活动中对京台两地动漫产业的发展规划等重大事宜进行磋商决定。

（2）成立京台动漫产业合作委员会，其职能包括规划京台动漫产业合作计划，互相设立日常办事机构，形成常态化的组织构架，专门负责两地动漫合作日常事项。

（3）建立负责落实各具体事项的办公室，对合作项目包括展会、论坛、互访等及相关事宜制订详细的合作协议、计划，并且落实协议。

2. 要素整合机制

动漫产业作为资本、技术和知识密集型产业结合体，资金、技术和人才这三种要素是决定动漫产业发展水平的关键因素，构建要素整合机制就是为了发挥两地动漫产业要素的互补性特征，促进两地要素的双向流动，实现资源的高效利用，加快动漫产业的发展。要素机制的构建可以从上述三种要素的角度出发：

（1）动漫产业要发展、动漫产业链要运转，首先需要有效的资金融通手段。在京台动漫产业的合作中，一是政府要放宽京台两地资金的流动限制，扩大北京与台湾动漫产业的相互投资；二是可以依托动漫产业园区，发挥产业园区规模化、集约化的特点，吸引专门的投资公司对动漫产业的支持；三是在资金融通的过程中，除了上游的动漫内容公司，与下游的动漫衍生品公司如图书出版公司、玩具制作公司、广播电视台等各方都可以参与进来，共同出资分担风险、分享利益。

（2）在动漫技术方面，两地各有优势，不过由于台湾为美日动漫代工多年，其技术更为成熟，但两地动漫制作的硬件技术还主要是依靠美日等动漫产业发达国家。因此两地可以共同合作，通过企业、高校以及高新技术研发机构之间的联合研发具有自主知识产权的动漫技术。技术要素的整合可以通过以下三个方面来进行：一是北京方面可以加强对台湾动漫技术的引进，引导鼓励台湾技术向北京转移；二是可以京台两地校企联合，促进动漫技术创新产、学、研过程的发展；三是可以通过京台两地的动漫产业园区，将研究技术成果推广转化，实现经济利益。同时，要加大对动漫技术的知识产权和专利进行保护，制定规范的侵权认定标准，加大对盗版的打击力度，实现技术创新和应用的良性可持续发展。

（3）人才也是动漫产业发展的重要因素。动漫产业整个产业链对各方面的人才都有需求，京台两地可以通过合作制定动漫人才培养计划与交流互动来实现两地人才资源的整合。在人才培养方面，一是北京和台湾各大高校可以通过联合培养的方式，实现学术资源优势互补；二是动漫企业可以参与到各高校人才培养的过程中，使得人才的培养更具有针对性和实践性，提高动漫人才质量和创新能力；三是可以设立动漫人才培养专项资金，吸引更多的人参与到动漫产业中。在人才交流互动方面，要降低京台动漫从业人员双向往来的门槛要求；政府和动漫企业还可以采取优惠政策，实现两地动漫人才的互动，深入交流动漫产业的发展。

3. 利益保障机制

利益保障机制主要是指为了防范产业合作中的各种风险，保障京台两地各合作主体利益而设计的机制。由于外部效应和信息不对称的存在，跨区域产业合作过程中始终存在道德风险、管理风险和信用风险等。风险一旦发生，就会给协作各方带来重大损失。因此，必须构建利益保障机制。[1]

---

[1]　丁祺、张子豪：《产学研协同创新模式与利益机制构建》，《中国高校科技》2018年第7期，第28—30页。

京台动漫产业合作过程中，涉及的环节、主体较多，要保障多方利益，就必须构建利益保障机制。利益保障可以从以下两个方面着手：一是改善投资环境，除了对动漫产业园区基础设施、物资市场以及金融机构的优化外，政府政策、制度、服务等也应得到提升。二是加强对知识产权和专利的保护，动漫产业的核心价值在于版权，政府要不断完善现有的知识产权法律制度，并使知识产权的法律保护真正可行并落到实处。同时，京台两地可以进行合作知识产权保护，签订知识产权保护协议，建立第三方知识产权专业管理机构，以此来保障动漫产业合作参与者的利益。

4. 绩效评估机制

绩效，指的是成绩、效益。绩效评估机制是指靠凭着对照产业合作目标或绩效标准，采用一定的评估方法，评定产业合作项目的完成情况、发展情况，并将上述评估结果反馈给合作方的一种机制。

京台两地动漫产业合作的绩效评估，可以通过成立专门的绩效评估委员会，协商拟定动漫产业合作绩效评估办法，制定相应的标准来进行评估。在一定周期内，对合作项目进行绩效评估，评估内容除了产业政策落实情况、合作规模和经济效益外，还应包括动漫企业集资情况、投入资金的使用率、产业园区入驻情况、市场经营状况等。通过对已进行合作项目的绩效评估，找出合作中存在的问题，来调整动漫产业过程中的合作方式、资金投入、政策目标等。

5. 争端解决机制

由于大陆与台湾两岸在经济、法律制度方面的差异，京台两地产业合作过程中难免会产生纠纷，如对协议的履行、解释或适用等方面的争议，这就需要在协议中规定解决争议的基本方法、程序规则和机构设置等，也就是其特定的争端解决机制。[1]

在实践中争端解决一般可以采取协商、仲裁与诉讼三种解决途径，但目前海峡两岸经贸合作过程中的争端解决主要是通过民间协商和"海峡两岸经济合作委员会"协商，缺乏明确的法律法规，这仅限于民间途径，在实践中不仅缺乏约束力，并且操作性不强，同时过度依赖于经合会。[2]但由于两岸"法律体系"的不同，仲裁与诉讼存在较大的难度，解决法律体系差异是构建争端解决机制的核心。因此，对于京台动漫产业合作过程中出现的摩擦、争端，政府和

---

① 刘旭峰：《海峡两岸贸易争端解决机制之构建》，中国政法大学 2007 年论文。

② 张洪：《ECFA 框架下海峡两岸贸易争端解决机制之完善》，西南交通大学 2017 年论文。

动漫产业协会可以从两岸实际出发，成立专门的争端解决机构，还可以借鉴福建的做法，建立"维护台商合法权益合议庭"，专门负责审理有关涉及台商、台资企业的民商事案件。

张我军与五四新文化在台湾的传播

李跃乾[*]

一、五四新文化的主要内容

五四新文化运动是从 1915 年 9 月 15 日《青年杂志》在上海创刊开始的。陈独秀任主编，李大钊是主要撰稿人并参与编辑工作。陈独秀是一名激进民主主义者，他仇视当时的封建军阀统治，要求实现真正的民主；他批判了封建社会制度和伦理思想，认为要实现民主制度，必须消灭封建宗法制度和道德规范。李大钊则反对复古尊孔，要求思想自由，号召青年不要留恋将死的社会，要努力创造青春的中国。该杂志于 1916 年 9 月出版第二卷第一期时，迁往北京并改名为《新青年》。进步知识分子团结在《新青年》周围，高举民主和科学两面大旗，从政治观点、学术思想、伦理道德、文学艺术等方面向封建复古势力进行猛烈的冲击。他们集中打击作为维护封建专制统治思想基础的孔子学说。他们还主张男女平等，个性解放。1916 年，《新青年》杂志编辑部迁到北京，李大钊、胡适、鲁迅等成为主要撰稿人。蔡元培出任北京大学校长后，邀请了许多有新思想的学者到校任教。这样，《新青年》和北京大学成为新文化运动的主要阵地。1916 年，《新青年》发表了陈独秀《一九一六年》《吾人最后之觉悟》，李大钊的《民彝与政治》《青春》等主要论文，揭露了君主专制的危害。1917 年起他们又举起"文学革命"的大旗，提倡白话文，反对文言文，提倡新文学，反对旧文学。随着新文化运动的发展，《新青年》实际上成了新文化运动的思想领导中心。

《新青年》从 1918 年 1 月出版第四卷第一号起改用白话文，采用新式标点

---

* 作者任职于北京联合大学台湾研究院。

符号，刊登一些新诗，这对革命思想的传播和文学创作的发展，起着重要的作用。[①] 鲁迅，1918 年 5 月，鲁迅在《新青年》上发表了中国现代文学史上第一篇白话小说《狂人日记》，对旧礼教旧道德进行了无情的鞭挞。这篇小说奠定了新文化运动的基石。在《新青年》的影响下，一些进步刊物改用白话文。这又影响到全国用文言文的报纸，开始出现用白话文的副刊，随后短评、通讯、社论也都采用白话文和新式标点。所有这些文学改革，使全国报纸面貌为之一新。

1918 年 11 月，《新青年》发表了李大钊的《庶民的胜利》《布尔什维主义的胜利》两篇著名论文，热烈欢呼俄国社会主义革命的胜利。

在陈独秀、李大钊等人的领导下，提倡科学，反对迷信，提倡民主，反对独裁，提倡白话文，反对文言文的新文化运动，宣传了西方的进步文化。以后，又传播了社会主义思想，反映了新型的革命阶级的要求，在社会上产生了巨大的反响。

这一运动的深入发展，吸引了许多年轻人，特别是青年学生集合在反帝反封建的旗帜下，为迎接一场彻底的反帝反封建的政治斗争作好了思想准备。

1919 年五四运动后，宣传马克思主义成为新文化运动的主流。《新青年》也逐渐变成宣传马列主义的刊物。

五四新文化运动口号："德先生和赛先生"。"德先生"指的是 "Democracy"（民主），"赛先生"指的是 "Science"（科学）。这一口号反映了中国社会发展的要求和人民的迫切需要，有力地推动了新文化运动的发展。

新文化运动的基本内容有：提倡民主，反对专制。提倡科学，反对迷信。提倡新道德，反对旧道德。提倡新文学，反对旧文学。

新文化运动的主要代表人物有陈独秀、胡适、蔡元培、鲁迅、钱玄同、刘半农、周作人等。

二、张我军对五四新文化在台湾传播的贡献

张我军，1902 年 10 月 7 日出生于台北县板桥镇，原名张清荣，笔名一郎、速生、野马、以斋等。1914 年，板桥公学校毕业。1916 年，经林木土介绍，入新高银行当工友。1918 年，升任新高银行雇员。1920 年随前清秀才赵一山读书

---

① 《新青年》1918 年，第四卷第 1 号。

学汉诗。

1919 年后，台湾总督府改行怀柔同化政策，林献堂等发起台湾议会设置请愿运动。正在厦门的张我军写七律《寄怀台湾议会请愿诸公》一诗予以支持。张我军又把台湾回归的希望寄托于孙中山的民主革命，他称颂孙中山为弱小民族之父（台湾民报感想录）。他在大革命时期参加过国民党，因失望而退党。[①]

1921 年，张我军由新高银行调往厦门鼓浪屿支店工作。他一方面赴厦门同文书院接受中国新式教育，接触中国白话文文学，同时也跟着一位当地的老秀才继续学习古典文学，并改名我军。1923 年 7 月，新高银行结束营业，人员被遣散，年末张我军自厦门乘船至上海，参加台湾留学生反日组织"上海台湾青年会"。1924 年 1 月赴北京求学。他认识了同班同学罗文淑（后改名罗心乡），并与之相恋，但遭到封建家庭的阻挠。经过北平新文化运动洗礼的张我军，痛感摧毁旧制度、旧思想、旧文化的必要。1924 年 3 月 25 日，他在北京写下第一首新诗《沉寂》送给恋人罗心乡。1925 年 9 月，两人在台北结婚。同年 12 月，张我军在台北自费出版诗集《乱都之恋》。1926 年 6 月，张我军偕夫人自台湾到北京，9 月考入私立中国大学国文系，就读一年。

1926 年 8 月 11 日，张我军拜访鲁迅寓所，赠送四本刚出版的《台湾民报》（第 113—116 号）。他还在北平拜访过鲁迅，并且向鲁迅表示中国人似乎都忘记台湾了，谁也不大提起它。这段话显然刺痛了鲁迅，令他难以忘怀："我当时就像受了创痛似的，有点苦楚，但口上却道：不，那倒不至于的，只因为该国太破烂，内忧外患，自顾不暇了，所以只能将台湾这些事情暂且放下。"1927 年夏天，鲁迅在《写在"劳动问题"之前》中记载了张我军的来访和上述对话，还特意指出，"但正在困苦中的台湾的青年，却并不将中国的事情暂且放下。他们常希望中国革命的成功，赞助中国的改革，总想尽此力，于中国的现在和将来有所裨益"。

1927 年 10 月，他插班进入国立北京师范大学国学系。1929 年留校任日文讲师，且于北京大学兼课。1931 年，被北师大延揽为日文讲师，后又在北平、中国两大学兼教日文。

第一次世界大战后，社会主义思潮在日本流行。1930 年代，张我军翻译出版日本社会主义政论家和无产阶级文学家的书籍和文章，还曾以辩证唯物主义

---

① 何标:《于无声处听惊雷——写在父亲张我军逝世 55 周年》,《文艺报》2010 年 11 月 29 日 4 版。

理论文章作为学生的日文教材。

1937 年到 1945 年抗战期间，张我军一直在北平，除了担任伪北京大学教授外，未出任任何公职，期间，曾于 1942 年和 1943 年两次由北平前往东京参加"大东亚文学者大会"。1945 年 8 月，张我军担任"北平台湾同乡会"服务队队长，协助台胞返乡。1946 年夏秋间，携眷返台。

1925 年，他的新诗集《乱都之恋》在台湾出版，是台湾第一部新诗集。1926 年始陆续发表小说《买彩票》《白太太的哀史》《诱惑》。作品有力地揭露与批判了黑暗时代，不仅开创了台湾新诗创作的现实主义传统，也拓宽了早期台湾小说创作视野与领域。张我军是台湾文学发难期的总先锋，有"台湾文学清道夫""台湾的胡适"之称。

张我军对台湾新文学的主要贡献如下：

第一，自己努力用白话文创作和发表新诗、评论、杂文、小说等新文学作品，与同志一起创办新文学社团、新文学杂志、读书会等，在实践新文学理论上起带头模范作用，在台湾青年中宣传新文化运动。

1924 年 3 月 25 日，他在北京写下第一首白话文新诗《沉寂》。1924 年 4 月 21 日，张我军在《台湾民报》2 卷 7 号上发表《致台湾青年的一封信》，批评了文言文和古典诗词。"诸君怎的不读些有用的书来实际应用于社会，而每日只知道做些似是而非的诗，来做诗韵合解的奴隶，或讲什么八股文章代替先人保存臭味。"他呼吁台湾青年以"团结、毅力、牺牲"为武器改造台湾的旧文化。1924 年 5 月 11 日，新诗《对月狂歌》发表于《台湾民报》2 卷 8 号。1924 年 7 月 11 日，新诗《无情的雨》发表于《台湾民报》2 卷 13 号。1924 年 8 月 16 日，新诗《游中央公园杂志》（共六首）发表于《北京晨报》副刊。1924 年 10 月 14 日，新诗《烦闷》发表于《北京晨报》副刊。1924 年 12 月 1 日，短评《驳稻江建醮与政府和三新闻的态度》发表于《台湾民报》二卷 25 号。1924 年 12 月 11 日，短评《为台湾的文学界一哭》《欢送韦博士》发表于《台湾民报》二卷 26 号。1924 年 12 月 28 日，诗集《乱都之恋》自费在台北出版印行。1925 年 1 月 1 日，短评《请合力拆下这座败草丛中的破旧殿堂》发表于《台湾民报》三卷 1 号。1925 年 1 月 11 日，短论《绝无仅有的击钵吟的意义》发表于《台湾民报》三卷 2 号。1925 年 1 月 21 日，短评《揭破闷葫芦》《田川先生与台湾议会》发表于《台湾民报》三卷 3 号。1925 年 2 月 1 日，短论《聘金废止的根本解决办法》发表于《台湾民报》三卷 4 号。1925 年 2 月 21 日，短评《复郑军

我书》、短论《文学革命运动以来》发表于《台湾民报》三卷六号。1925 年 3
月 1 号，短论《诗体的解放》、杂感《研究新文学应该读什么书》、新诗《烦闷》
发表于《台湾民报》三卷 7 号。1925 年 4 月 1 号，短论《生命在，什么事都做
不成？》发表于《台湾民报》三卷 10 号。1925 年 4 月 21 日，杂感《随感录》
发表于《台湾民报》三卷 12 号。1925 年 6 月，后记《〈亲爱的姊妹们押分歧努
力〉后记》发表于《台湾民报》第 67 号。1925 年 7 月 19 日，新诗《弱者的悲
鸣》发表于《台湾民报》第 61 号。1925 年 8 月 26 日，短论《新文学运动的意
义》发表于《台湾民报》第 61 号。1925 年 9 月 1 日，与罗文淑在台北江山楼
结婚，证婚人林献堂、介绍人王敏川。1925 年 10 月 18 日，短论《至上最高道
德——恋爱》发表于《台湾民报》第七十五号。1925 年 10 月 25 日，短论《中
国国语文做法导言》发表于《台湾民报》第七十六号。1925 年 12 月 28 日，自
费在台北出版新诗集《乱都之恋》，收集 55 首新诗。这是台湾的第一部白话新
诗集，吟诵的是张我军与妻子矢志不渝的爱情。这本诗集出版之际，正是日本
殖民主义在台湾实行严厉的思想钳制、推行"皇民化"文化、禁止汉语传习的
时期。《乱都之恋》出版后，台湾不少读书人才知道世间除了文言的旧体诗外，
还有白话的新诗体，于是纷纷起而仿效，给宝岛的白话文运动以及诗体的解放，
带来了一阵清新的涟漪。1925 年 11 月至 1926 年 1 月，论文《文艺上的诸主意》
发表于《台湾民报》第 77、78、81、83、87、89 号。1926 年 12 月 13 日，杂
感《看了警察展览会之后》发表于《台湾民报》第 83 号。1926 年 12 月 27 日，
《"乱都之恋"的序文》发表于《台湾民报》第 85 号。1926 年 1 月，短论《危
哉台湾的前途》发表于《台湾民报》第 90 至 96 号。1926 年 7 月 25 日，杂感
《〈弱小民族的悲哀〉的译者附记》发表于《台湾民报》第 105—115 号。1926
年 9 月 19 日，小说《买彩票》发表于《台湾民报》第 123—125 号。1927 年 5
月 1 日，小说《白太太的哀史》发表于《台湾民报》第 150—155 号。1929 年 4
月 7 日，小说《诱惑》发表于《台湾民报》第 255—258 号。①

　　张我军的小说，虽是其文学创作的副产品，但在台湾新文学的草创期中，
实具有不可忽视的代表意义。其小说语言，不用台湾语文，完全以中国白话文
来创作，以后并影响了郑登山，廖汉臣及朱点人等人，与赖和、郭秋生的台湾
语文流派不同，也与杨云萍诸人带有日本风味的白话文流派截然有别，是草创

---

　　① 《张我军全集》，台海出版社 2000 年版。

期中小说语言的"三大派别"之一。

张我军参与组织的新文化社团有：1925 年，他加入蒋渭水、杨朝华、翁泽生、郑石蛋、翁泽生成立的"台北青年体育会"与"台北青年读书会"。1927年 3 月，他被推为"北京台湾青年会"主席。他与苏维霖、洪炎秋、宋斐如、吴敦礼等人共同创办《少年台湾》，出刊 9 期。1928 年，他与何秉彝、叶凤梧、俞安斌等人筹组文学社团"星星社"，后易名"新野社"。

张我军与鲁迅、周作人等人有交往。1926 年 8 月，张我军到北京求学，专门去拜访鲁迅，赠送他《台湾民报》4 本。1929 年，张我军再次在北京拜访鲁迅。张我军翻译的日本文豪夏目漱石的文学理论名著《文学论》，1931 年由上海神州国光社出版发行，周作人作序推荐。①

第二，向台湾岛内介绍五四新文化的主要理论观点和代表作品，批评岛内文言文诗人和旧诗词，推动了台湾新文学的成长和发展，影响和培养了一批新文学作家，推动了岛内旧诗人的转变。

1924 年 10 月下旬，张我军回到阔别将近四年的台湾，出任《台湾民报》编辑，开始批判旧文学、旧道德。11 月 21 日，张我军在《台湾民报》2 卷 24 号发表《糟糕的台湾文学界》，批判台湾的旧式诗社和旧诗人，呼吁台湾把"陈腐颓丧的文学界洗刷一新"。他抨击旧诗人如守墓之犬，在那时守着几百年以前的古典主义之墓。张我军对旧文坛的尖锐抨击，击中了旧文学的要害，终于引起连雅堂为首的旧诗人的反击，揭开了新旧文学论战的序幕。面对连雅堂的批评，张我军在《台湾民报》上连发三篇文章：《为台湾文学界一哭》《请合理拆下这座败草丛中的破旧殿堂》《绝无仅有的击钵吟的意义》，猛烈抨击维护封建传统，专写古体汉诗，酬唱成风的旧文学界。他批评旧文学带来的种种危害和弊端，认为最严重的毒害是让青年养成了"偷懒好名的恶习"，因此他向青年发出警告："诸君若长此以往，后来触于突发的事，或是激于义气，想出来协力改造社会也就无从改造了。"显然，张我军对新文学的鼎力提倡，是基于对台湾社会命运的深刻关注。他要"从根本上扫除清扫""台湾的文学"，他愿"站在文学道上当个清道夫"。

在批判、摧毁旧文学的过程中，张我军也着手新的文学理论的建设。在《文学革命运动以来》《诗体的解放》《新文学运动的意义》《文艺上的诸主义》

---

① 《鲁迅全集》第 15 卷，人民文学出版社 2005 年版，第 633 页。

等文章中，他对新文学运动的一系列问题如：台湾新文学的属性，文学的内容与形式，语言建设，东西文化的关系等作了比较深入和细致的阐述。他的主张紧密地结合台湾文坛的实际，着力解决具体问题，从而使新文学理论显示出强大的生命力，推动了台湾新文学创作的发生与发展。张我军的新文学理论主要有以下五点：

1. 对旧文学的批判。张我军在《致台湾青年的一封信》中说："其实我们所处的社会是老早就应该改造的，但换了汤而不曾换药，所以我们今日仍处在不合现代生活的社会，就如坐在火山或炸弹上，不知道几时要被它爆碎。与其要坐而待毙，不如死于改造运动的战场，倒还干净得很。"1924 年 4 月 21 日《糟糕的台湾文学界》："打鼾酣睡的台湾的文学""致使我文学界还是暗无天日，愁云暗淡，百鬼夜哭，没有一丝活气，与现代的世界的文坛如隔在另一个世界似的，这是多么可痛的事阿"。

2. 关于文学的内容与形式。张我军详细介绍了胡适的"八不主义"和陈独秀的"三大主义"等文学革命理论，让台湾文坛学习。

3. 对待台湾文学与祖国大陆新文学的关系上。他认为，台湾文学是中国文学的支流。张我军在《台湾民报》第 3 卷 6 号上发表了《文学革命运动以来》一文，介绍五四新文学革命，并将胡适《五十年来中国之文学》的一节全文转载。张我军将内地的优秀作品、理论介绍到台湾。他对台湾的新文学作了定向和定位。他较为准确地阐释了台湾新文学与祖国内地文学之间的血缘关系："台湾的文学乃中国文学的一支流，本流发生的什么影响、变迁，则支流也自然而然地随之影响、变迁，这是必然的道理。"

4. 关于东西方文化的关系。

5. 关于中国国语与闽南方言的关系。张我军提出，写作要以中国白话文为工具，而闽南方言应以中国国语加以改造。他始终反对运用中国各地的方言于白话文写作，曾指出："我们日常所用的话，十分差不多占九分没有相当的文字。那是因为我们的话是土话，是没有文字的下级话，是大多数占了不合理的话啦。所以没有文学的价值，已是无可疑的了。"

在与旧文学的论战中，张我军掀起了介绍中国新文学的热潮。从 1924 年10 月到 1926 年 6 月，张我军负责《台湾民报》学艺栏的编辑工作。他学艺栏上经常选刊中国新文学作家鲁迅、冰心、郭沫若、胡适等人的作品，让读者丰富新文学的知识，掀起台湾新文学的第一个浪潮。张我军编辑的中国新文学资料有：蔡孝乾著《中国新文学概观》（第三卷第 12 至 17 号）、《文艺上的诸主义》（第 77 号），刘梦苇著《中国诗底昨今明》（第 101、102 号）。张我军还转载了鲁迅的《鸭的喜剧》《故乡》《狂人日记》《阿 Q 正传》，淦女士（冯沅君）著《隔绝》，冰心《超人》等。

1926 年下半年，张我军返回祖国大陆，赖和接手负责编辑《台湾民报》学艺栏，继续大力支持新文学作品的创作。《台湾民报》学艺栏成为台湾新文学作品发表的阵地，培养了一批作家：杨守愚、陈虚谷、廖毓文、朱点人、林克夫、朱石峰、杨逵、病夫、梦华、老尘客、绘声、玄影、杨云萍、龙瑛宗、张文环、巫永福、吕赫若、朱点人、张深切等。

旧诗人也很快拥护白话文运动。例如 1930 年 4 月连雅堂参加组建民烽演剧研究会，并担任白话文课程的主讲人。[①]

三、结论

1895 年 5 月以前，或者说日据时期以前，台湾的文化与祖国大陆的文化基本上相同。在教育上，学校主要是书院、私塾、社学等，教学内容主要是四书五经，教科书有《三字经》《论语》《大学》《中庸》《孟子》《幼学群芳》《孝经》《诗经》《易经》《书经》《礼记》《春秋》《唐诗》《千家诗》《千字文》《声律启蒙》《史记》《四书注解》《尔雅》《纲鉴》《家语》《左传》《公羊传》《周礼》《性理》《尺牍如面谈》《入德之门》《初学字格》《初入学早登科》等，教师则是贡生、廪生、生员、童生等，作文文体都是文言文。在宗教信仰上，三教九流都有。在服饰等习俗上，仍然是长袍马褂、留着长长的辫发。等等。

日据早期，在文化上抵抗台湾总督府"皇民化"政策的社会阶层，主要是前清的地主士绅、官僚，思想武器是儒家学说，非常软弱无力。台湾岛内的中国文化急需改造，以抵抗日本殖民者的"皇民化"运动。

20 世纪 20 年代，台湾留日学生通过学习日语，了解了自由、民主、平等、民族自决、社会主义、无政府主义等进步的政治思潮，但无法用日语文章改造台湾岛内的中国传统文化。

在北京、上海、厦门、广州等地留学、工作的台湾青少年，把祖国大陆的

---

① 台湾总督府编，王乃信等翻译：《台湾社会运动史》第四册，创造出版社 1989 年版，第 27 页。

五四新文化传播到台湾，从语言文字和文学上改造了台湾岛内的中国传统文化，使台湾社会进入了现代化，意义十分巨大。台湾文化革新后，台湾青少年增强了汉民族的自信心，振奋了反抗日本殖民统治的斗志。传播到台湾的五四新文化，是抵抗日本殖民文化的最有力武器！

在改造台湾文言文和台湾文学上，张我军的成就远远高于黄朝琴、黄呈聪、徐端明、林献堂、林呈禄、蔡培火、陈炘、蔡惠如等人，因此被誉为台湾新文学运动的开拓者、奠基者。

京台义务教育阶段美育研究综述

汪艳丽　董琦琦[*]

1902 年，王国维翻译日本牧濑五一郎的《教育学》，首次将"美育"一词引入中国，由此开启了我国"美育学"的探讨和研究之路。迄今为止，"美育学"在我国的传播与接受已历时一百多年，与之相关的学理类著述、政策性文件可以说是相当繁多，也颇为驳杂。近现代以来，我国历史风云变幻，教育发展与特定阶段的国情局势、政治环境紧密关联，由此决定了作为分支的"美育"也呈现出阶段性的衍化轨迹和特征。因此，本文之于"美育"文献的梳理，主要以时间线性线索为基准，就不同阶段的美育资料及其观点加以概括总结，与此同时，以横向反思为辅助，针对历史上同一阶段京台两地的美育资料及其观点进行比照。这里必须强调指出的是，近代至 20 世纪 80 年代初，大陆与台湾的关系十分复杂，大陆学界有关台湾教育的研究凤毛麟角，以大陆学界研究实况为基础，本文能够查证的文献资料实属有限，因此本文针对台湾"美育"研究的梳理主要集中在 1949 年以后。其中又以 20 世纪 80 年代为分界线，1949 年至 20 世纪 80 年代初，大陆学界关于台湾"美育"的引介评述不多，故选择略论；20 世纪 80 年代中期至今，随着大陆学界对台湾"美育"研究的丰富、拓展与深化，本文设专论进行呈现，特别就同一时期北京和台湾的"美育"研究单列数据，管窥其研究趋势。如果说本文的学理研究综述旨在历史沿革脉络探查的话，那么后续章节则是立足于一线调研，侧重比较了当代京台两地"美育"的实践操作情况。

---

　*　作者供职于北京联合大学。

一、清末到 20 世纪 20 年代

从清末到五四运动前后，西方列强入侵我国，中华民族从最初被迫敞开门户接受西方文化的影响，到有意为之自觉研究西方理论观点，我国美育思想的萌芽大抵从这一时期开始。此时，王国维、梁启超、蔡元培等有识之士，或翻译文献，或著作文章，零星涉及了美育思想。

在我国美育发展史上，王国维无疑是首开其先的代表人物，其美育观点见之于《孔子之美育主义》《论教育之宗旨》《去毒篇》等文章中。1902 年，王国维翻译日本牧濑五一郎的《教育学》，首次将"美育"一词引入我国，同年，桑木严翼在《哲学概论》一书也使用了"美育"一词，次年，王国维发表文章《孔子之美育主义》。1906 年，王国维发表《论教育之宗旨》，其中有文载曰"真者知力之理想，美者感情之理想，善者意志之理想也。完全之人物，不可不备真善美三德"，倡导以审美拯救人性。同年，王国维还发表文章《去毒篇》，指出"美术者，上流社会之宗教也"，首次提出"以美术代宗教"的观点。

梁启超的美育观点散见于《饮冰室合集》内。1922 年 8 月 13 日，梁启超在上海美术专门学校发表演说，讲稿《美术与生活》针对"美育"有过较为深刻的阐释，"我确信美是人类生活一要素——或者还是各种要素之最要者。倘若在生活全内容中把'美'的成分抽出，恐怕要活得不自在，甚至活不成……"，"美"作为人类生活第一要素的地位得以确立。另外，他认为"情感教育最大的礼器，就是艺术"，呼吁大众做审美之人，领悟生活之趣，从而促使整个民族成为不麻木的民族。（《论教育当定宗旨》）

较之于王国维、梁启超而言，蔡元培涉及"美育"的文章更多，传递的美育思想也更为系统。蔡元培曾任临时国民政府教育总长一职，在任期间将自己的美育观点和教育活动紧密结合，有效实现了理论和实践的互动和交流。蔡元培于 1912 年发表《对于教育方针之意见》，其中提出"五育"观点，即"军国民教育""实利主义教育""公民道德教育""美感教育""世界观教育"，"注重道德教育，以实利教育，军国民教育辅之，更以美感教育完成其道德"，这里如果道德教育是中心的话，实利教育、军国民教育、美感教育是道德教育得以完成的重要媒介和工具。1917 年，蔡元培在《美育代宗教说》中发展了王国维"以美术代宗教"的观点，提出"以美育代宗教"的论断。1919 年，蔡元培又在《在天津车站的谈话》《文化运动不要忘了美育》等文章中针对美育的实践问题作出一定说明。《美育》（1930 年）、《二十五年来中国之美育》（1931 年）、《美育与人生》（1931 年前后）等无一例外均是蔡元培深入探讨美育与现实社会的文章。1925 年，蔡元培创作完成了《美育实施的方法》一书，兼顾理论和方法。另外，在《出版国立艺术大学之提案》《国立北京美术学校开学式演说词》《美学讲稿》《美学的进化》等文章中，蔡元培还讨论了美术与美学的问题，收录于《蔡元培全集》内。

李石岑于 1925 年出版了《美育之原理》，该书理论性较强，涉及美育之原理、艺术与美育的关系、艺术教育概论、嘉木氏之美育论、艺术教育等诸多问题。

太玄、余尚同也于 1925 年出版《教育之美学的基础》，主要讲述了教育之美学的基础和艺术教育的原理。前者介绍了西方美育的观点和方法，后者侧重从哲学、艺术学、心理学不同角度理解艺术教育的作用。

这一时期，受出版制度、印刷技术、学术思潮等各种因素影响，学术团体和学术刊物纷纷创建起来，其中以美育为创刊宗旨的也不乏其例，如《曙光》《美育》《教育杂志》《美育杂志》等。

1919 年，由北京中国大学、法文专修馆、俄文专修馆等高校学生于北京成立了曙光杂志社，以《曙光》杂志为阵地开展主要活动。这个杂志提倡科学救国和教育救国的同时，强调"美育"是改造社会的利器。1919 年冬，由吴梦非、丰子恺、刘海粟等人发起，在上海成立了中国第一个美育学术团体"中华美育会"，成员主要是各地的中小音乐、美术教师。1920 年 4 月 24 日，该协会创刊出版了中国第一本美育学术刊物《美育》杂志（月刊），主要发表提倡美育和研究艺术教育各学科的论文，并报道中华美育会的活动情况。《美育》第一期刊登了吴梦非《美育是什么？》，他认为美的种类很多，同教育关联最大的是壮美、优美、悲剧美。1922 年，李石岑主编的《教育杂志》在上海商务印书馆创刊。该刊以提倡"美育"为己任，是全国教育界历史最长、销路最大的教育类杂志。《教育杂志》刊登了李石岑的《美育之原理》、吕澂《中学校的美育实施》等关于"美育"的重要理论文章。1928 年 8 月，李金发创办了《美育杂志》，为不定期期刊，先后于 1927 年 1 月、1927 年 12 月、1928 年 10 月以及 1936 年 1 月出版了 4 期，前后历时近十年，侧重从艺术欣赏的角度，介绍欧美的绘画、雕刻、建筑、音乐、舞蹈艺术等。

除以上刊物外，这一时期还涌现出来许多著名报刊如《新青年》《新潮》

《少年中国》《晨报副刊》等，也大量刊载探讨美育理论的文章。

从清末到20世纪20年代，中国的政治格局多变，各种政治力量角逐，导致其在国家政策层面之于"美育"的规定也是大相径庭。

1912年，南京临时政府教育部颁布了《教育宗旨令》，根据这一"教育宗旨"，师范学校所秉承的《教养学生之要旨》有规程为："陶冶情性，锻炼意志，为充任教员者之要务，故宜使学生富于美感、勇于德行。"1915年，袁世凯复辟，制定《教育纲要》，他以美育不切实用为由，把美育从教育方针中删去，申明教育宗旨要"注重道德、实利、尚武，且运之以实用"。[①]1917年，民国政府又恢复了德智体美全面发展的教育目标。1919年4月，由范源濂、蔡元培、陈宝泉等19人组成的教育调查会，通过了沈恩孚、蒋梦麟两人的提案，决议中华民国的教育宗旨为"养成健全人格，发展共和精神"，并说明健全人格的四个条件之一就是养成优美和乐之精神。

1922年11月1日，北洋政府教育部公布了新学制《学校系统改革案》，即"壬戌学制"。新学制虽然没有明确的教育宗旨，但却提出七项标准，即适应社会进化之需要、发挥平民教育精神、谋个性之发展、注意国民经济力、注意生活教育、使教育易于普及、多留各地方伸缩余地，为"美育"发展提供了方向和保证。1923年全国教育联合会公布了《中小学课程纲要》，将园艺、工用艺术、形象艺术、音乐、体育等科目规定为小学校课程，又把艺术科、体育科等科目规定为初级中学课程。1926年，教育部公布国民学校校令施行细则指出"体育、智育、情育、志育均宜并重，以锻炼儿童之能力"，这里的"情育"即为"美育"。

二、20世纪三四十年代

20世纪三四十年代，国内文艺界将注意力主要集中在政治宣传上，因此，与上一阶段的"美育"发展相比较，此时的"美育"发展略显单薄，无论就理论而言，还是对承载的物质形式而论。尽管如此，这一阶段仍不乏陶行知、丰子恺、朱光潜等学者著书立说阐释自己的教育观、美学观，"美育"作为组成部分在其中可见一斑。

---

① 舒新城：《中国近代教育史资料》（中册），人民教育出版社1981年版，第258—259页。

1943 年 4 月，陶行知于《育才学校教育纲要草案》中提出"育才学校办的是知情意合的教育"。在如何实施美育问题上，陶行知认为开展艺术科、诗教、艺术活动、环境美育是学校的主要途径。

丰子恺的代表作《缘缘堂随笔》（1931 年出版）透露着"绝缘"的审美思想，即要对事物进行纯粹的审美关照；另外，在其漫画和关涉儿童的散文中，如《忆儿时》《梦痕》《给我的孩子们》《谈自己的画》《儿童画》等，可见其"童心"思想。

20 世纪 30 年代，朱光潜在《文艺心理学》中从心理学角度提出"嗜美是一种精神上的饥渴，它和口腹的饥渴至少有同样的要求满足权"的观点。《谈修养》一书中提出"尊崇理性和意志，却也不菲薄情感和想象"，"美育"是艺术和人生中的中介，审美教育的意义在于使人生艺术化。《谈修养》中还精辟论述："从历史看，一个民族在兴旺的时候，艺术成就必伟大，美育必伟大，美育必发达"，"美育"发展与民族命运被紧密关联在一起。

此时，共产党、国民党各自统摄自己的政治区域，因此这一阶段关于"美育"的政策明显呈现出区域性，同时也更具现实性和斗争性。

1927—1949 年，在国统区，南京国民政府制定的教育方针是"中华民国之教育，根据三民主义，以充实生活，扶植社会生存，发展国民生计，延续民族生命为目的，务期民族独立，民权普遍，民生发展，促进世界大同"，[①] 该方针有着浓厚的"党化教育"意味，"美育"并不在教育目标之内。不过国民政府在制定具体的教育规定中，依然强调了"美育"的地位和作用，如 1931 年 9 月 3 日第三届中央执行委员会通过的《三民主义教育实施原则》，提出"以三民主义为中心，养成德、智、体、群美兼备之人格"。1932 年，国民政府教育部颁布的《幼稚园课程标准》将学前儿童美术教育作为工作内容加以制定。

在共产党领导的苏区、抗日根据地、解放区，"美育"虽然未列入教育方针内，但在具体的教育活动中，"美育"仍旧占据一席之地，侧重承担政治教育功能。1934 年 1 月，中华苏维埃共和国中央执行委员会主席毛泽东提出苏维埃文化教育的总方针"在于以共产主义精神来教育广大的劳苦民众，在于使文化教育为革命战争与阶级斗争服务，在于使教育与劳动联系起来，在于使广大中国

---

① 顾树森：《中国历代教育制度》，江苏人民出版社 1981 年版，第 218 页。

民众都成为享受文明幸福的人。"①1934 年 2 月，中华苏维埃共和国颁布了《小学教育制度暂行条例》，苏区列宁小学教育目的是"要训练参加苏维埃革命斗争的新后代，并在苏维埃革命斗争中训练将来共产主义的建设者。"②列宁小学的教育方法是"要把小学教育与政治斗争相联系，把教育与生产劳动相联系，要发展儿童的创造性。"③1937 年 8 月，毛泽东在洛川会议上提出要改革教育的旧制度、旧课程，实行以抗日救国为目标的新制度、新课程。1940 年，毛泽东在《新民主主义论》中提出要建设"民族的、科学的、大众的文化"，④即新民主主义的文化教育方针。1942 年，毛泽东《在延安文艺座谈会上的讲话》确立了文学艺术和"美育"要配合当时的政治斗争和革命实践，明确了"美育"的政治服务功能。1946 年，为支持解放战争，解放区规定了课程分配的比例。苏皖边区的中学课程，规定了政治课占 37%，文化课占 47%，文娱课占 16%；晋冀鲁豫边区太行行署还规定中学政治课占 8%，文化课占 92%，音乐、体育、美术在课外活动中进行。

三、20 世纪 50 年代至 70 年代中期

自中华人民共和国成立至 20 世纪 60 年代，特别是 1957 年以来，全国开始了为期六年之久的美学大讨论。

尽管国内学界之于美学的讨论如火如荼，然其涉及美育观点的却较少，仅有温肇桐、朱光潜、蔡仪、李泽厚有相关论著可查。至于"文革十年"是禁语的时代，整个国家的教育体系陷入瘫痪，"美育"无从谈起。

温肇桐是中国美术教育家、中国绘画史论家，他于 1951 年出版发表了论文集《新美术与新美育》。⑤这是一本与美术、"美育"相关的论文集，其中一些文章带有比较浓重的时代特色，如《论美术上民族形式的建立问题》《批评文人画》《美术归于人民》《人民中国·人民美术》《人民美术的伟大胜利》。另外，

---

① 王铁：《中国教育方针的研究——新民主主义教育方针的理论与宣传（上册）》，教育科学出版社 1982 年版，第 90 页。

② 陈元晖、璩鑫圭、邹光威：《老解放区教育资料（一）》，教育科学出版社 1981 年版，第 308 页。

③ 陈元晖、璩鑫圭、邹光威：《老解放区教育资料（一）》，教育科学出版社 1981 年版，第 315 页。

④ 《毛泽东选集》（第二卷），人民出版社 1991 年版，第 706 页。

⑤ 温肇桐：《新美术与新美育》，大东书局 1951 年版。

其中还收录了一些有关儿童以及中小学生的美术教育文章，如《略论儿童美术教育的任务》《对于〈小学美术课程暂行标准初稿〉的商榷》《目前中小学的美术教育问题》《儿童绘画问题》《从儿童画展谈起》等。这本书里的一些观点现在看来可能已经落伍了，但是之于探查并理解当时的时代观点还是大有裨益的。

朱光潜于中华人民共和国成立后把研究方向转到了马克思主义美学上。美学大讨论发表的文章辑成 6 册《美学问题讨论集》，朱光潜发表的论争文章另辑成《美学批判论文集》，由作家出版社出版。1963 年，朱光潜的《西方美学史》公开见世，全面系统地阐述了西方美学思想。这一时期，他认为"美"是主观意识形态同客观物质对象的统一，反复强调要注意审美和艺术创造中主观和客观的复杂关系，反对简单化地了解"美"的客观性。

在 20 世纪 50 年代至 60 年代的美学大讨论中，蔡仪反复申述"美"不在于物，不在于心，"美"是典型，即在个别对象上显现的种类一般性。因此，美的规律就是"非常突出、生动、鲜明的形象充分而有力地表现着事物的本质或普遍性，这实际上指的就是典型的规律。"① 他认为美育内容应该有自然美、艺术美、社会美的东西，并认为自然美是"取之不尽，用之不竭"的，"是人的精神生活的丰富财产，美感享受的不尽源泉"。② 蔡仪非常重视艺术美育，他认为艺术不仅使人理解社会，而且还富有教育意义，使人获得精神满足，以至于改造现实或促进社会生活圆满。

在美学大讨论中，李泽厚主张"美"是客观性与社会性的统一，他一方面认为美是客观的，另一方面又认为美离不开人类社会，"就内容言，美是现实以自由形式对实践的肯定；就形式而言，美是现实肯定实践的自由形式。"③ 他在《美学三议题》一文中进一步指出，"美"是自由的形式，即合规律性与和合目的性，真与善的，并提出历史积淀的观念。

毛泽东的"美育"观见于《毛泽东选集》和他的一些诗词之中。作为一位马克思主义者，毛泽东十分重视艺术的美育功能，尤其是文学艺术的美育功能。他提出文艺应为广大人民群众服务，为工农兵服务的方向，提出了"百花齐放，百家争鸣"，"古为今用，洋为中用"，"推陈出新"的文艺方针，为无产阶级文艺和美育的新发展指明了方向和道路。

---

① 蔡仪：《美学原理》，湖南人民出版社 1985 年版，第 54 页。
② 蔡仪：《新美学（修订本）》（第十卷），中国社会科学出版社 1985 年版，第 285 页。
③ 李泽厚：《美学论集》，上海文艺出版社 1980 年版，第 164 页。

另外，1961 出版的舒新城的《中国近代教育史资料》之于研究中国近代美育的发展具有重要的资料参考价值，其中所选资料上起 1840 年鸦片战争，下迄 1919 年五四运动前后，按重要事件分章，每章再按事件内容分节，把相关资料按年代先后进行排列，这样凸显事件演变的线索一目了然。

从中华人民共和国成立初期到 20 世纪 50 年代中期，国家从政策层面对于"美育"的关注力越来越大。可惜从 1957 年到 1976 年，整个国家的重心转向政治斗争，教育发展成为薄弱环节，在政策规定上没有具体的美育内容有据可循。

1949 年 9 月，中国人民政治协商会议通过了《共同纲领》，规定"中华人民共和国的文化教育为新民主主义的，即民族的、科学的、大众的文化教育"。[①] 1951 年 3 月，教育部根据《共同纲领》制定条文"关于加强中等教育"，召开了全国第一次中等教育会议，马叙伦在开幕词中首次公开提出"使受教育者在智育、德育、体育、美育等方面获得全面发展"的教育方针。1952 年 3 月 18 日，教育部门颁布《小学暂行规程（草案）》《中学暂行规程（草案）》，推动对学生实施智育、德育、体育、美育全面发展的教育理念。同日颁布《幼儿园暂行规程（草案）》。1955 年 5 月 19 日，国务院召开全国文化教育工作会议指出，"提高中小学教育的质量必须贯彻全面发展的方针，注重学生的智育、德育、体育、美育。"1956 年 4 月教育部在《关于指导小学阅读少年儿童读物的指导》中指出要"组织学生在课外进行活动，如诗歌朗诵、戏剧表演、讲演会等"。1956 年，教育部颁发《小学图画教学大纲（草案）》指出，"图画是小学进行美育并培养全面发展的学科之一。"同年还颁布了《初级中学图画教学大纲（草案）》。

1957 年"反右"斗争被严重扩大化，在对待知识分子、教育科学文化问题上发生了"左"倾偏差，艺术和审美等成为小资产阶级的标签，是"毒草"，得除去。1957 年，毛泽东在《关于正确处理人民内部矛盾的问题》中指出，"我们的教育方针，应该使受教育者在德育、智育、体育几方面都得到发展，成为有社会主义觉悟有文化的劳动者。"这个报告并未涉及"美育"，"美育"不是国家政府关注的重点。在此后长达 20 年的时间里，凡是党和政府颁布的教育政策、教材、讲义也都把"美育"从教育学的理论体系中去掉。1961 年 1 月，中共中央召开了八届九中全会，纠正了 1958 年以来的"左"倾错误，制定了"调

---

① 《中国教育学年鉴（1949—1981）》，中国百科全书出版社 1984 年版，第 79 页。

整、巩固、充实、提高"的国民经济方针。在这个背景下，1961年《文汇报》邀请上海市教育界人士展开了"美育大讨论"，[①]与会人员一致认为"美育"是社会主义教育不可忽视的部分，呼吁给予"美育"以应有的位置，但是在具体实践层面"美育"并没有真正开展起来。1966年"文革"运动开始，十年间，"美育"建设停滞不前。

四、20 世纪 70 年代末至 80 年代初

1976年"文革"结束，我国文艺界立刻回应，然而之于"美育"的具体落实则是稍微滞后了一些。1979年5月10日，教育部副部长张承先在回答《人民音乐》记者提问时指出，"音乐，还有美术，是进行美育的重要手段。美育是培养学生德、智、体全面发展的重要组成部分……"1979年，在全国第四次文代会上，周扬指出"在社会主义制度下，美育是培养共产主义道德情操的有力手段……对于改造我们民族的精神面貌，提高全民族的科学文化水平和艺术修养都有极为深远的意义。"

这一时期，政治氛围宽松，文艺发展随之活跃起来。在"美育"方面，既有美育组织的陆续成立，也有相关杂志的发行，同时还有美育文章的见世。至于政策层面，80年代初期，"美育"并未被提及。

1980年6月，全国第一次美学会议在昆明召开，会上就"美""美育"的基本问题展开讨论，建议把"美育"写入国家教育方针内。在此次会议上成立了中华全国美学学会，宗旨是组织美学方面的理论和实际工作者，开展美学研究和教育，同时成立了全国高等学校美学分会。此后，安徽、河北、天津、四川等地陆续成立了学会分会或分会筹备处。

1981年，湖南人民出版社创办了新中国成立后的第一本美育专业杂志《美育》，朱光潜、王朝闻、蔡仪、李泽厚、蒋孔阳、洪毅然等担任顾问。创刊之初，以季刊形式发行，一年后改为双月刊，至1988年终刊时共出版46期。该杂志以发展"美育"为宗旨，以各界青年、中小学教师和大中学生、文艺和美学工作者及爱好者为主要对象，主要栏目包括"美学原理""美育理论和基础讲座""美学心理学研究""美学著述钩沉"等。

---

① 周冠生：《美育的今天明天与昨天》，《上海师范大学学报（社会科学版）》1998年第1期。

　　这一阶段，讨论美学的专著开始出现，据数据统计有 28 部，[①] 这些书中虽然涉及美育问题，但并没有一本美育专著出版发行，相反，散见别处的美育类文章颇多，达 147 篇。[②] 1979 年，苏灵扬在《人民教育》上发表《不要低估美育的重要性——从全国少年儿童音乐表演会谈起》，姚思源在《人民音乐》上发表《对中小学音乐教育的几点意见》，游颖在《人民音乐》上发表《美育是不可缺少的》，从而开启了我国"美育"研究的新时代。

　　此时，学界针对"美育"的研究呈现多元化格局，有只谈美育理论的文章，如翁春涛《反映论与美育》、曾繁仁《试论美育的地位与作用》、邹进《审美教育的作用》、戴承良《青少年美育刍议》等；有专门研究蔡元培、梁启超、王国维、丰子恺等学者美育思想的文章，如高奇《蔡元培的教育观》、林培玲《蔡元培的进步教育思想管见》、潘懋元《蔡元培教育思想》、佛雏《评王国维的美育说》、姚全兴《美育先驱——略谈丰子恺的艺术论著》等；有讨论学校教育与美育关系的文章，如陈宪平《体育教学应结合美育》，邓光华《音乐教学是培养学生美育的一种总要手段》，宗华敬、崔熙芳、许琐堂《美育与提高教学质量》，斯霞《小学要重视美育》，洪黛英《体育与美育》等；有引介外国美育理论和实践的文章，如葛采《马卡连柯的美育思想和实践》、杜殿坤《瓦·阿·苏霍姆林斯基的美育理论和实践》、邓鲁萍《苏联学前教育研究进展》、袁锐锷《苏霍姆林斯基的教育思想》等；还有从社会实践角度言说美育的文章，如张黎明《谈护士执业教育中的美育问题》、李德文《广播电视是儿童美育的重要阵地》、陈毓中《关于新闻摄影的审美教育功能——兼谈我国社会主义新闻摄影的特征》、尤·恩·乌索夫、李定仁《电影与学生的美育》等。

　　另外，这一阶段也有一些教育资料汇编和学术著作可供参考，资料汇编类的如 1981 年陈元晖、璩鑫圭、邹光威主编的《老解放区教育资料》，1984 年由中国教育年鉴编委会编辑的《中国教育年鉴：1949—1981》；学术著作如 1981 年顾树森著《中国历代教育制度》；学术论文，如 1982 年王铁著《中国教育方针的研究：新民主主义教育方针的理论与宣传》等。

　　在政策方面，1982 年 5 月 28 日，中共中央发布《深入持久地开展"五讲四美"活动争取社会主义精神文明建设的新胜利的通知》指出，"建设一个现代

---

　　①　张法：《20 世纪中西美学原理体系比较研究》，资料附录一"中国美学原理著作书目（1990—2002）"。

　　②　仅统计知网上公布的资料。

化而且要有高度文明的社会主义强国，不但要有高度的物质文敏，而且要有高度的社会主义精神文明"，国家政策侧重宏观导向，尚未细化到"美育"方面。

五、20世纪80年代中期至90年代

20世纪80年代中期，我国文艺界掀起了一股讨论西方理论的热潮，文化全面复兴。20世纪90年代，市场经济实施运行，素质教育提上议事日程。这一时期，经济发展、文化活跃，为美育研究提供了重要前提条件。美育研究在这一阶段获得了极大进步，无论在数量上，还是在研究水平上，均不乏可观成果纷纷见出。《1990—2010年中国美育研究脉络》[①]一文针对1990—2010往来20年间的美育研究成果进行了分类统计。第一个十年（1990—2000）与第二个十年（2000—2010）的数据比照如下：

	美育思想	美育原理研究	美育实施研究	美育和其他教育研究	各部门和学科美育研究	美育心理学研究	美育其他问题研究
论文	94/411	93/272	111/290	230/606	183/592	31/45	23/142
著作	9/25	59/51	14/36	11/20	13/45	3/3	9/24

如表所示，20年间先后涌现出来的著作多达322部，论文3126篇。仅在第一个十年里，关于美育的著作就有118本，论文765篇。与以往历史阶段相比较，此时的研究态势无疑是朝气蓬勃的。

20世纪80年代中期至90年代末，我国学者从不同学科视野介入，对"美育"理论加以丰富、拓展、深化。有学者从心理学角度倡导"美育心理"，如刘兆吉；有学者认为应当依凭审美和艺术进行学科教育，如滕守尧、李范等；有学者着眼于学科交互渗透的背景趋势提出"大美育"概念，如滕纯、白天佑、赵伶俐、檀传宝。20世纪90年代以来，"大美育"作为一种理念逐渐风行，相当大一部分文章和著作虽然没有直接提及该术语，但其立场态度与"大美育"不谋而合。目前大陆可考的、这一阶段直接提及"大美育"概念的是《以"大美育观"填补美育意识的空白》[②]一文。以重要文献资料出版发表为线索，笔者

---

① 王旭晓、孙文娟，郭春宁：《1990—2010年中国美育研究脉络》，载于《美育学刊》2011年11月15日。

② 载于《教育科学》1994年第1期。

在呈现此时"美育"整体概貌的基础上，择其精要进行举例。

（一）美育专著

这一阶段，大陆有关"美育"的书籍大幅增加，它们主要作为师范院校本科、专科的"美育"课程教材加以使用，因此编写内容综合性质明显，关乎"美育"的方方面面都有所涉及，概括总结居多，详细分析有限。在"美育"范畴方面，这一阶段较之于上一时期有了明显变化，"美育"范畴从语文、音乐、美术学科拓展至历史、地理、劳动、课外活动等，是"美育"认知的巨大进步。与此同时，大陆学界开始出现之于"美育"历史梳理的内容，不仅包括中国美育史，还介绍了西方美育史，同时涉及马克思主义美育观。

1986 年，湖南文艺出版社出版了孟湘砥主编的《美育教程》。该书讨论了"美育"的目的、任务，"美育"与德育、智育、体育、劳动教育的关系，"美育"的途径和方法等。

1987 年，安徽师范大学美学研究室编著的《审美教育》，曹利华所著《美育》，杨恩寰主编的《审美教育学》出版；1988 年，仇春霖主编的《美育原理》，李文庠主编的《简明美育教程》见世；1990 年，赵向阳所著《审美教育》，余虹、罗金远主编的《美育概论》，蒋冰海所著《美育学导论》出版。《美育学导论》讲述了"美育"的对象、性质、任务、特点，"美育"在中西方的发展历史，突破在于涉及马克思主义美育思想，"美育"与德育、智育、体育、劳育、性育的关系，及不同维度的"美育"——家庭美育、学校美育、社会美育艺术美育、自然美育等。

1991 年，苑淑娅、马长生主编的《美育教程》见世；1992 年，王秀芳等编著的《美育学教程》，杜卫所著《现代美育学导论》出版。《现代美育学导论》主要介绍了"美育"的性质、地位与特征，"美育"的功能、形态，"美育"与德育、智育、体育的关系，审美能力及其培养，审美意识及其培养，"美育"方法论等。

1993 年，王善忠的专著《美感教育研究》出版；1995 年，蔡德予主编的《美学与美育教程》见世；1997 年，曹廷华、许自强主编的《美学与美育》，龙泽弘、陆承柏主编的《美育教程》出版。《美学与美育》共 8 章，探究了美学构成与"美育"构成、美的本质与"美育"、美的形态与"美育"、美的范畴与"美育"、形式美与形式"美育"、审美心理与心理"美育"、门类艺术的美育与

"美育"、教学活动的美与"美育"等内容。

另外，姚全兴在 1986 年出版的《中国现代美育思想评述》与以上书籍不同，带着个性化的学术色彩，偏重于分析和评论。

（二）美育论文

这一阶段的"美育"论文在延续过往传统的基础上，增添了与时代文化、政治背景紧密关联的元素。针对"美育"的本体论研究历来不可或缺，此时这方面的代表论文有姚晓南《论现代美育的本质特征》、李莉《试论美育的本质及特征》、李田《再论美育的本质》、金雅《略论美育的本质和美育的建设》等；关于"美育"观念的提出，如董洪哲《以"大美育观"填补美育意识的空白》、金大陆《"普遍""超越"的美育观》、李戎《论美育的涵义》、李满《美育涵义新探》、江宁《论美育观念的变革》等；另有文阐释"美育"功能及其与"美"的关系，如黄海澄《论美和美育》、陆广智《论美育》、刘云翔《试论美育的独特功能》、马国雄《审美价值观念与美育》等。

对学人"美育"思想的考察一直是相关研究重点之一，这一时期也不例外，除延续对蔡元培、王国维等"美育"观的剖析外，还增加了对陶行知、闻一多、徐特立、李大钊等的评述。针对蔡元培的研究有，刘小锋《试析蔡元培先生的美育观》、丁锦宏《蔡元培美育观述评》、禹雄华《对蔡元培"以美育代宗教"说的新思考》、古建军《蔡元培美育思想与新时期文化建设》，关于闻一多的研究有，孙敦恒《闻一多早期的美育观及其实践》等；针对徐特立的研究有李椎《徐特立的美育思想》等；关于李大钊的研究有李耀建《李大钊与蔡元培美育思想之比较》等。

此时总结回顾"美育"史的论文也不少，聂振斌《中国美育思想探源》、李祥林《中国近代史话》、张焕庭《"五四"以来美育思想与实践发展的历史回顾》、彭华生《美育的由来与发展》、罗国萍《中国近代美育的发展》、姚晓南《论美育的当代发展》、滕纯《建国以来美育情况回顾》、周冠生《美育的今天、明天与昨天》等。

1986 年 4 月 12 日，中华人民共和国第六届全国人民代表大会通过《中华人民共和国义务教育法》，自 1986 年 7 月 1 日起施行，这是我国第一次以法律的形式将义务教育固定下来的重要举措。鉴于国家对义务教育的重视，这一阶段有关中小学教育与"美育"关系阐发的论文数量极大增长。

自"美育"概念提出以来，之于儿童、青少年实行"美育"教育便成为历史关注点之一。20世纪70年代前，针对儿童、青少年的"美育"教育主要停留在美术、音乐两个艺术方面；20世纪70年代末到80年代初，涉及领域逐渐拓展至体育、数学，别的领域则鲜有提及；20世纪80年代中晚期到90年代末期，与儿童、青少年有关的"美育"范围相当宽阔，不仅包括前述音乐、美术、体育、数学学科，而且还包括英语、物理、化学、历史、政治等学科，简言之，即中小学生所有课程都可能、也可以实行"美育"。如关于数学，有朱学志、魏树人、朱荣科《数学教育的美育价值》，蔡金法《数学教育中的美育》，周鸿生《浅谈中学数学教学中的美育》等；关于语文，有宋培效《谈中学语文教学中的美育教育》、杜晓俐《小学语文教学中的美育问题》，赵恒武《发挥语文教学的功能》，何宇平《语文教学美育序列初识》等；关于体育，有张友龙《浅论体育中的美育》，王维勤《谈体育与美育的关系》，马少山《谈谈体育教学中的美育》，黄宝仪《美育教育在健美操教学中的应用研究》等；关于历史，有闵宜《历史教学中的美育渗透》，屈振华《从历史教学角度谈美育》，马平《历史教学中实施美育的基本途径》，严林祥《浅论历史教学中的美育功能》，赵新亮、陈国明《浅谈小学历史教学中的美育渗透》等；关于地理，有陈国因《地理课中的美育》《地理教学中美育的内容》；关于政治，有沈智斌《中学政治课教学与美育》，李丽兰《小学思想品德课中的美育》等；关于生物，有兰艳花、杨曼丽《高中生物遗传学知识教学中美育的渗透分析》，邱冈《浅谈生物学教学中的美育》，周美珍《试论生物学教学中的美育》等；关于物理，有韩良恺《物理教学中的美育作用》，涂礼节《物理教育中的美育问题讨论》，项红专《试论物理教学中的美育》，康继荣《物理课中的美育》等；有关化学的，有丰世雄《化学教学中美育问题浅谈》，孙志宽《化学教学中的美育初探》，王景明《化学实验教学中的美育》，王道林、孙秋林、郭秀兰《化学教学与美育熏陶》等。

除谈论中小学学科和"美育"关系外，有些文章亦评述了中小学管理、教育与"美育"的关系，如沈配功《试论中小学美育及其管理》，钟扬《论美学知识在学校美育中的渗透作用》，谭明煜《谈谈小学的审美教育》，周敏生《走出困惑——对中小学校美育现状的思考》，左民敬《略谈中小学的美育工作》，王炳新《农村中小学美育情况的初步调查》，胡元培、王才敏、周介恬《小学美育对学生素质发展影响的实验初探》；还有一些文章涉及中小学教材与美育的关系，如肖业炎《中小学文科教材的美育成分》、王燕玲《从舞蹈教材在小学体育教学中的意义谈起》，敬谱《关于新编小学音乐教材的几点说明和建议》，程洪《论中学世界历史课本内在的美育途径》，杜方智《中学语文教材中美育教育的内容》等。这些与中小学教育有关的"美育"文章大量出现，表明这一阶段义务教育备受重视，对青少年"美育"的强调更可以说是我国教育发展的巨大进步。

另有文涉及"美育"与国家政策、政治生活的关系，如沙英《谈精神文明与美育》，朱慧珍《美育与精神文明建设》，赵祖达《美育与思想工作的效果》，王世德《谈谈党校教育与美育》，杨宣宁《美育与培养"四有新人"》，安桂环、黎延年《美育与社会主义精神文明建设》，陈崖斌《试论美育与社会主义精神文明建设的关系》等。

此时介绍外国"美育"知识和思想的文章数量也开始增加，研究范围广阔，如蔡正非《美育心理发展史山的二杰 论席勒、赫尔巴特的美育心理思想》，A.布罗夫、刘伦振《苏联现阶段的美育理论问题》，姜丕之《黑格尔论美与美育》，陈建翔《席勒美育思想与当代教育美学》，史可扬《〈手稿〉和〈美育书简〉——马克思对席勒美学思想的批判继承》，杜卫《马克思主义关于人的全面发展学说与美育问题》，陈先齐《苏霍姆林斯基美育思想初探》等。

这一阶段还出现了新的"美育"研究领域，即中国古代"美育"研究，学者将"美育"概念扩大，并试图梳理中国古代的"美育"理念和观点，如陈元晖《孔子的美育研究》、刘兆吉《先秦"乐教的"美育心理学思想研究》何绵山《试论夏商周至魏晋南北朝的审美教育》、苏志宏《〈乐记〉美育思想刍议》、何齐宗《略论中国古代美育思想的几个问题》《孔子美育思想探讨》、丁钢《儒与道：两种美育理论的评判》、潘立勇《朱熹美育思想初探》、聂振斌《古代美育思想传统的反省》、朱军利《试论汉代"礼乐教化"美育思想的四个基本问题》，蔡正非《从〈吕氏春秋〉看先秦美育心理思想的发展》、王善忠《中国古代美育思想鸟瞰》等。

"美育"观念被拓展的同时，"美育"理论也被应用于一些实用活动中，如在机构建设上，有邱景华《学校图书馆美育谈》、于文杰《试论企业美育建设》，陶济、朱伟《现代工业设计的美育效应》、金石欣《技术美学与企业美育环境》、许宗元《旅游美育导论》、姚君喜《论现代商业美育体系的构建》、常存文《影视艺术与中学生之美育》等。

实时调查报告性质的论文也有一些，此类论文的原始资料具有重要参考价值，如王炳新《农村中小学美育情况的初步调查》、李平《中小学音乐教师心理调查分析》、揭晓兮《开设独立型美育课实验的研究报告》、陆筱峰《农村初中音乐、美术教学状况的调查与分析》、中华民族传统美德教育实验研究本溪市明山区课题组《明山区小学开展中华民族传统美德教育的实验报告》等。

通过对这一时期"美育"论文的梳理，我们发现"美育"在教育教学中实施应用的文章占据相当大的比例，甚至远远超过了"美育"理论类文章，"美育"的实用功能被突出，这种绝对优势说明"美育"研究由以往的"重理论，轻实践"逐渐转向理论与实践的结合。

（三）教育资料

自近现代教育实施以来，除却特殊历史时期，"美育"总是作为教育的组成部分而存在，因此与"美育"休戚相关的教育文献资料也值得被关注。20 世纪80 年代中后期至 90 年代末期，大规模整理中国教育资料的意识觉醒，1985—1989 年山东出版社出版的 6 卷本《中国教育通史》，1997 年出版的由章咸、张援编的《中国近现代艺术教育法规汇编》，1998 年出版的《中华人民共和国重要教育文献（1945—1975）》和《中华人民共和国重要教育文献（1976—1990）》，1999 年出版的由姚思源主编《中国当代学校音乐教育文献 1949—1995》等，对于这一阶段"美育"背景的了解大有裨益。

（四）国家政策文件

1986 年 3 月，全国人民代表大会六届四次会议通过了《关于第七个五年计划的发展报告》，报告指出各级各类学校都要认真贯彻执行德育、智育、体育、美育全面发展的方针，要根据各自的特点加强劳动教育。1986 年公布的《中华人民共和国义务教育法》是中华人民共和国制定的第一个教育法，其中指出"在中小学中，应当贯彻德智体美全面发展的方针，适当进行劳动教育。"

1987 年，北京市教育局编写了《北京市中小学美育纲要》。1988 年，《九年义务教育全日制初级中学音乐教学大纲（初审稿）》中写道，"音乐教育是实施美育的重要手段之一""音乐教育培养学生的审美能力"。

1989 年，国家教委艺术教育委员会指导制定了《1989—2000 年全国学校艺术教育总体规划》，规划指出"我国学校教育的根本任务是坚持为社会主义建设服务的方向，培养德、智、体、美、劳各育全面发展，有道德、有文化、有纪律的一代新人，提高全民族的素质。艺术教育是学校实施美育的主要内容和途径，也是加强社会主义精神文明建设、潜移默化地提高学生道德水准、陶冶高尚的情操、促进智力和身心健康发展的有力手段。"

1992年3月14日，教育部发布《中华人民共和国义务教育法实施细则》，其中第四章第19条规定，"实施义务教育必须贯彻国家的教育方针，坚持社会主义方向，实行教育与生产劳动相结合，对学生进行德育、智育、体育、美育和劳动教育。"

1993年2月，《中国教育改革和发展纲要》第35条指出"美育对于培养学生健康的审美观念和审美能力，陶冶高尚的道德情操，培养全面发展的人才，具有重要的作用。"

1994年6月，中共中央、国务院在北京召开第二次全国教育工作会议。这次会议的主题是进一步动员全党、全社会认真实施中共中央、国务院发布的《中国教育改革和发展纲要》，确立教育优先发展的地位。在这次全国教育工作会议上，"美育"被列入会议议题。

1997年，国务院副总理李岚清在《中国教育报》上发表《加强美育工作，提高学生素质》一文，对美育的功能给予了高度评价，即"美育有着独特的功能和作用，这是其他教育无法替代的。……美育的最终意义，就在于使人的情感得到陶冶，思想得到净化，品格得到完善，从而使身心得到和谐发展，精神境界达到升华，自身得到美化。"

1998年，教育部颁布了《面向21世纪教育振兴行动计划》，把"美育"与创新教育结合起来，阐释了"美育不仅能培养学生有高尚情操，还能激发学生学习活力，促进智力的开发，培养学生创新能力。"

1999年2月，教育部召集在京的艺术界、美学界、教育界美育专家二十余人，召开了"美育"研讨座谈会，专门探究了"美育"的内涵及其表述问题。会后形成了关于"美育"性质、功能、实施等问题的文字材料供中央有关部门作决策参考。1999年3月，国务院总理朱镕基在九届全国人大二次会议上作《政府工作报告》时指出，"大力推进素质教育，注重创新精神和实践能力的培养，使学生在德、智、体、美等方面全面发展"。1999年6月，《中共中央、国务院关于深化教育改革全面推进素质教育的决定》再次将"美育"作为全面实施素质教育的一个重要组成部分明确列入教育方针，并贯穿学校教育全过程。

通过以上文献资料的梳理，我们发现"美育"在此时获得了极大发展和有效实践，这一点在中小学尤具代表性，包括北京、上海、山东在内的各个省份的中小学均不同程度地倡导"美育"教学。

下面，我们专门针对北京市和台湾地区的美育资料进行了梳理，在比照中可见两个区域这一时期美育发展之异同。

（五）北京市义务教育阶段美育资料

20 世纪 80 年代中期至 90 年代末，大陆学界少有论文或著作专门研究北京市中小学美育状况，因此可考的相关文献资料实属单薄。

为了发展中小学美育，北京市政府和北京市教委不仅召开了专门性的"美育"会议，而且成立了相关行政部门，下达文件政策制定相关规章制度，积极倡导美育发展。

1987 年 3 月，北京市召开了第一届中小学美育工作会议；1990 年 2 月，召开了第二届中小学美育工作会议；1992 年 4 月，北京市召开第三届中小学美育工作研讨会，交流各区县美育工作情况，学习外省市艺术教育先进经验等。1990 年 10 月，北京教育局成立了艺术教育委员会。

1989 年，国家教委颁发了《全国学校艺术教育总体规划》；1990 年，北京市制定了《北京市关于〈学校艺术教育总体规划〉的实施颁发》。尔后，北京市又先后制定了《北京市中小学办法条件标准》《北京市加强和改进中小学学科教学意见》《北京市中小学学科教学评价方案》《北京市中小学教育质量综合评价试行意见》等规章制度。1997 年，北京市人民政府办公厅转发了北京市教委《关于进一步推进中小学素质教育的实施意见》，其中明确提出"改革课程设置，加强教材建设""切实搞好课堂教学"。

这一时期，北京市个别行政区划还发行了具体实施方案。如 1991 年，《海淀区音乐教育实验区实验计划（草案）》出台，制定了"八五"期间海淀区音乐教育总目标，即努力提高中小学干部、教师及所有教育工作者对音乐教育在整个教育工作中的重要地位和作用的认识；采取有效措施培养在校学生人人会唱歌，人人学会一种乐器，并出现一批音乐爱好者；有计划地建成一批有良好作风和较高水平的音乐社团等。

另外，当时一些报纸、杂志专门刊载消息针对北京市美育情况进行跟踪报道。如 1987 年 3 月 29 日，《光明日报》发表一则名为《北京市拨款推动中小学美育的开展》的新闻，内容如下：北京市拨出一百万元专款，鼓励和推动中小学美育的开展，同时在北京教育学院教研部成立艺术教育研究室，负责领导音乐、美术课的教研工作，编辑出版初中学生文库，给中学每个班级配备一套，以促进课外阅读活动；每年除继续举办红五月歌咏比赛外，还要进行全市中小学文艺汇演及美术作品展示，市教育局将授予中小学最高荣誉——金帆奖或银帆奖；每年年底举行全市教职工文艺汇演，以提高教职工的艺术修养。

1987 年 12 月 27 日，《人民教育》刊登文章《北京市少年儿童艺术团汇报音乐会剪影》：今年初，北京市教育局召开了中小学美育工作会议，提高对美育的认识，并采取切实措施加强美育。国庆前夕，国家教委艺术教育委员会、中国音协音乐教育委员会、中国市少年宫调演了北京市少年儿童部分优秀节目，从一个侧面展现了北京市中小学生开展校外教育活动取得的可喜成果。

1989 年 5 月 1 日，《人民音乐》刊登了新闻《北京市交响乐团基金会成立》："北京市交响乐基金会"于 1989 年 3 月 11 日宣布成立，该基金会旨在建设和发展北京丝交响乐事业，通过交响乐普及工作，对青少年进行美育教育，提高首都人民音乐文化素养，为首都精神文明建设做出贡献。

1996 年 10 月 06 日，《北京教育》上刊登了《北京市进一步加强与改进中学美术学科教学的意见》。1997 年，北京教育科学研究院基教所在《教育科学研究》上刊登了《北京市中小学教师、家长教育观念调查》，对北京市中小学教师、家长关于基础教育教育观、基础教育学生观，基础教育评价观、基础教育人才观、基础教育教学观，及中小学生在校现状进行了一次实时调查。这份调查报告虽未直接涉及美育内容，但调查结果之于北京市美育研究是具有启发意义的。

另外，1990 年，北京市委领导出版《中小学音乐欣赏有声教材》，附 24 盘录音带，从小学一年级到高中三年级，每位学生每个学期一盘，协助其学习欣赏高雅音乐；同时成立"北京市中学生金帆艺术团""北京市银帆艺术团"，金帆艺术团是以小学生和初中低年级学生为主体的、以各区县少年宫为建制的业余艺术团体。

（六）台湾义务教育阶段美育资料

台湾义务教育制度确定于 1945 年抗日战争胜利后。根据当时国民政府教育部制订的《国民教育实施纲领》规定，台湾正式实施六年制义务教育。1967 年 8 月，台湾正式颁布"九年'国民'教育实施纲要"，决定把教育年限从六年义务教育延长至九年义务教育，九年义务教育开始实施年限为 1968 年 9 月，台湾地区于是成为继日本之后，在亚洲最早推行九年义务教育的地区之一。台湾的普通教育学制为"六·三·三"制。台湾在小学和初中实行九年义务教育，实行义务教育的小学称为"国民小学"，实行义务教育的初中称为"国民中学"。按照台湾"'国民'教育法"规定，"凡 6 岁至 15 岁之国民，应受国民教育"。1968 年，台湾教育行政部门拟订出第一套"'国民'小学暂行课程标准""'国民'中学暂行课程标准"。1985 年，台湾颁布"'国民'中学课程标准"。

针对高中课程标准，国民党当局先后于 1952 年、1955 年、1962 年、1971 年、1983 年、1994 年、1996 年和 2001 年多次进行修订，其中在 1955 年和 1962 年的课程修订中将军训列入其中；1962 年将高中课程分为甲、乙两表，甲表以自然学科为主，乙表以社会学科为主，同时增加了职业科目的选修范围。在 1971 年的高中课程修订中，甲表上增加了"地球科学"，乙表上增加了"西洋文化史"。1983 年，台湾地区教育主管部门颁布"高级中学课程标准"，高中课程包括语文、社会、数学、自然、体育、军训、艺能、选修、班会、团体活动。1994 年和 1996 年的课程修订仅在 1983 年的基础上进行了局部调整。与同时期大陆中小学、高中教育相比较，台湾教育中专设军训课程，此种设置和台湾的军事化考虑有关。

从 20 世纪 80 年代中后期到 90 年代末期，大陆学界针对台湾教育的研究格局发生变化，开始出现较多的研究台湾教育的学术论文，但专门研究台湾美育的论文少见，关于台湾美育的专著则未见。这一时期针对台湾教育的介绍主要集中在台湾中小学以及高中教育课程设置和教学大纲方面，侧重表面资料的梳理，缺乏之于其背后内蕴的社会文化思想的探究。尽管一些论文非专门评述台湾美育问题，但其中或多或少涉及了美育内容，因此作为参考资料仍是有裨益的。

1987 年元月号，《台湾教育》发表了一篇题名为《台湾中小学的实验教育》的文章，对"国语推行委员会"设立"国语实验小学"践行"国语教材法"作介绍；关于中学阶段，就 1951 年后中学四年制、四二制、社会中心教育与生活中心教育实验进行了解说。1988 年，姜玲芝发表文章《台湾的中小学教育》，论述台湾中小学教育发展的四个时期，之于了解台湾美育发展的大的教育背景是有帮助的。

1990 年，梁永丰连续撰写四篇文章《台湾普通高中教育的嬗变及其审视》

《台湾普通高中规模之变化——台湾普通高中教育发展述评之一》《台湾普通高中任务与培养目标之改进——台湾普通高中教育发展述评之二》《台湾普通高中课程设置之演变——台湾普通高中教育发展述评之三》，对认知台湾普通高中教育情况具有重要意义。最后一篇主要回顾了 1950 年至 1990 年间，台湾普通高中的课程设置调整，对于比较研究北京与台湾义务教育阶段的美育课程设置提供了数据来源。同年，谢利民发表文章《我国台湾省中学选修课程的发展及特点》指出，"台湾的初中教育，是以培养德、智、体、群、美五育均衡发展的健全国民为目的"，另文章还论述了台湾初中、高中选修课程的设置及特点。这里需要注意的是，大陆针对学生培养提出的是"德""智""体""美"四个方面全面发展，而台湾则涉及五个方面，增加了"群"，注重集体意识的萌生。

1991 年，吴仁华在《试论台湾普通高级中学的办学特点》一文中总结了1968 年台湾实施九年义务教育以来的普通高中的办学特点，其中包括教材的编审和课程的设置等内容。

1992 年，学界出现了五篇关于大陆义务教育小学、初中的课程大纲与香港、台湾地区的教学大纲比较的文章，它们分别是《九年义务教育全日制初级中学地理大纲与香港、台湾初中地理教学大纲的比较与分析》（何化万），《九年义务教育全日制小学数学教学大纲（初审稿）同我国现行大纲、台湾课程标准、日本国学习指导要领的比较》（曹侠、李润泉），《九年义务教育全日制初级中学物理教学大纲（初审稿）与台湾〈国民中学自然科学（物理部分）课程标准〉的比较》《九年义务教育全日制初级中学美术大纲（初审稿）与香港美术纲要、台湾美术课程标准比较》（义务教育教学大纲评价物理科课题组），《九年义务教育全日制初级中学化学教学大纲（初审稿）与台湾国民中学理化课程标准（化学部分）的比较》［义务教育教学大纲（初审稿）评价化学科课题组］。这 5 篇文章以解读教育大纲为视角点，分析了政策纲领层面上大陆与香港、台湾地区之不同，对同领域相关研究具有重要参考价值。

1992 年，蔡祯雄《台湾近代学校体育制度成立的历史考源——学校教育制度的成立与学校体育的开始》一文较为详细地梳理了近代以来台湾地区体育课程建立的历史脉络。同年，《学科教育》刊登文章《九年制义务教育全日制初级中学美术大纲（初审稿）与香港美术纲要、台湾美术课程标准比较》，同以上五篇文章性质类似，该文亦是从纲领层面分析研究对象。"美术"一直是"美育"的重要组成部分和实施路径，《九年制义务教育全日制初级中学美术大纲（初审稿）与香港美术纲要、台湾美术课程标准比较》从"美术"介入增进了之于台湾"美育"的了解。

1996 年，侯令发表《台湾近年的美术教育研究》，对台湾小学的美术教学情况作出一定概括，并详细介绍了乡土艺术与美术教育的结合方法。

1997 年，周美珍在《台湾小学户外环境教育活动四则》一文中指出台湾小学重视对小学生进行户外教育，并主要提及了四则活动，即介绍树木、替领养的树木写日记、替树木量身高、植物可以防止土壤流失。

1998 年，朱桦发表《台湾地区中小学的音乐教育》详细引述了 1981 年以来大成中学音乐教育班的音乐教育情况，包括教育方针、行政组织、学生甄选、师资概况、音乐班设备、课程、一般教学措施、辅助教学活动等。

另外，1993 年，台湾首先开办了美容美发班、电脑实务班、作物栽培班、食品餐饮班等，这种自办式技艺教育班属于台湾九年义务教育的一部分，既具有职业认知的导向功能，又附带实践性质的美育作用。关于此类技艺教育班介绍的文章可参见毕晓根《台湾初中试办技艺教育班获肯定成果》（1996 年），庆龙《台湾初中试办技艺教育班》（1997 年）。

这一阶段，针对台湾教育的著作较少，其中涉及"美育"内容的则更少，可供参考的有王宗烘、余松锵于 1992 年编著的《台湾科技教育与经济发展》，其中有一章题名为"台湾中小学教育的发展概况"，之于台湾义务教育阶段"美育"背景的呈现具有重要文献价值。

六、21 世纪至今

此时"美育"获得全面重视，在不同学科领域被提及和强调，从而产生了大批关于"美育"的研究性著作、论文和资料汇编。同时，随着大陆和台湾交流的增多，学界开始出现大陆和台湾两地比较性的"美育"著作和论文。在国家导向层面，出台政策越发具体化。

（一）国家政策文件

2000 年 12 月，教育部在青岛召开"全国学校艺术教育工作经验交流会"，会议全面总结了《全国学校艺术教育总体规划（1989—2000）》，并对《全国学校艺术教育发展规划（2001—2010）》（征求意见稿）《学校艺术教育工作规程》

（征求意见稿）展开讨论。

2002 年 5 月，《全国学校艺术教育发展规划（2001—2010）》完稿并正式颁布实施，确立了一个时期内学校艺术教育的指导思想、发展目标和主要任务。2002 年 7 月，教育部长陈至立颁布第 13 号令，宣布从当年 9 月 1 日起执行《学校艺术教育工作规程》，该《工作规程》认为"艺术教育是学校实施美育的重要途径和内容，是素质教育的有机组成部分。学校移速教育工作包括：艺术类课程教学，课外、校外艺术教育活动，校园文化艺术环境建设。"2002 年 11 月，中共十六大召开，江泽民作了题名为《全面建设小康社会 开创中国特色社会主义事业新局面》的报告，报告要求"全面贯彻党的教育方针，坚持教育为社会主义现代化建设服务，为人民服务，与生产劳动和社会实践相结合，培养德智体美全面发展的社会主义建设者和接班人。"这是"德智体美全面发展"首次在党的重要报告中完整被提出，明确了"美育"在国家教育领域大政方针中的地位和作用。

2005 年 1 月，教育部发布了《普通中小学校和中等职业学校贯彻〈学校艺术教育工作规程〉评估方案（试行）》。2007 年 5 月，教育部发布了《关于加强和改进中小学艺术教育活动的意见》。2008 年 9 月，教育部发布了《关于进一步加强中小学艺术教育的意见》。2010 年 5 月 5 日，国务院总理温家宝主持召开国务院常务会议，审议并通过了早在 2008 年 8 月便开始研制的《国家中长期教育改革和发展规划纲要（2010—2020）》。2010 年 6 月 21 日，中共中央政治局召开会议，胡锦涛主持会议并审议通过了《国家中长期教育改革和发展规划纲要（2010—2020）》（下文简称《教育规划纲要》。）2010 年 7 月 29 日，《教育规划纲要》正式发布，这是我国进入 21 世纪以来的第一个教育规划。《教育规划纲要》在有关教育战略主题的表述中指出，"坚持全面发展。全面加强和改进德育、智育、体育、美育。坚持文化知识学习与思想品德修养的统一、理论学习与社会实践的统一、全面发展与个性发展的统一。加强体育，牢固树立健康第一的思想，确保学生体育课程和课余活动时间，提高体育教学质量，加强心理健康教育，促进学生身心健康、体魄强健、意志坚强；加强美育，培养学生良好的审美情趣和人文素养。加强劳动教育，培养学生热爱劳动、热爱劳动人民的情感。重视安全教育、生命教育、国防教育、可持续发展教育。促进德育、智育、体育、美育有机融合，提高学生综合素质，使学生成为德智体美全面发展的社会主义建设者和接班人。"

2011 年"两会"期间，全国政协委员、中国国家画院艺委副主任、中国美协理事李延声在为《美育兴国——为"十二五"规划建言》中明确提出"'美育'兴国"，并就此进行了较为详细的论述。2012 年 11 月，中共十八大召开，胡锦涛在会上作了题名为《坚定不移沿着中国特色社会主义道路前进 为全面建成小康社会而奋斗》的报告，报告要求"把立德树人作为教育的根本任务，培养德智体美全面发展的社会主义建设者和接班人"，将"美育"提升至完成"立德树人"根本任务的高度，之于当前中国"美育"事业发展具有重要指导作用。报告中，胡锦涛特别沿用了中国十七届六中全会通过的《中共中央关于深化文化体制改革、推动社会主义文化大发展大繁荣若干重大问题的决定》所谓"文化是民族的血脉，是人民的精神家园"的论断。

2013 年，中共第十八届中央委员会第三次全体会议通过了《中共中央关于全面深化改革若干重大问题的决定》。在深化教育领域综合改革方面，《决定》要求"全面贯彻党的教育方针，坚持立德树人，加强社会主义核心价值体系教育，完善中华优秀传统文化教育，形成爱学习、爱劳动、爱祖国活动的有效形式和长效机制，增强学生社会责任感、创新精神、实践能力强化体育课和课外锻炼，促进青少年身心健康、体魄强健，改进美育教学，提高学生审美和人文素养。"

2014 年 1 月 10 日，教育部印发了《教育部关于推进学校艺术教育发展的若干意见》。该《意见》对学校教育中的艺术教育与"美育"教育之间的关系进一步明确指出，"艺术教育对于立德树人具有独特而重要的作用。学校艺术教育是实施美育的最主要的途径和内容。艺术教育能够培养学生感受美、表现美、鉴赏美、创造美的能力，引领学生树立正确的审美观念，陶冶高尚的道德情操，培养深厚的民族情感，激发想象力和创新意识，促进学生的全面发展和健康成长。落实立德树人的根本任务，实现改进美育教学，提高学生审美和人文素养的目标，学校艺术教育承担着重要的使命和责任，必须充分发挥自身应有的作用和功能。"《意见》还对美育实施的课程和形式作了说明，如"严格执行课程计划，开齐开足艺术课程""创新活动内容与形式，确保每个学生都能参与艺术活动""加强区域内艺术教育统筹力度，多渠道解决艺术师资短缺问题""整合各类教育教学资源，形成推进学校艺术教育发展的合力"等。

2015 年 9 月 15 日，国务院办公厅颁布《关于全面加强和改进学校美育工作的意见》。该《意见》明确了当前和今后一个时期加强和改进学校"美育"工作的指导思想、基本原则、总体目标和政策措施，宣称至 2020 年，要初步形成大中小幼"美育"相互衔接、课堂教学和课外活动相互结合、普及教育与专业教育相互促进、学校美育和社会家族美育相互联系的具有中国特色的现代化"美育"体系。《意见》认为"美育是审美教育，也是情操教育和心灵教育，不仅能提升人的审美素养，还能潜移默化地影响人的情感、趣味、气质、胸襟，激励人的精神，温润人的心灵。美育与德育、智育、体育相辅相成、相互促进。"针对学校"美育"改革发展中存在的突出问题，《意见》提出了四个方面的应对性举措，即一是构建科学的美育课程体系；二是大力改进美育教育教学；三是统筹整合学校与社会美育资源；四是保障学校美育健康发展。对于学校"美育"的具体实施途径，《意见》认为"学校美育课程建设要以艺术课程为主体，各学科相互渗透融合，重视美育基础知识学习，增强课程综合性，加强实践活动环节。要以审美和人文素养培养为核心，以创新能力培育为重点，科学定位各级各类学校美育课程目标"，同时规定"学校美育课程主要包括音乐、美术、舞蹈、戏剧、戏曲、影视等。"

从以上政策可知，国家对"美育"的重视程度逐渐加大，并在政策上积极给予支持和调整，所颁布的也从以往的纲领性文件，逐渐衍化成为更加具体、详细的措施。

（二）美育文献资料

据王旭晓、孙文娟、郭春宁在《1990—2010 年中国美育研究脉络》一文中的数据统计来看，仅 2000 年至 2010 年的十年间，就论文而言，美育思想史研究 411 篇，美育原理研究 272 篇，美育实施研究 290 篇，美育和其他教育研究 606 篇，各部门和学科美育研究 592 篇，美育心理学研究 45 篇，美育其他问题研究 142 篇；以专著而论，美育思想史研究 25 部，美育原理研究 51 部，美育实施研究 36 部，美育和其他教育研究 20 部，各部门和学科美育研究 45 部，美育心理学研究 3 部，美育其他问题研究 24 部。

2011 年至 2017 年，"美育"研究同样欣欣向荣，下面笔者在着重说明关键文献资料的基础上，集中梳理比照了北京和台湾地区的美育情况。

"美育"期刊在 20 世纪初获得了一定的发展，然而在 20 世纪 40 年代至 90 年代期间几乎没有出现过专门的美育期刊。2010 年 6 月，《美育学刊》获批创刊，由杭州师范大学编辑出版，为双月刊，主要栏目包括美育研究、艺术教育研究、文艺理论研究、艺术研究、审美文化研究等，从一定程度上讲，该杂志重新接续了 20 世纪初的传统。

上一阶段，学界已经涌现出来大量教育类资料汇编，这一时期资料汇编性质的文献仍旧不可阻挡，且朝着更加具体细致的方面蓬勃前进，"美育"文献整理硕果累累，如 2000 年姚思源主编《中国当代学校音乐教育文选 1949—1995》，2011 年愈玉姿、张援编《中国近现代美育论文选 1840—1949》，2013 年教育部高等学校社会科学发展研究中心与吉林大学联合组编《中国美育年鉴》，2014 年教育部中小学美育教学水平与学生艺术素质评价专题调研组编《全国中小学美育教学水平与学生艺术素质评价专题调研报告》。另《中国美育发展报告 2011—2015》由美育学刊杂志社、美育与文化传播协同创新中心编撰而成，该报告整体框架分为政策篇、实践篇和理论篇，收录的资料既包括研究性质的论文，又包括原始资料，其中以原始资料提要汇总为主。报告侧重采纳了 2011 年至 2015 年间，我国关于"美育"政策、相关文件、"美育"实践、全国中小学美育教学水平与学生艺术素质评价专题调研与评估分析、中国美育课程实施标准、美育理论观点等资料，同时对前一百年中国美育政策和实践作了简明扼要的概括与总结。由于其中原始性资料丰富，故参考意义较大。

这一时期延续和发展了上一阶段的"美育"话题和"大美育"观，"美育"论文涉及方面广泛。其中尤以探讨"美育"与教育、教学关系的论文最多，如舞蹈、体育、数学、生物、物理等学科门类与"美育"的关系，高等教育与"美育"的关系等。另有文总结回顾了中国"美育"历史、西方"美育"历史；有文以具体学人，如王国维、蔡元培、泰戈尔等的美育思想为对象展开研究；也有文阐释"美育"之本体问题。除上以外，此时还存在一类综述性质的论文值得被关注，如《1990—2010 年中国美育研究脉络》《2011—2012 年中国美育研究述评》《2013 年中国美育研究述评》《2014 年中国美育研究述评》《2015 年中国美育研究述评》5 篇，它们搜集了各时间段的所有"美育"资料，既包括报纸论文、期刊论文，又包括学术著作、硕博士学术论文，还包括科研立项，资料搜集较为完整，对"美育"问题加以归纳之余，就各时间段"美育"研究的不足和缺失进行了评述。

在"美育"专著方面，这一阶段推进明显，以往只在论文中出现的话题于此时逐渐介入专著。首先，一部分专著主要作为高校教材被采纳，如曹廷华主编的《美学与美育》、吴俊著《美学理论与美学实践》。其次，一部分属于"美育"史研究性质的书籍出版发表，如赵伶俐、汪宏等著《百年中国美育》，钟仕伦、李天道编《中国美育思想简史》。《百年中国美育》系统勾勒了20世纪初以来"美育"在中国的历史发展脉络，作者从政策层面、理论层面、实践层面等不同维度对各个时期的"美育"情况加以总结；该书亦对20世纪我国"美育"课程的演进路径进行探讨，论析20世纪美育流派、美育课程对其他课程的影响；并结合区域差异因素对20世纪80年代后"美育"在我国的发展进行分类研究，此种研究模式具有一定的新颖性。《中国美育思想简史》独具匠心之处在于将"美育"概念推及至古代，探讨了上起春秋战国"诸子百家"下至明清时期重大思想家、批评家的"美育"观点。再次，一部分专著以具体学人的美育思想或者某个学科的美育问题为对象展开研究，如郭勇著的《蔡元培美育思想研究》、胡小明的《体育美学》、翟林著的《体育美育探微 体育美的理解与追求》、许晓根著《数学美育教育与数学发现》等。最后，一部分专著以研究当代"美育"现象及问题为着眼点，如杜卫著《当代中国美育问题》、冉祥华著《美育的当代发展》、曹坤著《中国电视艺术美育功能研究》等。

（三）北京美育资料

这一时期，虽然与"美育"有关的研究性论文和专著大量涌现，但其内容普遍性强、理论性重，很少关注具体的区域"美育"；且数据追踪报道的对象以高校学生为主，针对义务教育阶段（中小学、高中）的美育研究有限。直至2014年，上述格局获得了改善和校正。

2011年6月29日至30日，"京浙沪中学生美育研讨会"在杭州举行。本次研讨会由北京大学美学与美育研究中心、杭州师范大学艺术教育研究院《美育学刊》杂志社共同主办。叶郎发表题名为《引领全社会重视艺术教育》的演讲，提及当代大学生和中学生中患有心理障碍疾病的人数增多，对此除加强德育、体育教育外，还应该加强"美育"和艺术教育。会议期间还讨论了中学生"美育"的新形势、新问题，中学生"美育"的实践与创新，及编辑《中学生美学读本》的思考。

2011年，郭越怡撰写硕士论文《小学课外音乐社团活动的调查研究——以北京地区为例》，主要通过调查的方式来了解北京市小学课外音乐社团的实施概况和开展现状。

2014年，北京市教委推出"高参小"项目，呼吁北京市高校、社会力量参与小学体育美育发展，大学和小学联合，重新设计小学课程、组织社团活动等，与此同时发布《关于高等学校 社会力量支持中小学体育美育特色发展工作的通知》，尔后出现了一批以"高参小"项目为研究对象的学术论文。

《北京舞蹈学院参与十三所小学美育工作构想》一文写道，2014年5月6日北京舞蹈学院与十三所小学签署合作协议，同年8月北京舞蹈学院参与十三所小学美育发展工作教师培训。作为培训美育方案的前言，该文从国家教育发展布局，学院美育工作原则，具体方案设计，教师观念等角度阐述了北京舞蹈学院参与十三所小学美育工作的构想。

据新华网消息报道，至2015年3月，已有140所北京小学与高校、艺术院团和艺术机构、体育俱乐部等结成"对子"，在融合教学、课外活动、互动教研等方面取得了初步成效。

2016年，4篇以"高参小"项目为关键词、北京市小学体育为研究对象的硕士论文相继出现。首先，《北京体育大学参与小学体育发展工作阶段性评析——以东北旺中心小学为例》主要以东北旺中心小学为案例，从体育教学、课外活动与体育社团、师资培训三个方面，对北京体育大学参与小学体育发展工作进行评析，总结成绩的同时，提出面临困难。该文之于研究北京市体育状况具有一定的资料借鉴作用。其次，唐小梅硕士论文《"高参小"项目对于小学足球活动的影响研究——以与首都体育学院合作的三所学校为例》主要以北京市中古友谊小学、安外三条小学和海淀民族小学为研究对象，分析了首都体育大学"高参小"项目、"高参小"项目对小学足球活动的影响、"高参小"项目对足球教师资源的影响以及"高参小"项目相关人员对小学足球课程影响的评价。第三，北京体育大学硕士论文《北京市"高参小"体操教学实施状况及推广条件的分析》对北京市小学体操教学作出一定程度的文献和数据整理，分析了北京市小学体操教学的实施状况和推广条件。第四，北京体育大学硕士论文《北京体育大学参与"高参小"项目体育校本课程实施情况的研究》主要研究了北京体育大学参与小学体育校本课程建设的实施方案，体育校本课程实施情况的调查与分析，北京体育大学在"高参小"体育校本课程中存在的问题。

《运动》2016年4期发文《首都体育学院"参与小学体育发展"工作实践研究——以北京市体育馆路小学为例》，主要总结了首都体育学院参与北京市体育馆路小学体育发展工作经验，涉及北京市体育馆路小学体育课外活动、小学运动训练、体育科研介绍。

《青少年体育》2017 年 6 期刊登《北京市"高参小"项目少儿田径课程教学器材的改进措施》一文，文章写道自"高参小"项目实践两年半以来，北京市有 5 家小学推广了少儿田径课，它们分别是中国农业大学附属小学、北京农学院附属小学、霍营中心小学、东北旺中心小学、回龙观中心小学，这几所小学在田径教学中使用器材存在一定问题，文章对此予以说明并提出相应改进措施。《青少年体育》2017 年 2 期发文《北京市"高参小"项目推广的 SWOT 分析》，针对近几年来北京市小学美育和体育课程状况进行了简要分析。

北京体育大学 2017 年硕士论文《北京市体育特色小学体操课程实施效果影响因素及对策的研究》包含如下几部分内容，北京市体育特色小学一年级体操课程实施效果情况分析、北京市体育特色小学体操课程实施效果影响因素、北京市体育特色小学体操课程实施对策。

《北京教育年鉴》由北京市教育委员会编，1997 年在《北京市普通教育年鉴》和《北京市高等教育年鉴》及《北京成人教育大事典》的基础上合并编辑出版，每年出版一卷，内设法规、特载、调研与报告、专文、北京教育总述、各级各类教育、校园生活、统计表等栏目，这套书对于了解北京义务教育阶段的"美育"情况具有重要文献意义。

（四）台湾美育资料

这一时期，大陆与台湾交往虽然增多，关于台湾教育的文章和专著随之上升，但是涉及台湾"美育"的论文和专著则少见，下面只能将零碎材料梳理一下。

在政策方面，2001 年，台湾正式推出"国民"教育阶段"'国民'中小学九年一贯课程暂行纲要"，2004 年 9 月全面实施，2008 年对总纲作调整，取消了"暂行"二字，"九年一贯课程暂行纲要"对中小学生的教材选编、教学原则等均有相关规定。台湾地区教育主管部门于 2013 年 8 月函颁"'教育部'美育中长程计划——第一期五年计划（2014 至 2018 年）"，强调"美育"不是单纯强调专业艺术素养的培育，而是强调个人对生活、对社区、对家乡的内在情感；在教育主体上把"美育"渗透为每位老师的责任；在学习主体上把"美育"普及至每位学生的培养；在教学内容上突出在地文化，完成教育"本土化"的要求。2014 年 11 月 28 日，台湾教育行政机构发布"十二年'国民'基本教育课程纲要总纲"。

　　台湾《美育》杂志 1989 年创刊，1991 年 9 月至 1999 年 8 月间曾改版为月刊，1999 年 9 月又改回双月刊。该期刊创刊初期扮演着"美育"启蒙角色，时代变迁，期刊内容随之调整，从中国艺术美学转移为台湾地域艺术思想，从传统书画转移为当今多元的媒材诠释。1989 年 8 月号刊载过"修订美劳课程刍议"，可惜此杂志没有在大陆发行过。

　　另外，有一些台湾课程教学论文，虽然不是直接论述"美育"，但若按照大陆"大美育"观衡量，也可以视为"美育"教学的组成部分。上述论文中，有相当一部分属于比较研究，观照大陆课程和相应台湾课程之异同，如《中国大陆与台湾地区初中物理教学内容的比较研究》《中国大陆小学"品德"教学大纲的社会学研究——兼与台湾小学"道德"课程标准相比较》《小学"社会课"教学大纲（课程标准）中的"社会构架"——中国大陆与台湾小学"社会课"教学大纲（课程标准）的比较分析》《祖国大陆与台湾地区九年义务教育艺术课程改革的比较研究》《大陆地区与台湾地区小学英语教学改革比较》。

　　而其他的一些艺术课程、语文课程一直都是美育的研究范围，如《台湾地区中小学教育中的民族民间舞蹈传承路径研究》通过对台湾地区中小学民间舞蹈教育的构成、课程设置、教学内容、教育方法、师资结构、教学独享等方面的调研与分析，解读台湾地区中小学舞蹈教育中民间舞蹈的传承路径，诊断其发展瓶颈和潜在文化优势，探究民族民间舞蹈教育在两岸教学的可行性。《台湾中小学表演艺术戏剧教学的解析》《美术欣赏教学探析——以台湾新竹教育大学附属小学教学为例》两篇论文则着眼于戏剧、美术方面对台湾地区中小学课堂教学展开讨论。文章《多元智能理论在台湾中小学之实验》主要介绍了台湾地区中小学"多元智能"实验，并对实验的过程及其效果评价予以说明，所谓"多元智能"包括语言智能、数理逻辑智能、空间智能、音乐智能、人际智能、内省智能、肢体智能、观察者智能、存在智能等。还有文章专论台湾地区的语文教学及教材，可见大陆与台湾之异同，如《从明道中学看台湾语文教学》《台湾小学语文特点例谈》《大陆和台湾小学语文教学参考书比较研究》。2017 年贾海云发文《中国台湾地区美育的启示》，直接关涉"美育"，文章力求展现中国台湾地区美感教育的现状，反思大陆美感教育改进提升的空间。

　　综上所述，我们发现近代以来大陆"美育"一直时断时续地前行发展，20世纪 80 年代后，"美育"论文和专著开始大量涌现，且以"美育"为对象的研究在不断细化，与此同时，大陆可见的关于台湾地区"美育"的资料在这一阶段也较之于以往而言有所增加，但整体来说还是相当有限。本文以可考文献为基础，针对义务教育阶段北京和台湾"美育"情况进行了对照性梳理，旨在为后续章节义务教育阶段"美育"在北京和台湾具体维度的参考性实践探查提供历史背景和言说语境。

台湾"政党法"的规范范围及其平衡问题探讨

陈星[*]

在"政党法"制订过程中，需要在何种程度对政党行为进行规范一直是一个争议不休的问题。一般而言，政党作为民意与公权力机关的中间结构，其活动范围非常大，对政党进行高度规范存在着事实上的困难，但是低度规范却又可能使政党的活动难以受到实质性约束，有使"政党法"流于具文的危险。台湾在"政党法"制订过程中，这些方面的担忧贯彻始终，并构成了"政党法""立法"过程的重要内容。事实上台湾的"政党法""立法"就是在不断寻求党内运作与外部规范平衡的过程。

一、"政党法"规范范围的讨论

政党的行为主要围绕取得执政权的活动展开。这在学界仍有不同的看法，而且这种观点预设了政党对于公权力获取的先在性，可能使公权力争夺行为对政党及其运作结构的影响变得模糊不清。在台湾"政党法"的讨论中，这些前提性的讨论虽然时有出现，不过最后大都被简化处理，围绕执政权争夺展开活动依然被作为政党存在的必要条件确定下来。这种情形主要肇因于"政党法"的制订旷日持久，从民进党的角度而言，在2016年取得执政权之后，希望能够快速通过该"法"，将前期政党政治斗争取得的成果巩固下来，而国民党在长期的抵抗之后，在"党产"问题上已经失守，也没有必要再在这个问题上进行过多的纠缠，而且由于"立法院"力量的缩减，也没有实力再进行杯葛。故在"立法院"第9会期中，"朝野"双方迅速"达成共识"，使"政党法"快速通过。

---

* 作者供职于北京联合大学台湾研究院。

在"政党法"通过之前,约束政党组织和运作的规范主要是"人民团体法",台湾当局将修改"人团法"作为提供政党行为约束规范的主要手段。"人团法"修改以适应情势需要系为台湾政党政治起步阶段的被动性"修法",即为因应开放党禁的政策,不得不增列"政治团体"一章,依其"立法"体例,将政党视为"人民团体"之一种,采高度自治、低度规范原则,基于政党自主、自律原则,有关选任职员、会议及经费等事项,均得由政党自行订定章程加以规范,对于政党财务公开与申报、查核相关规定,则付诸阙如。不过在比较健全的政党政治体制中,对于上述内容均有比较严密的规范,如德国自制定基本法以来,已经逐步发展出"党内民主"及"政党财务公开"两大原则,"揆其用意,一方面系为防止民主宪政秩序受到破坏,以达到预防性监督之目的;另一方面则因政党与国家关系密切,尤其执政党,应避免藉由执政优势地位或从事相关政治活动,滥权图利自己,故应公开其财务状况,以接受社会大众检验。"① 显然,"政党法"对政党组织及行为的约束强度是相对的,所谓的"高度"与"低度"在纵向的时间纬度上比较才有意义。台湾"政党法"的通过相比过去"人团法"的约束强度明显加强了,但从整体特征上来说,仍是低度规范。

所谓"高度规范"还是"低度规范"的核心其实是政党的自主性问题。在"政党法"的讨论过程中,大都认为政党应该有一定的自主性。2003年陈建铭在质询时认为,对于党章的规范,不只是在产生候选的人方面,对候选人资格的取消、认定,以及对党籍提名的公职候选人,也要有一定的规范。对于政党的规范,应该让政党有一定的自治能力来处理和应对。当时的"内政部次长"简太郎也认为对政党"目前是采取低度规范",未来的整个"政党法"也是采取中低度规范,对于候选人提名、党章制订以及内部管理等问题应当通过政党内部运作,以自律的方式来处理。② 低度规范的情境下,政党对内部进行管理的空间相对较大,政党就会拥有较大的自主性,反之亦然。

从"立法"的本意来看,低度规范的原意在于降低政党参与政治的难度,甚至是组建政党的难度,以增加和扩大政治参与,提升政治参与的活跃度。台当局"内政部次长"陈纯敬说,对政党是采取低度管理的态度,如果只是一个平台,大家都在此平台上公平竞争,就可以让政党简单地成立。不过如果涉及享受行政当局的补贴与优惠,包括政党的补助等问题,则要设定一定的门槛。

---

① (台湾)"立法院公报",第93卷,第6期,委员会纪录。
② (台湾)"立法院公报",第92卷,第10期,委员会纪录。

因为政党将来有可能执政，因而在受到补助与推举候选人方面，要有一定的门槛进行区隔。[1] 除此之外，政党其实与一般的人民团体并没有什么大的差别。故而在管理上，台湾"政党法"采取了低门槛，这与"政党法"成立之前台湾的政党生态是相符合的，同时对涉及执政可能性的相关事项则加强了管理，防止管理门槛过低带来的负面影响和效应。诸如，推出候选人的要求增加了政党生存的特定目的性，因而防止了因进入门槛太低而形成的"泡沫政党"泛滥的问题。

政党的低度管理固然有增加政党活跃度的作用，同时恐怕也是政党在制定法律时为了防止自身活动受到太大的约束而采取的防范性措施。李俊俋认为，"政党法"的目的是保障每个人有基本的集会结社自由，"所以整个概念上是一个原则性的规范，只要保障到大家有集会结社的自由，各政党之间有一个公平竞争的规范，这样就可以了。"李俊俋认为，就世界许多国家与地区的体例来看，政党法都是低度规范的法律。就台湾的"政党法"而言，如果按照管理"人团法"的方式进行管理，把所有的规范全部放到这里面来，会失去对"政党法"应该有的原则。如此一来，"政党法"变成对内部的选举也要管，对外部的管理也要管，诸如有没有登记、有没有每年申报等等，这些都要管，其实这不见得是"政党法""立法"的原意。[2] "政党法"的立法具有敏感性，因为它是直接针对立法者进行立法，立法者很难置身事外。因而，政党从自身利益出发，一方面会力图通过"政党法"的立法打击对手，另一方面则希望避免"政党法"的立法对自己未来的行为产生太多的约束。从这个角度来说，"政党法"只能采取低度规范，也只有这样才有可能达成共识。

由于无法达到高度规范的目标，"政党法"只能采取低度规范。这种低度标准在相当程度上是有利于大党而不利于小党。例如，政党必须"法人化"的问题。赖瑞隆认为，政党可以获得许多资源，包括政治献金、补助款等。但是这些资源的获得以及管理却以团体具备法人资格为前提要件。依照"行政罚法"不是法人，就无法拥有财产，所以有无登记为法人的差别就在于能否享有财产的所有权和相关的权利义务。[3] 而且这里还涉及申报法人资格所需要的条件，如果程序过于烦琐并且资料要求苛刻，则事实上形成组建政党的又一个壁垒，与"政党法"整体要求低度规范的目标是不相符合的。一般来说，对于比较大型的

---

[1] （台湾）"立法院公报"，第105卷，第12期，委员会纪录。
[2] （台湾）"立法院公报"，第106卷，第65期，委员会纪录。
[3] （台湾）"立法院公报"，第106卷，第65期，委员会纪录。

政党而言，法人登记并不是问题。但对于一些小的政党而言，在"政党法"颁布之后，恐怕会带来一阵忙乱，相对这些小党而言，管理的强度事实上是增加了而不是降低了。

低度规范的"政党法"涉及的另外一个问题就是，该"法"是否需要对政党的风纪整肃进行规范，因为这不仅涉及政党内部问题，而且涉及政党之间的互动。在政党协商过程中，陈怡洁认为，并不是每个政党都有自己的规范，如果将政党内部规范也纳入"政党法"规范的视野，那么对于所有政党都是一样的，与不纳入并没有什么大的不同。易言之，"政党法"也不过提供了一个标准与平台而已。如果是用同样的标准，则全部政党就应该依循同样的标准。不过陈怡洁却对于政党内部管理问题入刑表示不满，认为当时"行政院"版本有提到行为人三年以下有期徒刑的规定，是不恰当的。她认为"国民党或是民进党或许党内有自己的方式去处理选举风气的问题，但是我相信应该是没有所谓有期徒刑的部分，'行政院'版本是有处行为人三年以下有期徒刑的规定，应该是没有到这样严格的程度。"①政治人物和政党的行为如果触法，还是要用"刑法""选举罢免法"等相关条文进行约束。也就是说，"政党法"在相当多的时候没有约束政党不法行为的功能。

台湾"政党法"的立法原则在于清理过去所谓不公平的竞争环境，创造一个相对公平的政党竞争环境。易言之，"政党法"的立法在于创设一个竞争平台，并保证平台的稳定运行环境。以此来说，"政党法"规定的进入门槛还是非常低的，同时对于政党平台也加强了保护。因为"政党法"的主管机关为"内政部"，故而在涉及政党之处分事件，为防止执政党利用公权力打击异己，"政党法"第25条规定"主管机关为审议政党之处分事件、政党之名称、简称或政党标章备案疑义之认定及相关事项，应遴聘社会公正人士以合议方式办理之。前项合议制之成员具有同一党籍者，不得超过总额三分之一，且任一性别不得少于三分之一。"这里的"社会公正人士"并不是组建成为"审议委员会"，而是对主管机关认定之疑义事项合议，增加处理结果的公众色彩，以减少相应的反弹。叶宜津认为，社会公正人士能够处理的案子，"其实政治性非常低，有政党本位主义的情况就非常低了，而且也不是他们想要怎么做裁决就可以怎么裁决的，这个裁决还是必须要对外公布，特别是当事者政党都有相当的支持度，

---

① （台湾）"立法院公报"，第106卷，第65期，委员会纪录。

也会对外要求。"①整体来看，这次"政党法"立法是将原先已经存在的政党竞争格局用法律的形式固定下来，自然会带有当时政治生态结构的烙印，出现低度管理的现象自然是可以想见的。

二、"政党法"对政党组织的规范

政党的存在与运作关键在于政党的组织，在不同的政党类型中，政党的组织形态也不一样。具体而言，政党可能有正式或非正式的组织。后者如干部型政党，典型如法国激进党。而没有正式组织也是政党组织的一种形式，干部型政党就是一个典型。不过一般情况下，政党大都有正式组织。群众型政党有正式的组织，通常是达到一种几乎小型政治系统的程度，有党宪章、科层制组织、辩论不休的派系以及行政与立法部门。群众型政党以个人党员为基础，并受到少数活跃分子党员所引导。"他们倾向于将党视为自身所有，也因此不可避免地会在立法部门及领导权中与党产生冲突。"②政党的组织是政党得以展开活动的物质依托，也是政党立法中可以规范的重要内容。在台湾"政党法"立法中，对政党的组织形态进行了统一规范，不过对政党的类型并没有细致的考虑，而是从最广泛的意义上规范了政党组织形态的基本样态。

事实上，"政党法"没有能力也没有必要影响到政党体系，因为政党体系的基本样态是由多种因素综合影响形成的，不是"政党法"所能概括与规范。李帕特认为，选举方式，例如相对多数决制、各种不同形式的比例代表制、选区规模、每一选区应选名额和当选门槛，以及一个政党为取得代表权所须获得的最小支持度，这三个元素再加上代议机构的规模，将会导致重大的政治结果，尤其在比例代表制方面，同时也会对政党体系造成影响。③除此之外，社会生态以及社会意识的分布形态，甚至是政党长期以来建构的理念系统，对政党体系及政党生态均会产生相当程度的影响，这些合力共同塑造了特定地区的政党结构，而就台湾"政党法"而言，仅能就政党的基本样貌进行框架式的勾勒，因而也只能是在最低程度上影响政党政治的发展及走向。

---

① （台湾）"立法院公报"，第106卷，第65期，委员会纪录。

② Frank Bealey著，张文扬等译：《布莱克威尔政治学智典》，（台湾）韦伯文化国际出版有限公司2007年版，第317页。

③ 李帕特著，张慧芝译：《选举制度与政党体系》，（台湾）桂冠图书股份有限公司2003年10月版，第1—2页。

　　"政党法"第一章到第三章涉及了政党的组织问题，其中第三章还有部分内容涉及了政党的行为及运作规范问题。大致来说，政党的组织规范包括政党的组成结构、章程、成立、解散等方面的内容，即政党何以为政党所必须具备的一些基本组织要件，这些要件构成了政党存在的基本结构性框架。当然这也是最简单的组织框架，并没有考虑政党内部的不同，也不考虑政党的动员类型等深层次的内容。概括而言，台湾已经通过的"政党法"主要从以下几个方面对政党组织进行了规范。

　　政党的基本定义。"政党法"第3条规定，"本法所称政党，指由中华民国国民组成，以共同政治理念，维护自由民主宪政秩序，协助形成国民政治意志，推荐候选人参加公职人员选举之团体。"这里显然强调了政党的理念以及民意聚合的功能，将公职人员候选人提出作为政党的存在要件。在"政党法"制定过程中，对政党的定义争议甚多，因其涉及许多政党生存与发展的许多问题，其中有两个问题最为典型，一是政党人数的问题，即政党人数太少能否有效聚合民意？"政党法"通过后的版本将政党人数规定为100人为下限，就与此有关。二是政党补助金的问题，即补助多的数额有多少足以满足政党协助国民形成政治意志的功能实现，促进国民政治参与的公共任务，并协助政党从事政策研究及人才培育，维护政党生存发展空间。[①]这些问题均与政党的定义密切相关。不过从"政党法"通过的情形可以看出，最终的结果还是有利于大党，政党存在要件的提出事实上提高了小党生存与发展的门槛，未来除了几个比较大的政党外，台湾的政党数目将会大为缩减。

　　政党的成员及权力结构。政党的成员在一定程度上决定了政党的基本样态。政党成员包括党的领导机构及一般成员。"政党法"在政党成员组成上仍采低度规范的方式，主要对政党负责人以及一般党员的入党年龄进行了规范，其中前者要求没有犯罪记录，"政党法"第7条第3款列举了10种不得担任政党负责人的犯罪情事。至于后者，在加入政党年龄或是政党负责人年龄方面曾有过争论，陈亭妃提案中将政党负责人的年龄定为18岁，高志鹏提案中则将入党年龄下修到16岁。"内政部次长"陈纯敬在接受质询时认为，目前世界上各个国家和地区在这方面规定不一，从15岁到20岁者皆有，后来折中之后将入党年龄规定为16岁，而政党负责人的年龄则调整为20岁，主要是从生理和心理成熟

---

① （台湾）"立法院公报"，第105卷，第12期，委员会纪录。

度考虑的结果。①下修入党年龄与台湾投票年龄下修有关，也与政党对青年人的争夺有关，各个政党都需要向青年人示好，同时对于民进党来说，由于自认为在青年群体中影响较大，所以还在借此扩大青年群体选票的考虑。不过整体上来看，青年群体由于政治支持不稳定，因而这种制度上的算计并不能取得长期的稳定效果。

在政党权力结构方面，"政党法"第15条规定，"政党以党员大会为最高权力机关。党员大会至少每两年召开一次。前项党员大会，得依章程规定由党员选出代表，召开党员代表大会，行使党员大会职权。"第16条则进一步规定了党员代表大会的基本职能，党员大会或党员代表大会之决议，应有党员或党员代表二分之一以上之出席，出席人数二分之一以上之同意行之。但下列事项应经出席人数三分之二以上决议：章程之订定或变更；政党之合并或解散。同时"政党法"第17条还规定政党应设专责单位，处理章程之解释、党员之纪律处分、除名处分及救济事项。上述规范不过是在一般意义上以最简约的方式对政党的组织进行了约束，不过，"政党法"中仍将党政军退出媒体以条文的形式固定下来，其第18条规定"政党不得在政府机关、机构、公营事业机构、行政法人、法院、军队或学校设置党团组织。但在各级民意机关设置者，不在此限。"事实上，自20世纪90年代以来，随着台湾民主化的展开，这个条文已经没有太大意义，这里不过是将以前政党斗争的结果沉淀下来而已。

政党与主管机关的关系。主管机关负责政党的管理事宜，其与政党的互动构成了政党运作的基本框架。在政党主管机关问题上，双方在"政党法"提案之初就有争议，有提案将政党法直接置于"行政院"管辖者，不过最后经过折冲，政党的主管机关仍归属"内政部"。按照规定，政党成立须由"内政部"核准，设立政党，应由申请人于政党成立大会后三十日内，检具申请书、章程、一百人以上党员签名或盖章之名册、负责人名册、成立大会及负责人选任会议记录，向主管机关申请备案，经完成备案者，主管机关应发给图记及证书。政党成立大会之召开，应有五十人以上之党员参加；并应于十五日前通知主管机关，主管机关得派员列席。此外如政党章程的制订及变更、政党名称的确定及变更等均有规范，从最一般的意义上对政党的标识及内部组织进行了约束。

"政党法"对政党组织方面采取低度规范的原则，主要出于将所有政党政治

---

① （台湾）"立法院公报"，第105卷，第12期，委员会纪录。

的活动均纳入"政党法"的规范之下的考虑。陈亭妃在提案时声称,"政党法"系针对每一个政党,而所有台湾民众此时此刻都可以站在监督的角色,监督每个政党的执行及运作状况。希望每个政党都可以受限于"政党法"的规定,甚至将"政党法"的要求及设立的标准作为未来运行之目标。有鉴于现行"人民团体法"将政党定义为"一般人民团体",实已无法符合台湾政治发展之需要,"为使政党政治发展有其机制,确保政党组织及运作符合民主原则,落实台湾地区民主宪政发展,建立各政党间公平合理竞争之机制。"①"政党法"对政党组织形态的规范不过是为政党竞争提供一个平台,使台湾政党的存在与活动具有法源依据。当然,这种平台的设立也是此前政治斗争的结果,是民进党长期与国民党斗争的结果,民进党急于将长期以来逐渐破除国民党政治权威的成果用"政党法"的方式固定下来,所以在规范政党组织方面,选择低度规范的态度,显然对其是有利的。

三、"政党法"对政党运作的规范

对于政党来说,组织结构的规范作为最为基础性的约束,只能从最低度的层次上对政党行为产生牵制,即一旦政党依照法条规范的程序成立,则这种约束就会稳定下来,或者是内置于政党的运作过程之中。相对而言,政党运作规则的订立对政党及其功能实现而言才是至关重要的制度框架。如果说政党的组织提供了政党的基本特征框架,政党运作规程则提供了政党活动方式与活动范围以及活动效果的约束结构。即便是不考虑政党内部运作的情况,而仅将政党作为一个整体与外界发生关联,政党的行为也是千差万别,由此而引起的法律规范需求会异常庞大。这也可以认为是台湾"政党法"只能低度规范的一个重要原因,一方面由于政党政治发展的时间不长,台湾的政党生态发展阶段较低,"立法"所能涉及的范围只能是在政治经验所能及的范围内展开,诸如对"黑金政治"的规范、对政党竞争样态的规范等。另一方面,"政党法"不过是将政党政治斗争的结果以法条的形式固定下来,因而其"立法"主要是针对过去一段时间以来政党斗争中的核心问题展开,诸如政党"党产"等问题。这无疑会使政党对于政党行为的约束带有局限性,所以可以预见未来"政党法"会随着政

---

① (台湾)"立法院公报",第 105 卷,第 12 期,委员会纪录。

党政治的进一步发展而不断修改。

　　毫无疑问，"政党法"作为立法规范而言只能依据过去的经验进行"立法"，但台湾的政党政治情势却是不断发展的，在政党追求权力的过程中，突破法律规范取得优势是政治人物和政党在政党运作中的持久动力。有学者指出，诸多发展中国家和地区的政治经验显示，政治运作经常无法逃脱"人治"权谋的考虑。甚而扭曲"法治"规范的实行。"金钱"与"权力"的相互结合与转换，成为政治体制的一项特质。政治人物往往归咎于法律制度之不周，推卸应有之责。"殊不知民主政治之所以建立，不仅立基于法律制度设计，更重要的是，政治精英须以遵守民主价值，责任政治与法治精神为己任。如果政治人物拒绝接受制度的规范，只是意图钻研制度之漏洞，那么再如何綮然大备的制度安排也是徒然。追求权力是每个人，尤其是政治人物的自然天性。然而，在法律规范下追求权力，更是关键之至。"①其实不光是发展中国家与地区，在政党政治较为发达的国家与地区同样如此。因此政党法对于政党行为的规范就成为该法贯彻制度原则的核心，对政党行为的规范也因此而显得尤其重要。

　　台湾"政党法"也不例外，其对政党行为的规范成为该法的核心内容。概括起来说，"政党法"对政党行为的规范主要有以下几个方面。

　　政党章程。"政党法"对政党章程的规范较为详细，第12条规定政党之章程应载明下列事项：名称，有简称者，其简称；有标章者，其标章；宗旨；主事务所所在地；组织及职权；党员之入党、退党、纪律、除名、仲裁及救济；党员之权利及义务；负责人与选任人员之职称、名额、产生方式、任期及解任；党员大会或党员代表大会召集之条件、期限及决议方式；章程变更之程序；党费之收取方式及数额经费来源及会计制度；其他依条文规定应载明之事项。政党章程大致区分出了"政党法"可以规范到哪一个层级。在"政党法"协商的过程中，"内政部次长"陈纯敬答复许淑华的咨询时说，"我们只有规定必须要设立的组织，譬如一定要有章程、党员或党员代表大会召开以议决的程序，以及设置仲裁机构等等的规定，其他大党若是想设立更多组织，或是小党在运作上不需要那么多组织，只要在党章中做相关规定即可。"②政党的章程涉及政党的日常运作以及内部管理，"政党法"对政党章程的要求基本上将这部分的自治

---

　　① 刘书彬、吴重礼著：《从基督教民主联盟献金丑闻看德国政党政治捐献》，（台湾）《问题与研究》第40卷1期2001年1—2月。

　　② （台湾）"立法院公报"，第105卷，第12期，委员会纪录。

权交给了政党，使"政党法"在这方面仍维持着低度规范的框架。

政党之财务。台湾"政党法"专门辟出一章对政党的财务进行规范，盖因为台湾政党斗争中，财务问题长期以来均是一个敏感而且无法解决的问题，在民进党看来，财务问题是影响政党政治运作的关键问题，因而虽然"不当党产条例"已经单独立法并从"政党法"的讨论中剥离出去，但是财务问题仍作为一个重要面向出现在"政党法"之中。"政党法"对财务问题的规范主要有：政党的来源包括党费；依法收受之政治献金；政党补助金；政党为宣扬理念或从事活动宣传所为之出版品、宣传品销售或其权利授与、让与所得之收入；其他依本法规定所得之收入；由前五款经费及收入所生之孳息。财务管理则要求详细记录有关会计事项，并要求会计凭证保存七年，会计账簿保存十年，并规定政党应于每年五月三十一日前，向主管机关提出上一年度财产及财务状况决算书表，包括决算报告书、收支决算表、资产负债表、财产目录诸项。同时"政党法"规定，政党不得经营或投资营利事业，并不得从事第十九条第四款规定以外之营利行为，除办公场所外，不得购置不动产。这些条文显然是针对国民党而来，赵天麟认为"这是整部政党法中满具关键性的条文，过去国内政党政治的运作，两大党的确是处于比较不公平的竞争环境，这个条文出来之后当然受到瞩目，我们希望以后不要再走回头路。"①也只可以说，这是民进党推动"政党法"的"立法"的重要诉求，在民进党全面执政时期通过这样一部"政党法"，自然不会放过打击国民党的机会。

政党的处分与合并。这一部分主要规范了政党因违反"宪法增修条文"第5条第5项之情事应予解散的情形，以及经由政党代表大会决议解散及合并政党的情形，不过就"立法"目的而言，主要涉及政党的退场机制，特别是针对中小政党而言，尤其如此。"政党法"规定，政党有下列情形之一者，废止其备案：连续四年未召开党员大会或党员代表大会，经主管机关限期召开仍不召开；连续四年未依法推荐候选人参加公职人员选举；备案后一年内未完成法人登记。在针对"政党法"的质询时当时的"内政部长"叶俊荣认为，依照学理或依照理念，政党应该要推荐候选人参与选举，只是在台湾实践的过程当中，现在316个政党，真正有推出候选人的反而是少数，所以在这一次"法律"的制定中，对于长期没有推派候选人、一直没有运作的政党，特别建立其退场机制。

---

① （台湾）"立法院公报"，第106卷，第65期，委员会纪录。

在理念上将政党定义成这样其实是合理的，只是在实践上要有一个机制，让政党的成立是以推荐候选人参与选举为基础，这样才符合"政党法""立法"的方向。[①] 在退场机制下，"泡沫政党"的存在空间未来会大为压缩。

"政党法"对涉及选举的事项进行了特别规范，第 33 条规定政党办理负责人、中央、"直辖市"及县（市）级选任人员之选举，有下列情形之一者，处行为人三年以下有期徒刑，得并科新台币三十万元以下罚金：有投票资格之人，要求、期约或收受财物或其他不正利益，而许以不行使其选举权或为一定之行使；对于有投票资格之人，行求、期约或交付财物或其他不正利益，而约其不行使选举权或为一定之行使；对于候选人行求、期约或交付财物或其他不正利益，而约其放弃竞选或为一定之竞选活动；候选人要求、期约或收受财物或其他不正利益，而许以放弃竞选或为一定之竞选活动。同时要求政党办理负责人、中央、"直辖市"及县（市）级选任人员之选举，应公告选举作业相关事宜，并载明起止时间、作业流程、候选人资格及有投票资格之人之认定等事项；政党于选举作业公告后，应于五日内报请主管机关备查。这个规范显然已经触及政党内部管理的问题，因而李俊俋认为"应该是没有到如此严格的程度"，[②] 不过在经过协商后，这一罚则还是最后通过。这也说明"政党法"不可避免地会涉及政党内部运作的问题，而"政党法"在制定过程中刻意忽略了这一部分，为未来"修法"留下了比较大的空间。

"政党法"对政党行为的管理主要规范政党的外部关系，即对政党作为一个整体与外部的互动进行规范。但不可避免地，内部管理及运作的问题会影响到政党的外部关系，但"政党法"在这方面并没有着力太多，而是将其交给其他如"刑法"和党的内规去进行规范，不过随着政党政治的发展，这方面的问题可能会逐步呈现出来，"政党法"修正未来也应该主要针对这部分展开。

四、寻求政党运作与外部约束的平衡点

在政党存在及运作过程中，党员与政党关系是一个相当复杂的问题。毛里齐奥·科塔认为，政党不仅是其成员工具性利益的来源，而且也是表达性利益的来源。所以我们可以说，政党是其成员的工具，不过政党成员在一定程度上

---

① （台湾）"立法院公报"，第 106 卷，第 65 期，委员会纪录。

② （台湾）"立法院公报"，第 106 卷，第 65 期，委员会纪录。

也是政党的工具。当然,"政党与其成员的关系有很多类型,组织型政党往往成为其成员实践自己计划的牺牲品,而极权主义政党则可以彻底牺牲自己的成员,不过几乎在每个政党中,这两种情况都可能并存。"① 这大概也是台湾"政党法"刻意避开这部分关系的重要原因。一则政党内部的关系纷繁复杂,数量太过于庞大,二则这些关系与外部互动的模式也千奇百怪,法律难以尽括。显然,将政党内部关系纳入"政党法"的规范是一件费力不讨好的事情,可能使"政党法"的通过旷日持久,因而在民进党急于通过"政党法"的情况下,"朝野"政党对于这个问题也就没有进行过多纠缠。

"政党法"不涉入党内关系的规范,还有一个重要的原因在于,由于政党类型的不同,基层组织与党的公职部分的关系有相当大的不同,"政党法"难以完成对这些不同类型关系的规范。以台湾普遍存在的群众型政党为例,在这种政党模式中,基层组织与党的公职部分是有明显区分的。在政党的观念中,议员也不再被简单地看作是党的精英和核心,而被明确看作是党组织的一部分,其角色要明确地服从党的组织或党的中央。在群众型政党中,党的公职部分是党组织的工具,党的中央还有另外一个功能,即代表基层组织和党员群众监督和控制党的公职部分及其成员。② 但在干部型政党中却看不到这种情况。因此,"政党法"只对党的负责人选举中可能出现的有关贿选等问题进行了简单的规范。

"内政部次长"陈纯敬在答复"政党法"提案时就这个问题曾有说明,认为其实要设立什么样的组织,各个政党在党章里面会去规定。"我们认为政党负责人、中央、直辖市及县、(市)级选任人员选举贿选行为应有所规范,但是因为政党是属于人民团体,目前没有依据可以给予刑法上的处置,所以我们特别在政党法明定。政党的组长等等党职人员,我们倒认为不需要规范过细,因为基于政党自律,政党可以透过章程去规定,如果这些党职人员有不好的手段,党员应该主动出来检举,譬如依循政党内部的体制就可以把这些推翻,所以我们认为应该不需要规定到那么详细。"③ 不过这里确实将政党运作的情况考虑得比较理想化,因为类似这样理想化的运作方式在相当多的情况下是不存在的。

随着政党存在时间的增长,威权化的倾向一般都会明显增长,这在目前国民

---

① 毛里齐奥·科塔著:《定义政党与政府》,见布隆代尔主编,曾淼等译:《政党政府的性质——一种比较的欧洲视角》,北京大学出版社 2006 年版,第 50 页。

② 李路曲:《当代东亚政党政治的发展》,学林出版社 2005 年版,第 207 页。

③ (台湾)"立法院公报",第 105 卷,第 12 期,委员会纪录。

党与民进党两个主要政党的内部生态中都有体现。因此所谓"民主运作"的说辞其实是说不通的。2003年"政党法"提案质询时陈建铭就提出了这个问题，即在"政党决议中如果不能遵循民主程序，如以主席钦点、大家鼓掌通过的方式形成决议，很显然不能认为是符合民主程序"，不过如果是主席钦点之后，在座的党员没有什么意见，因而大家鼓掌通过，其实是可以接受的。[①]但很显然这种情形与一般说说的"民主"已经差了十万八千里。这里显然形成了一个悖论，即政党内部运作中的这种不民主现象仅靠政党自觉在很大程度上是不能解决的，但如果法律涉入这个领域，则可能带来更大的问题。后来陈纯敬在答复"政党法"提案质询时认为，关于政党内部管理的部分，应将权力赋予政党组织。政党其实就和人民团体一样，如果还要由当局"立法"检查的话，不但无益于当局，还会干涉到政党的内部，所以政党内部应有一自律的机制，不然执政党很容易会借此干预政党内部的运作。[②]陈纯敬所说的问题其实又涉及长期以来台湾政党竞争中的不平衡问题，这个问题相对于政党自律问题更加复杂。事实上在"政党法"的讨论过程中一直没有解决这个悖论，所谓的"政党运作民主化"也只能是退而求其次。

防止政治力量涉入政党内部运作显然是"政党法""立法"过程中的一个重要原则，但这个原则在"法律"制定时却遇到了大量的问题，其中之一是政治人物是否需要与政党进行切割的问题。前文已经述及的，在该提案的讨论中涉及的地区领导人能不能兼任党主席的问题，就是一个典型个案。很显然，地区领导人挟手中丰沛的政治资源，会导致政党内部运作出现失衡。同样，"立法院"的"正、副院长"是否也要与党籍进行切割？这是在"政党法""立法"过程中一直讨论不休的问题，直至最后也没有一个结论。陈纯敬在进行提案说明时只能说这些问题可以有讨论的空间，"关键要大家形成共识，是要明文规定，还是要政党自律，只能慢慢讨论。"[③]不过这个问题涉及政党内部的权力结构调整，显然主要大党特别是执政党不会也无法妥协，最后的结果就是不了了之。其他诸如涉及党内"人头党员"，即防止如何防止有心人士，利用代缴党费，培养人头党员，透过控制人头党员以获取该政党的公职提名等问题，由于涉及政党内部的利益结构与制度结构，更是无法解决。[④]由于"政党法"涉及对政党

---

① （台湾）"立法院公报"，第92卷，第10期，委员会纪录。
② （台湾）"立法院公报"，第105卷，第12期，委员会纪录。
③ （台湾）"立法院公报"，第105卷，第12期，委员会纪录。
④ （台湾）"立法院公报"，第105卷，第12期，委员会纪录。

的规范，就政党自身而言，天然地带有抵触的冲动。

不过对于台湾主要政党来说，政党内部运作的问题并不是其制定"政党法"时关注的重点。2002年当时的"内政部次长"简太郎在答复有关"政党法"提案的质询时说，由于"人民团体法"将政党视为一般人民团体，实行消极、低度规范，规定十分简略，立法精神偏向"政党自律"原则，除其设立登记系实行事后备案制外，较诸其他人民团体，更是享有高度的自律权。台湾政治发展过程，所面临的许多问题并非制定"政党法"即可立竿见影，获得全面解决。但是"政党法"的制定，对于确保政党组织及运作符合民主原则，建构政党公平合理的竞争机制，以及落实民主宪政发展，确实具有正面的作用。① 政党自律原则在一定程度有路径依赖的原因，但同时也是政党博弈与妥协的结果，在"政党法"制定的过程中，民进党一直有一种思维就是先把"政党法"制定出来再说，其他的问题可以以后处理，因而在攻防过程中，除了民进党和国民党一直非常在意的政党财务问题，在其他问题上双方其实都比较好达成一致。

"政党法"的低度规范原则也与台湾政党内部的精英主义色彩浓厚有关。在台湾的政党中，能够较大程度实现党内民主的其实只是少数。一般意义上的"民主机制"主要涉及的意涵是，凡涉及公共利益的重大事务，集体成员应该能够直接参与决策；参与决策的每个成员享有平等的发言权，平等的意见表达受到保护，但决策需要在协商中寻求共识；集体共识的达成必须遵循一定的规则，譬如全体一致或多数决定的规则等待。倘能做到这些，那么，介入决策过程的每个人就可以获得一种当家做主的"感觉"了。② 按照这种标准要求，其实台湾政党能够达到者寥若晨星。对于有的政党如亲民党而言，威权化的色彩非常浓厚。台湾政坛的许多小党都是依托某一政治人物而设立，这个政治人物的权威使党内所谓"民主机制"根本无法建立起来。在如国民党与民进党这样的党中，所谓的民主机制也只能是说在某种程度上可以实现，但政治威权化的倾向仍是不可避免，特别是民进党执政以后，政治威权化的倾向呈现加速状态。也因为如此，"政党法"虽然要求政党运作按民主方式运作，却无法进行具体规范，其中所隐含的意涵就是，"政党法"只能提供一个最基本的能者框架，至于政党内部运作以及由此引发的问题则采不干涉的态度，事实上是任由政党自生自灭。

---

① （台湾）"立法院公报"，第92卷，第7期，委员会纪录。
② 张凤阳著：《政治哲学关键词》，江苏人民出版社2006年版，第52页。

新变局下两岸经贸关系发展新模式探讨

周小柯　李保明 *

　　20 世纪 80 年代以来，数以万计的台资企业进入并扎根大陆，不仅拓展提升了企业竞争力，也直接带动支持了大陆尤其是台商集聚地区区域经济的快速发展，并拉动了两岸贸易，形成了产业分工合作关系。在此过程中通过提供就业、消费品、税收以及参与公益捐助等形式直接或间接为两岸民众带来了实际利益，为两岸关系和平发展奠定了坚实的经济基础。与此同时，两岸经贸发展所面临的内外环境逐渐发生了巨大变化，近年来又呈现出诸多新变局，传统的发展模式难以为继。剖析新变局及其对两岸经贸发展的影响，探索与之相适应的发展新模式，是进一步深化两岸经济合作不可回避的时代课题。

一、两岸经贸发展传统模式的特征及其面临困境

　　回顾三十多年来两岸经贸的发展，形成的是台商投资带动型的经贸发展模式，这种模式主要具有以下几个特征：

　　其一，建立在要素禀赋差异基础上。两岸经贸交流合作之初，两岸处于明显不同的发展阶段，要素禀赋结构高度互补。以劳动力成本为例，根据国家统计局和台湾地区统计部门统计数据计算，1987 年台湾工业和服务业从业人员人均月工资折合 517.6 美元，同期大陆城镇单位从业人员人均月工资折合 32.7 美

　　* 本文基金项目：京台文化交流研究中心资助课题（项目号：sk50201601）。
　　周小柯，北京联合大学台湾研究院助理研究员，研究方向为两岸及京台产业合作、区域经济发展；李保明，清华大学公共管理学院副教授、台资企业研究中心主任，研究方向为两岸产业合作、区域经济发展。

元，台湾工资水平为大陆的 15.83 倍；受新台币升值和人民币贬值等因素影响，到 1994 年这一比值扩大到 28.98 倍，大陆拥有台湾无法比拟的劳动力成本优势。可以说，台商之所以愿意积极的到大陆投资，根本原因就在于这种要素禀赋的高度互补，形成了台湾相对丰富的资本、技术、管理经验与大陆丰富劳动力和土地资源的组合，这是两岸产业合作开启及后来不断发展的基本经济基础。

其二，投资间接拉动贸易。台商到大陆投资是两岸经贸关系发展的重要纽带，台商投资不仅直接发展了两岸经济关系，还通过贸易创造效应带动了两岸贸易发展。许多在大陆的台商，一方面从台湾母公司或其他台湾企业采购机器设备和零部件，另一方面将相当一部分产品返销台湾，由此既拉动了大陆自台湾进口贸易，也促进了大陆对台湾出口。殷存毅等人（2017）利用 1993 年至 2015 年数据的实证研究表明，台商对大陆投资每增加 1 亿美元，拉动两岸贸易增加 1.8446 亿美元，其中大陆自台湾进口增加 0.9581 亿美元，大陆对台湾出口增加 0.8865 亿美元，台商大陆投资对两岸贸易的拉动效应非常明显。[①]

其三，集中在出口加工制造领域。从台湾地区"经济部投审会"核准的台商对大陆投资行业分布情况看，自 1991 年至 2017 年，台商对大陆投资累计1738.41 亿美元，其中分布在制造业的为 1331.62 亿美元，占 76.60%。从动态变化情况看，2010 年之前台商投资分布在制造业的比重一直维持在 80% 以上；2010 年之后，分布在制造业的台商投资比重有较明显下降，最低在 2013 年降至 55.72%，之后又回升至 70% 左右的水平。显然，2010 年以来，尽管台商在大陆服务业领域投资比重有所增加，但制造业仍是台商对大陆投资的主要领域。进一步看，台商在大陆制造业的投资又主要分布在加工制造环节，以台资高度聚集的电子信息产业最具代表性，富士康、仁宝、广达、英业达等知名台资企业均以从事电子产品代工生产为主，位于"微笑曲线"的中间环节。

其四，较高程度上依赖外部市场。早期进入大陆的台资企业，基本上都是从事出口加工制造，逐渐形成了台湾接单—日本进口—大陆生产—出口欧美的生产需求网络（张冠华，2014）。[②]随着大陆经济的不断发展和消费品市场规模的持续壮大，这种情况有所改变，但整体上仍是高度依赖对外出口。台湾中华经济研究院 2016 年度对 515 家样本企业的调查结果显示，大陆台资子公司外

---

① 殷存毅、周小柯、吴维旭：《工业 4.0 背景下的两岸产业合作》，社会科学文献出版社 2017年版。

② 张冠华：《全球经济变局与两岸经济一体化》，《台湾研究》2014 年第 2 期。

销出货占企业集团（含台湾母公司、大陆子公司、其他子公司）外销订单总额39.99%（中华经济研究院，2017），[①] 表明大陆台资企业很大程度上仍承担着出口基地的角色。两岸贸易产品中，相当一部分是中间产品，主要是大陆台资企业从台湾母公司进口原材料、零部件等，这些中间产品在大陆被利用生产形成的最终产品，也主要是销往欧美市场。

然而，受多重因素影响，上述两岸经贸发展的传统模式面临日益严峻的挑战。两岸要素禀赋高度互补结构已经发生较大改变，从1994年到2016年，大陆城镇单位从业人员月均工资按美元计算从43.9美元增加至847.71美元，年均增长14.40%；同期台湾工业和服务业从业人员月均工资按美元计算从1272.1美元增加至1509.12美元，年均仅增长0.78%。工资增速的差距使得这一时期台湾相对大陆人均月工资比值从28.98倍降至1.78倍，两岸传统上基于要素禀赋差异的合作模式难以为继。大陆劳动力成本优势减弱态势下，制造业领域台商对大陆投资的增长逐渐进入瓶颈期，部分台商开始向劳动力成本低的东南亚转移；投资增长减速的同时，由于台资企业在大陆本地化采购和销售的比例越来越高，台商投资对两岸贸易的带动力也在减弱。着眼未来看，两岸经贸发展主要受到以下几大变局的影响，必须正视两岸经贸传统模式的转型升级问题。

二、两岸经贸关系发展面临的新变局

（一）全球制造业发展新变局

全球金融危机之后，主要发达经济体纷纷大力发展高端制造业，发展中经济体也加快推动制造业转型升级。无论是美国推出的"先进制造业伙伴计划"和"工业互联网"战略、德国推出的"工业4.0"战略、英国推出的"英国工业2050"战略、日本推出的"日本再兴战略"和"机器人新战略"，还是大陆及台湾地区分别推出的"中国制造2015"和"生产力4.0"，主要目的都是推动新一代信息技术、网络技术与生产制造的深度融合，发展"智能制造"。全球新一轮工业革命正在蓬勃兴起，将带动全球制造业模式和结构发生深刻变化，不同国家和地区在全球价值链中的分工地位及利益格局将重新洗牌，也自然会对两岸经贸发展产生深远影响。

---

① 中华经济研究院：《2017年对外投资事业运营状况调查分析报告》2017年12月。

两岸作为后发经济体，在推动经济和产业发展过程中，都以嵌入模式融入全球既有的生产及价值分配网络，在相当程度上形成了对欧美发达经济体的技术和市场依赖。从更大范围看，两岸产业分工是参与东亚生产网络和全球生产网络中的某些环节，且所处分工地位相对较低。而在技术和商业模式相对成熟的产业体系中，两岸产业发展很难打破这种格局。全球新一轮工业革命的出现，意味着诸多新技术、新产业以及新生产模式的涌现，则使得两岸有机会在国际工业体系重构过程中争取成为核心技术的发明拥有者、技术标准和相关规则的制定者，抢占未来产业竞争的制高点。然而，一个国家或地区的产业在全球分工体系中的地位一旦形成，就会有一个惯性，甚至形成价值链条和价值网络上的两个低端锁定（宗文，2011）。[1] 两岸目前在全球制造业生产网络及价值分配网络中所处的位置都相对较低，未来能否在重新洗牌中有效提升分工地位面临很大挑战，也给两岸经贸未来的发展带来了不确定性。

（二）亚太区域经济整合新变局

亚太区域经济整合作进程是当今世界经济全球化的重要组成部分（唐国强、王振宇，2014），[2] 目前呈现出"多轨并行"的发展态势，并以向亚太自由贸易区（FTAAP）演进为愿景。两岸作为 APEC 成员以及东亚生产网络的主要基地，自身经济及彼此经贸关系发展都将在较大程度上受亚太区域经济整合的影响。大陆在加入 WTO 之后，经济对外开放度持续较快提升，近年也是亚太区域经济一体化的积极推进者；台湾是一个高度依赖外部资源和市场的经济体，经济发展也必然受亚太区域经济整合的影响。

对于两岸经贸发展而言，亚太区域经济整合对于是一把"双刃剑"，其在为两岸经贸发展提供了外部环境和新空间的同时，也蕴含有潜在的不确定性，增加了风险和变数。如何实现两岸共同参与区域经济整合、实现双赢，是当前及未来较长时期内两岸面临的一个重大课题与挑战（王建民，2014）。[3] 马英九时期遵循"先两岸、后全球"的路径，在 2010 年两岸两会成功签署海峡两岸经济合作框架协议（ECFA），为两岸合作共同融入亚太区域经济整合奠定了制度基

---

① 宗文：《全球价值网络与中国企业成长》，《中国工业经济》2011 年第 12 期。

② 唐国强、王震宇：《亚太区域经济一体化的演变、路径及展望》，《国际问题研究》2014 年第 1 期。

③ 王建民：《海峡两岸共同参与亚太区域经济整合问题初探》，《全球化》2014 年第 9 期。

础。然而，由于后续的《两岸服务贸易协议》在岛内受阻，加上民进党当局试图绕开大陆发展台湾地区与全球的经贸联系，给本已逐渐明晰的两岸共同参与区域经济整合的路径增添了诸多不确定性，也将会对两岸经贸发展产生消极影响。

（三）大陆经济发展新变局

近年来，大陆经济发展步入"新常态"轨道，经济增长速度从此前两位数的高速逐渐放缓至中高速，长期趋势分布于5.5%—7.5%（王少平、杨洋，2017）；[1]生产成本较快速上升以及资源环境约束的不断强化，倒逼产业向高端化升级，以及发展动力从要素驱动、投资驱动转向创新驱动。随着经济、政治、文化、社会、生态文明"五位一体"改革的深入实施、自由贸易实验区的由点到面的全面建设和"一带一路"倡议在国际范围的逐步推进，全面深化改革和构建开放型经济新体制正在成为释放、激活新动力的源泉。

新形势下，两岸经贸发展也面临新的挑战和机遇。一方面，大陆经济相对减速使得投资预期收益减少，在一定程度上会削弱包括台资在内的境外资本的进入动力，传统上投资主导的增长模式不可持续；另一方面，大陆加快产业转型升级，积极推动经济从数量型增长到高质量发展，这为两岸经贸合作的进一步深化提供了新的机遇和市场空间。

（四）两岸关系发展新变局

2016年台湾地区领导人选举后岛内历史性地出现民进党"全面执政"的政治格局。民进党两岸政策与国民党两岸政策有很大的差异，最根本的是其"台独"党纲，不承认两岸同属于一个中国的"九二共识"，因此两岸经贸合作的维持与深化将面临诸多的非经济因素造成的困难和障碍，蕴含诸多新的不确定性。

当前，因岛内政局变动两岸关系进入了一个新的调整阶段，已经呈现出明显的倒退态势。台湾地区新任领导人蔡英文虽然口头上将"维持两岸现状"确立为处理两岸关系的原则，但行动上却试图通过推行"新南向政策"降低对大陆市场的依赖。这种背景下，两岸经贸关系未来进一步趋冷是大概率事件。

---

[1] 王少平、杨洋：《中国经济增长的长期趋势与经济新常态的数量描述》，《经济研究》2017年第6期。

三、新变局下两岸经贸发展新模式探讨

新变局下，推动两岸经贸发展，需要摒弃传统上对投资及贸易数量增长的依赖，更重要的是两岸经济融合度以及产业合作水平的提升，即从数量增长型转向质量提升型。具体而言，应积极推动两岸产业界形成"以市场拓展为导向、以智能制造和服务业领域中小企业为主体、为研发创新为动力、以融合共享为路径、以一体化发展为目标"的经贸互动发展新模式。

（一）从投资导向转向市场导向

当前，大陆正逐渐从"世界工厂"发展成为"世界市场"，未来日趋重要的内需市场将是两岸经贸进一步发展的基础。顺应该趋势，两岸经贸发展应从传统上的台商投资导向转向市场拓展导向，这内在要求台商投资加快从出口加工制造为主的结构转向更多地投资服务于大陆当地市场的服务业项目。就两岸贸易而言，原材料、机器设备和零部件等中间产品进出口需求降低的同时，两岸应促进最终消费品贸易，这也有利于让普通民众分项两岸经贸合作成果。利用大陆扩大内需以及推动"一带一路"建设带来的契机，两岸相关企业可以按照优势互补和利益共享原则，加强销售层面的交流合作，依托对方相对成熟的市场网络，并积极尝试以参股已有或合作新建的形式打造利益共享的电商平台，深耕大陆市场的同时，积极拓展"一带一路"沿线市场，共同打造全球品牌。

（二）从传统制造领域向智能制造及现代服务业延伸

两岸产业合作自劳动密集型产业起步并在相当长的时间内主要集中在该领域。进入 21 世纪后，交流合作从劳动密集产业逐渐向资本密集型产业、技术密集型产业升级，但主要集中在电子、金属机械和化工等领域的加工制造环节，实际上仍具有很明显的劳动密集特征。

2010 两岸 ECFA 签订之后，双方合作领域呈现出向新兴产业和现代服务业拓展的态势，但目前仍不占主导地位。下一步，抓住新一轮工业革命催生新技术、新产业、新业态的机遇，两岸产业合作应重点向基于互联网、物联网的跨境电商、互联网金融、机器人、云计算、可穿戴智能设备等产业领域延伸，向支撑智能制造发展的信息服务、金融服务、商务服务、科学研究和技术服务等现代服务业领域延伸。考虑到台湾中小企业占全部企业数量的 97.73%，而且新兴产业领域需要加快培育成长性企业，两岸拓展深化在新兴产业和现代服务业领域的合作应以中小企业为主体，这也有利于扩大两岸产业合作的参与面和受益面。

（三）从要素驱动转向研发创新驱动

当前两岸经济关系逐渐由互补转向竞合（曹小衡等，2017），[①] 用发展的眼光看，两岸要素禀赋互补性的降低是不可逆转的趋势，这在客观上要求两岸摒弃传统的基于资源禀赋差异的经贸合作模式，在更深层次的研发创新层面寻求面向未来的合作。从两岸产业目前在国际产业分工体系中的地位来看，两岸所处的位置整体上还都是以中低端为主，也非常有必要开展研发创新层面的合作，以创新为动力驱动两岸经贸深化发展。

而以工业4.0为代表的科技及产业革命，以及大陆经济发展动力向创新驱动转换，也在客观上为两岸企业开展研发创新合作提供了良好的环境和广阔的舞台。目前，已有两岸企业在这方面作出积极尝试，并取得了实际成效。比如研华科技2014年分别在苏州昆山和新北林口设立协同创新研发中心，推动物联网智慧技术发展及应用。

（四）推动台商经营从"飞地"型转向融合型

从进入及经营模式看，台商大陆投资企业大多以独资模式从事外向型的出口加工业，技术以及相当比例的原材料、机器设备来自岛内母公司或其他台湾企业，产品外销至欧美市场，与大陆企业及市场的融合程度都较低，是一种"飞地"形态，两岸企业之间的合作到目前总体上仍属于松散型。

近年来，随着大陆内资企业的崛起以及产业体系的完善，台商"飞地"形态发展已经面临诸多现实挑战，初步呈现出以合资、并购、参股等形式与大陆企业融合发展的态势。下一步应以实施国务院台办、国家发展改革委联合出台的《关于促进两岸经济文化交流合作的若干措施》为新契机，加快给予台资企业与大陆企业同等的待遇，引导推动两岸企业深化资本合作，促使两岸企业形成紧密合作的利益共同体，从资本层面实现融合。

---

① 曹小衡、李月、徐永慧：《海峡两岸经济一体化测度体系的构建与比较研究》，《山西财经大学学报》2017年第2期。

（五）积极探索走向一体化发展模式

共同面临全球制造业价值链重构、全球贸易与投资格局重塑和亚太区域经济整合的大变局，无论从新一轮全球贸易和投资规则、产业链重构、参与重大项目建设等，两岸都有必要共同探讨合作的可行途径（曹小衡，2016）。[①] 未来两岸应积极拓展经贸合作的广度和深度，尤其是要充分挖掘在研发创新层面和服务业领域的合作潜力。同时，面临新一轮工业革命、全球经贸秩序重构和亚太区域经济整合进程的加速，应积极促进两岸人才、技术、管理等高端要素资源相互间自由流通，推动两岸产业以价值链、供应链、产业链为基础进行深度整合，为海峡两岸暨香港、澳门经济一体化奠定基础，共同以更加有利的地位参与全球分工。

---

① 曹小衡：《两岸经济合作迈入新常态》，《两岸关系》2015 年第 6 期。

区域一体化下京津冀对台产业合作的
整合效应与协同机制

周小柯[*]

两岸产业合作具有明显的区域集聚特征，长期主要以珠三角、长三角和海西区为重点区域。实践表明，加强大陆内部区域经济合作是推动两岸产业合作的路径之一，地方层面与台湾的产业合作也可以推动大陆内部区域经济合作。2015 年 4 月 30 日的中共中央政治局会议审议通过《京津冀协同发展规划纲要》，2016 年 2 月《"十三五"时期京津冀国民经济和社会发展规划》印发实施，京津冀一体化进入实质性操作阶段，这也为三地经济发展及深化对台产业合作带来新的契机，本项目立足于京津冀产业发展及对台产业合作现状，从京津冀一体化的视角研究深化对台产业合作问题。

一、国内外研究现状述评及研究意义

（一）国内外研究现状述评

1. 区域一体化视角下两岸合作的研究

从区域一体化视角对两岸合作的研究大体有两个层面。一是国际区域一体化层面。赵春山（2013）[①]从理论与实践两个层面研究了两岸共同参与区域经济整合，王建民（2014）[②]研究了两岸共同参与亚太区域经济整合的角色定位、战略选择和模式选择。二是两岸经济一体化层面。早在 20 世纪 90 年代，李非

* 周小柯，北京联合大学台湾研究院助理研究员，研究方向为两岸及京台产业合作、区域经济发展。

① 赵春山：《两岸共同参与区域经济合作：理论与实践》，《台湾研究》2013 年第 1 期。
② 王建民：《海峡两岸共同参与亚太区域经济整合问题研究》，《全球化》2014 年第 9 期。

（1996）① 就提出促进包括闽、台、粤东、赣东南和浙南部分地区在内的海峡两岸区域经济合作。2009 年海西经济区正式上升为国家战略，唐永红（2010）② 认为新形势下海西经济区应扮演"两岸经济一体化先行先试区"的角色；曹小衡等（2015）③ 研究表明，大陆包括海西经济区、中原经济区和北部湾经济区等多个区域规划中都涉及两岸合作的内容，并认为应通过构建点、线、面相结合、多层次推进的格局，助推两岸整体经济合作进程。曹小衡等（2017）④ 还构建了测度两岸经济一体化的指标体系，测算了 1995 至 2015 年两岸经济一体化的演进与程度。

2. 关于京津冀一体化的研究

一体化既是一个过程，又是一种状态（Balassa，1962）。⑤ 京津冀一体化至少包括交通设施、要素市场、区域经济、生态保护和公共服务一体化，产业协同发展则是推进区域经济一体化的重要组成部分。在协同发展历程方面，张可云（2014）⑥ 和孙久文（2014）⑦ 研究了京津冀协同发展的演进；推进路径方面，张燕（2014）⑧ 提出以产业链垂直整合为突破口推进京津冀一体化；协调机制方面，王家庭（2014）⑨ 研究了京津冀生态协同治理机制，杨明（2014）⑩ 研究了政府合作机制，周京奎等（2017）⑪ 研究了公共服务一体化机制；协同创新方面，文魁等（2015）⑫ 系统研究了京津冀协同创新问题，并重点探讨了在交通、产业、科技、生态、公共服务、体制机制等重点领域的协同创新。

---

① 李非：《试论海峡两岸区域经济合作》，《台湾研究集刊》1996 年第 1 期。

② 唐永红：《两岸一体化先行先试区：新形势下海峡西岸经济区的对台角色与作用》，《统一论坛》2010 年第 2 期。

③ 曹小衡等：《海峡两岸区域间经济合作的前景与路径研究》，《台湾研究》2015 年第 1 期。

④ 曹小衡等：《海峡两岸经济一体化测度体系的构建与比较研究》，《山西财经大学学报》2017 年第 2 期。

⑤ Balassa B.The Theory of Economic Integration[M]. London:George Allen and Unwin Ltd,1962.

⑥ 张可云、蔡之兵：《京津冀协同发展历程、制约因素和未来方向》，《河北学刊》2014 年第 6 期。

⑦ 孙久文、原倩：《京津冀协同发展战略的比较和演进重点》，《经济社会体制比较》2014 年第 5 期。

⑧ 张燕：《以产业链垂直整合为突破口推进京津冀一体化》，《经济研究参考》2014 年第 47 期。

⑨ 王家庭等：《京津冀区域生态协同治理由政府行为与市场机制引申》，《改革》2014 年第 5 期。

⑩ 杨明：《京津冀一体化过程中政府合作机制研究》，《中国国情国力》2014 年第 8 期。

⑪ 祝东奎、白极星：《京津冀公共服务一体化机制设计框架》，《河北学刊》2017 年第 1 期。

⑫ 文魁、祝尔娟主编：《京津冀发展报告》，社会科学文献出版社 2015 年版。

3. 关于京台产业合作的研究

随着京台两地交流合作实践的深入，两地的产业合作也日渐受到关注。整体层面，孙兆慧（2011）[①]探讨了 ECFA 框架下京台经贸合作的前景；农业领域，赵旭梅（2011）[②]探讨了 ECFA 框架下京台观光农业合作的前景，孙兆慧等（2013）[③]利用 SWOT 方法分析提出了京台休闲农业合作的策略组合；文化创意产业方面，李红梅（2014）[④]阐述了京台文化创意产业合作机制，孙兆慧（2015）[⑤]则分析了京台文化创意产业合作现状、存在问题及对策建议。此外，牛文安等（2015）[⑥]研究了京台高端产业合作现状、面临的问题，并提出了推动合作建议，涉及观光农业、文化创意产业、高新技术产业等领域。

4. 综合性评价

上述关于京津冀一体化的研究尚未将对台产业合作纳入进来；关于京台产业合作的研究主要关注具体的产业领域，尚缺乏理论框架作为支撑。实际上，北京、天津和河北都具有对台产业合作的基础，且各有优势和特色，分布在京津冀区域的台资企业约有 8000 家，它们既是京津冀区域对台产业合作的纽带，也可以作为促进京津冀产业一体化的力量。因此，有必要研究探讨京津冀整体的对台产业合作问题，而京津冀一体化的实质性推进则恰为整体性的深化合作提供了机遇和空间。

（二）选题价值和意义

本项目顺应和服务京津冀一体化以及促进两岸经济社会融合发展的大局，将深化京台产业合作与推进京津冀产业一体化关联起来，从理论层面尝试将北京市深化对台产业合作纳入到京津冀一体化的框架内，整合利用三地资源以一个整体全面深化对台产业合作，注重三地对台产业合作的整体规划、系统设计和协同推进。这种尝试在实践层面也具有重要意义：一是在全国层面有助于丰富和完善对台经济合作的实践路径，形成区域一体化带动促进对台经济合作新

---

① 孙兆慧：《ECFA 框架下京台经贸合作前景分析》，《国际经济合作》2011 年第 5 期。
② 赵旭梅：《ECFA 框架下京台经贸合作前景展望》《国际经济合作》2011 年第 4 期。
③ 孙兆慧、金彦平：《京台休闲农业合作的 SWOT 分析》，《亚太经济》2013 年第 6 期。
④ 李红梅：《京台文化创意产业合作机制》，《全球科技经济瞭望》2014 年第 5 期。
⑤ 孙兆慧：《京台文化创意产业合作现状、存在问题及对策建议》，《国际经济合作》2015 年第 6 期。
⑥ 连玉明主编：《京津冀协同发展的共赢之路》，当代中国出版社 2015 年版。

格局；二是从内在上有利于凝聚力量推动三地产业协同发展、促进区域经济一体化；三是还将推动在实践中形成"以区域经济一体化带动对台产业合作，以联合深化对台产业合作促进区域经济一体化"的良性互动，以期同步推动京津冀区域经济一体化以及两岸经济社会融合发展。

二、京津冀产业发展及对台产业合作现状分析

当前，北京、天津和河北产业处于不同的发展阶段。对台产业合作方面，纵向来看，京台、津台和冀台产业合作在"十二五"时期都有明显进展；横向比较而言，北京对台产业合作领先于天津和河北，但明显落后于江苏、广东、上海和福建等地，京津冀区域对台产业合作也明显落后于长三角、珠三角和海西经济区等区域。

（一）京津冀产业发展现状分析

1.北京市产业发展情况

北京市早在 20 世纪 90 年代中期就已形成服务业为主导的产业结构，2017 年第一、第二和第三产业增加值分别为 120.4 亿元、5326.8 亿元和 22567.8 亿元，占地区生产总值比重分别为 0.4%、19.0% 和 80.6%。显然，服务业在北京市产业体系中占据绝对优势地位。

表 1 2013—2017 年北京市分行业地区生产总值（单位：亿元）

行业 ＼ 年份	2013	2014	2015	2016	2017
地区生产总值	20330.1	21944.1	23685.7	25669.1	28014.9
农、林、牧、渔业	162	161.5	142.8	132.2	122.8
采矿业	174.6	179.7	152.3	74.4	63.4
制造业	2836.1	2931.8	2927.3	3141	3316.3
电力、热力、燃气及水生产和供应业	650.8	748.1	751.1	811.3	894.4
建筑业	839.2	910.9	961.9	1025.5	1140.8
批发和零售业	2340.7	2411.1	2352.3	2372.9	2486.8

行业＼年份	2013	2014	2015	2016	2017
交通运输、仓储和邮政业	871.9	948.4	984.4	1061	1208.4
住宿和餐饮业	374.8	363.8	397.6	399.4	413.8
信息传输、软件和信息技术服务业	1901.5	2136.1	2441.9	2805.8	3229
金融业	2943.2	3357.8	3926.4	4270.8	4655.4
房地产业	1339.5	1329.2	1438.4	1672.7	1766.2
租赁和商务服务业	1569.8	1705	1770.9	1838.3	1935.5
科学研究和技术服务业	1783.2	2021.9	2226.2	2512	2859.2
水利、环境和公共设施管理业	121	137.8	182.2	204.4	226
居民服务、修理和其他服务业	139.9	155	142.8	159.7	171.3
教育	831.6	929.4	1045.4	1173.2	1334.8
卫生和社会工作	416.9	469	578.5	636.6	696
文化、体育和娱乐业	450.6	470.7	528.1	565.3	598.1
公共管理、社会保障和社会组织	582.7	576.9	735.3	812.7	896.9

数据来源：《北京统计年鉴2018》

从服务业内部具体产业看（见表1），金融业为北京市第一大服务业部门，也是包括制造业在内的第一大行业，2017年增加值为4655.4亿元，占地区生产总值的16.62%；信息传输、软件和信息技术服务业为第二大服务业部门，2017年增加值为3229亿元，占11.53%；科学研究和技术服务业为第三大服务业部门，2017年增加值为2859.2亿元，占10.21%；批发和零售业为第四大服务业部门，2017年增加值为2486.8亿元，占8.88%；租赁和商务服务业为第五大服务业部门，2017年增加值为1935.5亿元，占6.91%。2017年这五大服务业部门增加值合计15165.9亿元，占地区生产总值的54.14%，构成了北京市经济的主体。

2017年北京市制造业总产值为13640.92亿元，增加值为3316.3亿元。进一步从制造业内部看（见图一），汽车制造业为第一大制造部门，产值为4492.51亿元，占制造业总产值的32.91%；计算机、通信和其他电子设备制造业为第二大制造部门，产值为2199.45亿元，占制造业总产值的16.12%；医药制造业为第三大制造部门，产值为 981.63 亿元，占制造业总产值的 7.20%。前三大制造部门产值合计占制造业总产值的 56.23%。显然，以汽车制造、电子制造和医药制造为代表的现代制造业是北京市制造业的主体。

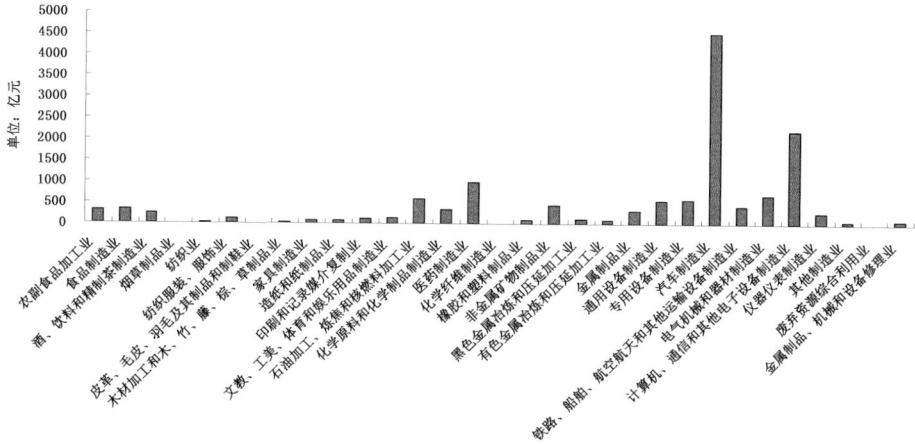

图一 2017 年北京市制造业总产值分行业分布情况

资料来源：根据《北京统计年鉴 2018》中数据绘制

2. 天津市产业发展情况

天津市近年来正加快从工业主导的产业结构向服务业为主导的产业结构转变。2012 年，全市三次产业结构比例为 1.3∶52.1∶46.6，工业占比为 47.9%，较服务业占比高 1.3 个百分点。从 2013 年开始，服务业所占比重开始高于工业比重，但仍低于第二产业所占比重；到 2015 年服务业所占比重首次突破 50% 达到 51.8%，2016 年和 2017 年服务业比重进一步上升至 56.4% 和 58%，第二产业所占比重相应下降到 42.4% 和 40.8%。天津经济初步形成了服务业主导的产业结构，正处于工业化后期的后半阶段。

从服务业内部具体产业看（见表 2），批发和零售业为天津市第一大服务业部门，2016 年增加值为 2256.54 亿元，占地区生产总值的 12.64%；金融业为第二大服务业部门，2016 年增加值 1793.57 亿元，占 10.03%；租赁和商务服务业为第三大服务业部门，2016 年增加值为 917.83 亿元，占 5.13%；科学研究和技术服务业为第四大服务业部门，2016 年增加值为 913.35 亿元，占 5.11%；房地产业为第五大服务业部门，2016 年增加值为 805.92 亿元，占 4.51%。2016 年这五大服务业部门增加值合计 6687.21 亿元，占地区生产总值的 37.39%。

表2　2013—2016 年天津市分行业地区生产总值（单位：亿元）

年份　　行业	2013	2014	2015	2016
地区生产总值	14442.01	15726.93	16837.86	17885.39
农、林、牧、渔业	188.54	201.53	210.51	222.05
工业	6686.60	7079.10	7196.54	6805.13
建筑业	621.45	686.98	740.31	786.89
批发和零售业	1813.47	1950.71	2070.04	2256.54
交通运输、仓储和邮政业	675.02	720.72	729.09	725.31
住宿和餐饮业	221.13	230.28	248.01	292.11
信息传输、软件和信息技术服务业	196.14	220.49	268.23	378.52
金融业	1235.91	1422.28	1603.23	1793.57
房地产业	533.33	550.86	618.25	805.92
租赁和商务服务业	520.73	632.29	735.95	917.83
科学研究和技术服务业	510.65	620.26	762.90	913.35
水利、环境和公共设施管理业	95.55	155.11	174.98	197.93
居民服务、修理和其他服务业	348.28	380.85	443.22	553.17
教育	290.28	312.68	379.75	290.79
卫生和社会工作	146.70	159.31	183.98	420.02
文化、体育和娱乐业	76.97	86.00	98.11	150.49
公共管理、社会保障和社会组织	281.26	317.48	374.76	429.24

数据来源：2015 年至 2017 年《天津统计年鉴》

从制造业内部具体产业看（见图二），2016 年产值超过千亿元的制造行业从高到低依次是：黑色金属冶炼和压延加工业（4291.26 亿元）、汽车制造业（2512.59 亿元）、计算机、通信和其他电子设备制造业（2025.05 亿元）、食品制造业（1584.94 亿元）、化学原料和化学制品制造业（1428.47 亿元）、金属制品业（1417.68 亿元）、铁路、船舶、航空航天和其他运输设备制造业（1348.21亿元）、电气机械和器材制造业（1311.24 亿元）、通用设备制造业（1280.24 亿元）以及石油加工、炼焦和核燃料加工业（1256.77 亿元），另外专用设备制造业（998.02 亿元）和农副食品加工业（987.45 亿元）产值接近 1000 亿元。2016

年这 12 个行业产值合计 20432.92 亿元，占天津制造业总产值的 80.56%。

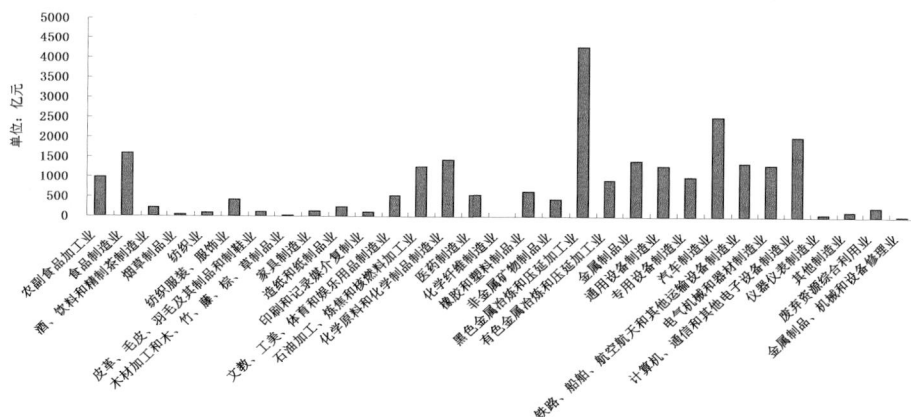

图二　2016 年天津市制造业总产值分行业分布情况

资料来源：根据《天津统计年鉴 2017》中相关数据绘制

3. 河北省产业发展情况

河北省经济发展整体上仍处于工业化中后期向后期过渡阶段，工业在整个经济中占据主导地位，但服务业加速发展的态势已经呈现。从 2015 年到 2017 年，第二产业所占比重基本稳定，从 48.52% 微降至 48.40%，其中工业占比从 42.65% 微降至 42.61%；2015 年服务业所占比重首次突破 4 成达到 40.03%，2016 年和 2017 年进一步上升至 41.54% 和 41.80%。

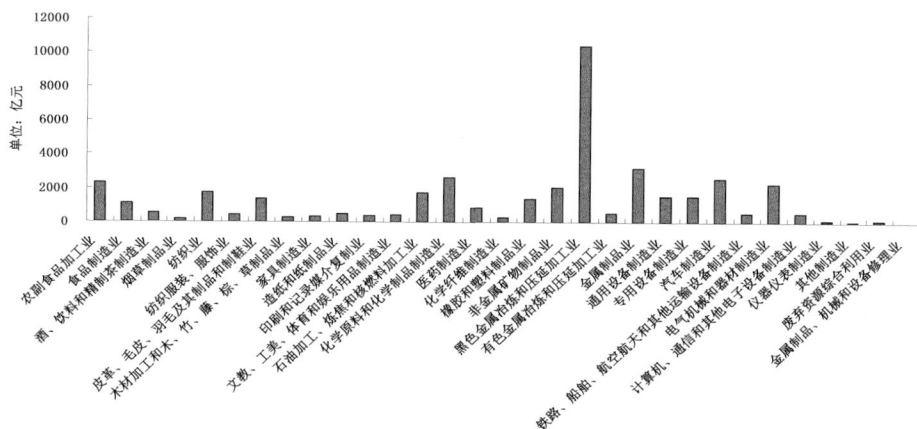

图 3　2016 年河北省制造业产值分行业分布情况

资料来源：根据《河北经济年鉴 2017》中相关数据绘制

2016 年河北省制造业销售产值为 41546.25 亿元，[1] 实现增加值为 11137.2 亿元。进一步从制造业内部看（见图 3），黑色金属冶炼和压延加工业为河北最为重要的制造业部门，2016 年销售产值为 10370.26 亿元，遥遥领先于其他行业；2016 年产值超过千亿元的其他制造行业从高到低依次是：金属制品业（3200.76 亿元）、铁路、船舶、航空航天和其他运输设备制造业（2570.63 亿元）、农副食品加工业（2279.77 亿元）、电气机械和器材制造业（2252.86 亿元）、非金属制造业（2026.24 亿元）、石油加工、炼焦和核燃料加工业（1741.81 亿元）、纺织业（1729.16 亿元）、通用设备制造业（1529.95 亿元）、专用设备制造业（1503.13 亿元）、皮革、毛皮、羽毛及其制品和制鞋业（1375.28 亿元）、橡胶和塑料制品业（1331.18 亿元）和食品制造业（1108.83 亿元）。2016 年这 14 个行业产值合计 35639.59 亿元，占河北省制造业总销售产值的 85.78%。

表 3　2013—2016 年河北省分行业地区生产总值（单位：亿元）

行业 ＼ 年份	2013	2014	2015	2016
地区生产总值	28627.6	29624.0	30025.1	32070.5
农、林、牧、渔业	3500.4	3576.5	3578.7	3644.8
采矿业	3204.8	1982.7	974.4	1369.6
制造业	9389.1	10615.3	10878.3	11137.2
电力、热力、燃气及水生产和供应业	753.4	901.5	953.8	880.7
建筑业	1602.7	1706.1	1780.5	1885.3
批发和零售业	2149.0	2255.1	2381.2	2536.9
交通运输、仓储和邮政业	2345.1	2396.4	2359.1	2369.3
住宿和餐饮业	377.8	399.9	404.4	440.4
信息传输、软件和信息技术服务业	360.2	376.6	444.6	580.8
金融业	1137.7	1347.6	1480.9	1731.2
房地产业	1063.1	1119.8	1313.6	1488.4
租赁和商务服务业	225.1	213.8	243.5	347.6

---

[1]　因《河北经济年鉴》中没有统计工业总产值，而是统计了工业销售产值，故这里采用了制造业销售产值。工业总产值与工业销售产值差别不大，比如：2017 年北京市全部工业行业总产值为 18901.07 亿元，销售产值为 18613.50 亿元。

续表

年份 行业	2013	2014	2015	2016
科学研究和技术服务业	335.1	353.7	385.7	404.2
水利、环境和公共设施管理业	64.5	84.8	142.4	160.6
居民服务、修理和其他服务业	448.8	531.7	622.9	858.9
教育	517.4	518.8	534.0	567.2
卫生和社会工作	402.1	450.2	542.8	581.3
文化、体育和娱乐业	80.9	91.2	106.4	135.3
公共管理、社会保障和社会组织	670.6	702.4	898.0	951.0

数据来源：《河北经济年鉴 2017》

从服务业内部具体产业看（见表 3），批发和零售业为河北省第一大服务业部门，2016 年增加值为 2536.9 亿元，占地区生产总值的 7.91%；交通运输、仓储和邮政业为第二大服务业部门，2016 年增加值为 2369.3 亿元，占 7.39%；金融业为第三大服务业部门，2016 年增加值为 1731.2 亿元，占 5.40%；房地产业为第四大服务业部门，2016 年增加值为 1488.4 亿元，占 4.64%；居民服务、修理和其他服务业为第五大服务业部门，2016 年增加值为 858.9 亿元，占 2.68%。2016 年这五大服务业部门增加值合计 8984.7 亿元，占地区生产总值的 28.02%。

（二）京津冀对台产业合作现状分析

台商大陆投资是两岸产业合作的最重要形式，台商在京津冀区域的投资已经具有一定规模。就台商年度投资情况看，表 4 和图四显示，以 2015 年为节点，1991 年以来台商在京津冀的投资大体上可以分为两个阶段：2015 年之前，在波动中增长；2015 年之后，呈下降态势。从台商在京津冀区域投资占其在大陆投资的比重看，1997 年以后大多数年份该比重都低于 5%，仅有 2009 年、2015 年和 2016 年三年高于 5%，尤其 2015 年达到 14.76%，2015 年恰是《京津冀协同发展规划纲要》推出之际，显示京津冀一体化的实质推动对台商在京津冀区域投资的增加具有拉动效应，但这种拉动效应尚缺乏可持续性。

表4　1991—2018.9 台商对京津冀投资金额及其占对大陆投资比重

年份	投资金额（百万美元）					投资金额占比（%）			
	大陆	京津冀	北京	天津	河北	京津冀	北京	天津	河北
1991	174.16	7.48	5.98	0.99	0.51	4.29	3.43	0.57	0.29
1992	246.99	22.27	5.61	16.24	0.42	9.02	2.27	6.57	0.17
1993	3168.41	194.30	77.23	71.21	45.85	6.13	2.44	2.25	1.45
1994	962.21	56.81	24.62	23.69	8.50	5.90	2.56	2.46	0.88
1995	1092.71	83.19	19.38	53.31	10.50	7.61	1.77	4.88	0.96
1996	1229.24	132.90	18.86	96.20	17.84	10.81	1.53	7.83	1.45
1997	4334.31	233.57	80.77	122.70	30.10	5.39	1.86	2.83	0.69
1998	2034.62	92.42	52.50	32.93	6.99	4.54	2.58	1.62	0.34
1999	1252.78	57.28	35.37	15.11	6.81	4.57	2.82	1.21	0.54
2000	2607.14	92.63	50.83	40.83	0.97	3.55	1.95	1.57	0.04
2001	2784.15	125.23	86.92	36.97	1.34	4.50	3.12	1.33	0.05
2002	6723.06	275.28	144.26	89.45	41.57	4.09	2.15	1.33	0.62
2003	7698.78	291.94	113.21	159.13	19.60	3.79	1.47	2.07	0.25
2004	6940.66	161.87	65.21	84.62	12.05	2.33	0.94	1.22	0.17
2005	6006.95	196.01	63.49	118.20	14.32	3.26	1.06	1.97	0.24
2006	7642.34	301.05	163.99	113.31	23.76	3.94	2.15	1.48	0.31
2007	9970.55	438.89	146.84	155.78	136.26	4.40	1.47	1.56	1.37
2008	10691.39	522.97	161.87	163.56	197.53	4.89	1.51	1.53	1.85
2009	7142.59	415.11	187.52	176.88	50.71	5.81	2.63	2.48	0.71
2010	14617.87	589.20	177.98	278.05	133.17	4.03	1.22	1.90	0.91
2011	14376.62	416.63	154.16	211.87	50.60	2.90	1.07	1.47	0.35
2012	12792.08	535.43	132.10	354.15	49.18	4.19	1.03	2.77	0.38
2013	9190.09	326.09	176.22	126.78	23.09	3.55	1.92	1.38	0.25
2014	10276.57	269.65	139.23	95.71	34.71	2.62	1.35	0.93	0.34
2015	10965.49	1618.24	1428.20	151.53	38.51	14.76	13.02	1.38	0.35
2016	9670.73	631.09	483.87	52.33	94.89	6.53	5.00	0.54	0.98

续表

年份	投资金额（百万美元）					投资金额占比（%）			
	大陆	京津冀	北京	天津	河北	京津冀	北京	天津	河北
2017	9248.86	381.81	318.01	61.75	2.05	4.13	3.44	0.67	0.02
2018.1-9	6546.10	185.12	123.75	60.42	0.95	2.83	1.89	0.92	0.01
累计	180387.46	8654.46	4637.98	2963.70	1052.77	4.80	2.57	1.64	0.58

数据来源：台湾"经济部投审会"查询整理计算得出

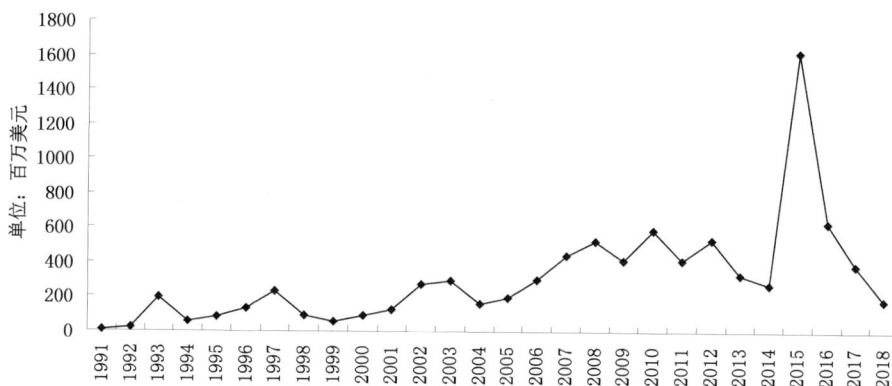

图四　1991—2018.9 台商在京津冀投资额变动情况

资料来源：根据表 4 中数据绘制

　　从台商对京津冀区域投资的行业分布看（见表 5），总体而言，2015 年之前投资主要集中在制造业领域；2015 年以来，分布在制造业领域的投资有较明显下降，分布在服务业的投资有一定的上升，服务业相对成为台商投资的集中领域。三地分开来看，1991—2014 年，台商对北京投资中，分布在服务业的 11.70 亿美元，分布在制造业的 10.41 亿美元，分别占全部投资的 51.23%和 45.58%；对天津的投资中，分布在服务业的 6.73 亿美元，分布在制造业的 19.44 亿美元，分别占全部投资的 25.51%和 73.69%；对河北的投资中，分布在服务业的 0.90 亿美元，分布在制造业的 8.0 亿美元，分别占全部投资的 9.83%和 87.34%。2015-2017 年台商对北京投资中，分布在服务业的 21.85 亿美元，分布在制造业的 0.45 亿美元，分别占全部投资的 97.98% 和 2.02%；对天津的投资中，分布在服务业的 1.24 亿美元，分布在制造业的 1.40 亿美元，分别占全部投资的 46.62% 和 52.63%；对河北的投资中，分布在服务业的 0.65 亿美元，分布在制造业的 0.51 亿美元，分别占全部投资的 47.79% 和 37.5%。

表 5 1991—2018.11 台商对京津冀区域投资行业分布情况（单位：百万美元）

主要产业	1991—2014			2015—2017			2018.1—11		
	北京	天津	河北	北京	天津	河北	北京	天津	河北
全部行业	2284.2	2637.7	916.4	2230.1	265.6	135.5	160.6	65.7	11.3
农林渔牧业	11.2	0.0	5.2	0.0	0.0	0.0	0.0	0.0	0.0
矿业及土石采取业	1.4	16.8	0.0	0.0	0.0	0.0	0.0	0.0	0.0
制造业	1041.0	1944.0	800.3	44.9	139.8	50.5	21.3	27.6	11.3
食品制造业	195.2	245.7	60.0	2.4	13.5	16.7	0.0	3.0	0.0
化学材料制造业	11.8	46.4	107.3	0.0	0.0	0.0	0.0	0.0	1.4
橡胶制品制造业	7.6	103.0	5.0	0.0	36.3	0.0	0.0	0.0	0.0
塑胶制品制造业	43.2	118.4	40.3	9.5	3.7	17.5	0.0	2.0	0.0
金属制品制造业	43.2	271.1	47.4	0.3	63.1	1.1	1.3	0.0	0.9
电子零组件制造	251.6	247.7	102.6	13.5	3.0	0.0	3.0	0.0	0.0
电脑、电子产品及光学制品制造业	190.5	208.9	239.3	4.1	0.3	0.0	0.0	0.3	0.0
电力设备制造业	22.3	183.1	3.1	8.8	0.0	0.0	0.0	0.0	0.0
其他制造业	275.6	519.8	195.1	6.3	19.9	15.3	17.0	22.3	9.0
电力及燃气供应业	0.3	0.0	0.0	0.0	0.0	0.0	0.0	0.0	0.0
用水供应及污染整治业	10.6	4.2	0.0	0.0	0.0	20.0	0.0	0.0	0.0
营造业	49.6	0.0	20.7	0.0	1.4	0.0	13.9	0.1	0.0
批发及零售业	497.5	145.9	71.4	43.2	80.6	59.0	33.4	29.0	0.0
运输仓储业	10.4	27.4	0.6	0.0	11.6	4.0	0.0	1.7	0.0
住宿餐饮业	36.4	50.9	0.2	1.7	0.0	0.0	1.0	7.0	0.0
资讯及通讯传播业	260.6	11.6	0.1	23.0	0.3	0.0	6.3	0.0	0.0
金融及保险业	133.2	331.0	0.0	2050.8	14.5	0.0	68.9	0.2	0.0

主要产业	1991—2014			2015—2017			2018.1—11		
	北京	天津	河北	北京	天津	河北	北京	天津	河北
不动产业	42.8	50.7	11.6	10.1	0.0	0.0	0.0	0.0	0.0
专业、科学及技术服务业	82.3	23.6	1.7	56.3	10.5	0.0	4.5	0.0	0.0
支援服务业	4.1	0.9	0.5	0.0	0.7	0.0	0.0	0.0	0.0
教育服务业	5.0	0.0	0.6	0.0	0.0	0.0	0.0	0.0	0.0
医疗卫生及社会工作服务业	15.4	7.6	0.0	0.1	0.7	0.0	7.9	0.0	0.0
艺术、娱乐及休闲服务业	46.1	2.1	0.4	0.0	0.0	2.0	3.4	0.0	0.0
其他服务业	36.4	20.9	3.1	0.0	5.6	0.0	0.0	0.0	0.0

数据来源：根据台湾"经济部投审会"统计数据整理计算得出

2018 年 1 至 11 月，台商在京津 2 市的投资中，继续呈现出往服务业相对集中的特征。台商对北京的投资中，分布在服务业的 1.254 亿美元，占 78.08%；分布在制造业的 0.213 亿美元，占 13.26%。在天津的投资中，分布在服务业的 0.380 亿美元，占 57.84%；分布在制造业的 0.276 亿美元，占 42.01%。台商在河北的投资 0.113 美元，全部在制造业领域。

对比可以看出，台商在京津冀区域的投资较明显从制造业领域转向服务业领域，这一特征在北京市最为明显，在天津市和河北省也都有所呈现。同时，无论纵向比较还是横向比较看，台商在京津冀区域的投资仍有较大的潜力可以挖掘。

再从地方统计的情况看，也可以看出京津冀对台产业合作已经具有相当的基础。截至 2017 年年底，京台两地企业共签署合作协议或意向 226 项，协议金额超过 485 亿元；在京累计注册台资企业 2875 家，投资总额 70 多亿美元；赴台投资的北京企业超过 20 家，直接投资总额超过 2 亿美元。[①] 根据天津市台办统计数据，截至 2018 年 4 月，天津市累计批准设立台资企业 2383 家，台商投资总额 169.82 亿美元，合同投资额 113.62 亿美元。

① 张航：《聚焦科技合作京台共话发展》，《北京晚报》2018 年 8 月 23 日。

三、京津冀深化对台产业合作的环境和优势分析

（一）京津冀一体化下三地深化对台产业合作面临的机遇、挑战和问题

京津冀一体化实质性推进下，三地深化对台产业合作面临产业空间布局持续优化以及合作体制机制障碍逐步消除等带来的机遇，发展活力将得到进一步激发。《京津冀协同发展规划纲要》明确三省市的发展定位：北京市为"全国政治中心、文化中心、国际交往中心、科技创新中心"，天津市为"全国先进制造研发基地、北方国际航运核心区、金融创新运营示范区、改革开放先行区"，河北省为"全国现代商贸物流重要基地、产业转型升级试验区、新型城镇化与城乡统筹示范区、京津冀生态环境支撑区"。三省市定位既凸显各自特色，又具有高度的互补性，充分体现了协同发展特征，这将引导三地经济结构的加快调整和产业空间布局的持续优化。《京津冀协同发展规划纲要》和《"十三五"时期京津冀国民经济和社会发展规划》都非常重视加快破除体制机制障碍，推动京津冀要素市场一体化。在推动京津冀协同发展过程中，阻碍区域协调发展的利益藩篱和政策壁垒将被逐步破除，走向市场一体化。这些都将有利于三地作为一个整体，合作深化对台产业合作。

与此同时，三地合作深化对台产业合作也面临如何形成合作利益共享机制以及与有效应对其他区域间竞争升级等挑战。2018 年 2 月 28 日国务院台湾事务办公室、国家发展和改革委员会经商 29 个部委出台《关于促进两岸经济文化交流合作的若干措施》以来，各个省市和对台交流合作重点城市相继推出具体落实措施，截至 12 月 26 日已有 22 个省区市的 60 个地方出台了具体办法。[①]这一方面体现了大陆促进两岸经济社会融合发展的决心之大、力度之大，另一方面也意味着各地在深化对台经济交流、产业合作方面也存在竞合关系，京津冀内部合作加强，但面临的外部区域竞争很可能不断升级。此外，还需要积极解决对台产业合作基础相对薄弱以及资源环境压力加大等问题。

（二）京津冀深化对台产业合作的综合优势

在要素禀赋的互补性、产业梯次、研发创新能力以及特色优势产业等方面，京津冀深化对台产业合作都具有综合优势。

---

① 数据来自 2018 年 12 月 26 日国台办发言人在例行新闻发布会上的应询发言。

1. 要素禀赋高度互补

现代经济增长理论认为，经济增长不仅需要劳动力、土地、物质资本等传统生产要素，还需要技术、知识、人力资本等新型生产要素。在各类生产要素组合中，北京市因拥有丰富的科技资源、教育资源和医疗资源，拥有非常丰富的高质量新型生产要素；天津市拥有的科技资源、教育资源和医疗资源也比较充足，拥有比较丰富的高质量新型生产要素。《中国统计年鉴2018》中数据显示，2017年全国每十万人口高等教育学校平均在校生数2576人，北京为5300人，天津为4072人，在31省市中分别列居第一和第二位。河北省则拥有比较丰富的劳动力和土地资源，也拥有相对丰富的物质资本。2017年，全国年末总人口数139008万人，河北省7520万人，占5.41%；全国全社会固定资产投资总额64.12万亿元，河北省全社会固定资产投资额完成3.34万亿元，占5.21%。

2. 经济发展处于不同阶段，产业梯次明显

北京、天津和河北经济发展水平处于不同阶段，2017年，三地人均地区生产总值分别为128994元、118943.6元、47985元，分别相当于19105美元、17616美元和7107美元。参照世界银行的划分标准，北京和天津属于高收入地区，河北属于中高收入地区。2017年北京市三次产业结构为0.4：19.0：80.6，天津市三次产业结构为1.2：40.8：58.0，河北省三次产业结构为9.8：48.4：41.8。从工业化进程来看，北京早已进入后工业化发展阶段，天津正处于工业化后期的后半阶段，河北仍处于工业化中后期向后期过渡阶段。三地所处经济发展阶段不同，决定三地产业梯次明显，具有较强的互补性。

3. 北京市研发创新能力引领全国

作为全国科技创新中心，北京市汇聚了丰富的研发创新资源，研发创新能力引领全国。2017年全国专利授权数172.08万件，北京市10.69万件，仅次于地区生产总值排第一的广东、排第二的江苏和排第四的浙江3个省；从技术水平含量最高的发明专利授权数来看，2017年全国32.70万件，北京市4.61万件，占14.1%，在各省市中占据首位。从技术市场成交额看，2017年全国成交总额13424.22亿元，北京市4486.89亿元，占33.42%，遥遥领先于其他省市。这些反映出北京市全国领先的研发创新能力及其辐射能力。

4. 三地主导优势产业互补性强

从产业发展现状看，三地的主导优势产业具有较强的互补性。北京市的主导优势产业主要有金融业、信息服务业、商务服务业和汽车制造业，信息服务

业又以信息技术服务和信息内容服务为主；天津市的主导优势产业主要有黑色金属冶炼和压延加工业、汽车制造业以及计算机、通信和其他电子设备制造业，金融业发展也具有一定的优势；河北省主导优势产业主要有黑色金属冶炼和压延加工业、金属制品业、交通运输设备制造业、农副食品加工业、电气机械和器材制造业、非金属制造业以及交通运输、仓储和邮政业。

四、京津冀深化对台产业合作的整合效应及协同机制探讨

（一）京津冀深化对台产业合作的整合效应

基于京津冀产业发展及对台产业合作现状，以及深化对台产业合作所具有的综合性优势，京津冀在深化对台产业合作过程中，应作为一个整体统筹考虑，充分发挥整合效应。

一是要素资源整合。通过促进要素市场一体化，重点促进京津金融资源、科技资源、教育资源与河北省劳动力资源、土地资源的有效整合，通过要素自由流动，进一步激发存量要素资源的活力，同时也逐步形成要素资源更加合理的内在增长机制和市场化配置机制。

二是产业链整合。结合京津冀三地产业特色，围绕三地彼此关联度高的主导优势产业和新兴产业开展产业链整合。一方面，利用北京市的科技创新优势，推动天津市和河北省以生产制造功能为主的企业向研发设计功能延伸；另一方面，挖掘天津市和河北省的自身优势，加快构建京津冀一体化的现代化电商平台和物流网络，促进区域内生产制造企业提升营销功能。在产业链整合过程中，积极推动台资企业主导或融入相关产业链条，探讨以台资企业为纽带形成京津冀台产业的密切联系。

三是空间布局整合。围绕京津冀三地的功能定位，服务于北京市非首都核心功能疏解以及京津冀产业协同发展的目标，推动三地共建促进台资企业集聚发展或承接台商转移的产业园区，促进台资企业在京津冀范围内形成更加合理的空间布局，依次推动京津冀城市布局与空间结构的优化。

四是惠台政策资源整合。在中央对台大政方针和相关政策指引下，京津冀三地也都出台了惠台政策。比如，2018年2月28日国务院台办、国家发改委发布《关于促进两岸经济文化交流合作的若干措施》之后，天津市于7月3日发布《关于进一步深化津台经济社会文化交流合作的若干措施》，包括津台经济交流合作、

社会文化交流合作、台湾同胞在津学习实习就业创业以及在津生活等方面，共52条具体措施；北京市于10月23日发布《关于深化京台经济文化交流合作的若干措施》，包括积极为台资企业在京投资和经济合作提供同等待遇、鼓励京台两地教育文化交流合作、逐步为在京学习创业就业生活的台湾同胞提供同等待遇等三方面内容，共55条具体措施；河北省于12月7日发布《关于进一步深化冀台经济文化交流合作的若干措施》，包括冀台经贸合作、来冀就业创业、冀台文化交流合作、生活宜居四方面，共53条具体措施。下一步，在惠台政策实施和完善过程中，需要进一步考虑三地惠台政策的相互衔接，逐步在京津冀一体化过程中形成有吸引力、相互协调对接的对台产业合作政策支撑体系。

（二）京津冀深化对台产业合作的协同机制探讨

为充分发挥京津冀深化对台产业合作的上述综合优势，形成"1+1+1>3"的整合效应，本研究从以下几点探讨三地深化对台产业合作的协同机制。

1. 产业协同发展机制

一是形成三地产业发展和对台合作的合理分工机制。具体而言，结合各自功能定位、要素禀赋、产业基础和特色优势，北京市重点强化金融服务业、信息服务业、商务服务业、科技服务业等现代服务业的发展及对台合作，并通过这些领域的合作支持天津和河北对台制造业合作的拓展和深化；天津市重点强化高端制造、现代物流等领域的对台合作，并兼顾金融服务业、商务服务业、科技服务业与北京市的互补发展和对台合作；河北省以金属、机械、装备制造产业为重点推进与京津的产业链整合并深化对台合作，加快推动制造业转型升级，从中低端向中高端和智能制造迈进。

二是促进台资金融业与制造业的协同发展。金融业是京台、京台产业合作的一个重点领域，以津台金融业合作为例，截至2016年，已有台湾合作金库、国泰、工银、台新、永丰、富邦等17家金融集团在天津设立23家金融机构，投资涉及银行、保险、融资租赁、商业保理、创投等业务领域。下一步，应通过政策积极引导台资金融机构与京津冀本地金融机构加强合作，重点为京津冀的台资制造企业提供金融服务，促进台资金融业与制造业的协同发展。

三是构建三地产业有序转移机制。充分发挥三地比较优势，引导产业有序转移和承接。一方面，围绕有转移需求企业发展的现实需求，建立转出地政府、承接地政府、企业三者之间的跨地区转移信息平台及对接工作机制，帮助相关台资企业实现顺利转移和转移后的顺利运转。另一方面，围绕地方发展的实际需要，在河北省选择合适地点，建立若干台资企业转型升级示范园区，承接京津相关台资企业的转移，并吸纳新的台资企业集聚发展。

2. 产业协同创新机制

绝大多数台资企业仍不具有研发创新功能。台湾中华经济研究院《2017 年对海外投资事业运营状况调查报告》中数据显示，2016 年度大陆台资企业设立研发与设计中心的比例仅为 23.89%；大陆台资企业最主要的技术来源仍是台湾母公司，比例高达 79.09%，远高于在投资地有自行研发的 35.75%。[①] 京津冀台资企业也是如此，北京市被调查台资企业中，技术来源于台湾母公司的比例为83.33%，自行研发的比例为 29.17%；天津市被调查台资企业中，技术来源于台湾母公司的比例为 71.43%，自行研发的比例为 28.57%；河北省被调查台资企业中，技术来源于台湾母公司的比例为 80.0%，自行研发的比例为 40.0%。

鉴于上述情况，京津冀深化对台产业合作过程中，应充分发挥京津科技资源丰富以及研发创新能力强的优势，给相关台资企业提供研发创新平台和技术支撑，带动支持台资企业提高技术自主性，加快其技术升级步伐。具体而言，一是鼓励台资企业增加研发创新投资，设立研发创新、产品设计部门，相关部门积极协助相关台资企业申报国家高新技术企业、技术先进型服务企业；二是支持台资企业牵头新组建或加入已有的产业技术创新联盟，使台企有更多机会接触和追踪前沿技术，共享技术创新成果；三是以相关台资企业和京津冀本地企业为主导整合相关研发创新资源，形成以企业、大学、研究机构为核心要素，以金融机构、中介组织、创新平台、非营利性组织等为辅助要素的多元主体协同互动的研发创新网络。

3. 产业政策协调机制

为促进产业发展和升级，三地政府都出台有引导支持高技术产业、战略新兴产业、现代服务业加快发展的产业政策，鼓励创新创业的政策，以及支持企业转型升级的政策。北京市选取了新一代信息技术、集成电路、医药健康、智能装备、节能环保、新能源汽车、新材料、人工智能、软件和信息服务、科技服务业十个产业作为重点发展的高精尖产业。天津市重点发展人工智能、生物医药、新能源新材料、新一代信息技术、航空航天、高端装备制造、节能环保、

---

① 技术来源为多选项，一个企业的技术来源可以同时来自母公司和自行研发，故两者相加大于100%。

高新技术服务等战略新兴产业，还公布了2018新版《天津市16区招商引资概况汇编》，其中明确了各区招商引资的重点产业方向。河北省重点发展新一代信息技术、新能源汽车、节能环保、生物医药、新能源、高端装备、新材料等产业，加快工业转型升级；同时也大力引导发展服务业尤其是现代服务业，加快产业结构的调整优化。

上述政策对台资企业的发展和对台产业合作也都具有促进作用，为更好地促进三地对台产业合作的深化，下一步三地应加大产业政策的协调力度，保障三地对台产业合作的整体性和协调性。具体而言，一是围绕相关的规划和园区建设及运营进行合作，探讨共同规划对台产业合作目标、合作重点领域及各自任务分工，共建台商产业园区、两岸青年创业园区和两岸中小企业创新创业基地，联合扶持台资企业转型升级，等等。二是围绕在京津冀范围内打造特色优势产业链进行政策协调，重点促使产业链上下游包括台资企业在内厂商之间的紧密合作，形成稳定的产业链、供应链合作关系。比如，通过相关政策对接，结合北京科技创新及信息技术服务业的优势、天津电子信息制造业的优势、河北省电子产品推广应用市场大的优势，进一步将其与台资企业在电子信息产业领域所拥有的优势相结合，在京津冀范围内统筹资源，打造并持续完善电子信息研发设计、生产制造、应用推广的全产业链。

4. 合作利益共享机制

互惠互利是合作可持续的保障，而互惠互利也需要通过制度手段予以保障。京津冀作为一个整体深化对台产业合作，需要建立跨省域产业合作的利益共享分配机制，确保各合作主体可以从中获得公平的利益。

一方面，充分发挥市场在资源配置中的决定性作用，形成市场化利益分配机制，比如对于资本形式的合作，按照市场主体的出资额分配收益。另一方面，充分发挥政府在促进产业转型升级以及推动跨区域合作中的积极作用，同时探讨政府参与主体的合理利益分配机制。这方面可以借鉴广东顺德清远（英德）经济合作区的利益五五分成机制，[①]通过合理的制度设计保障三地及台商都能从深化对台产业合作中分享利益。

---

① 除土地开发、出让、转让等产生的契税、耕地占用税收入外，合作区内所产生的税收收入地方留成部分实行50∶50分成；合作区内实现的非税收入，除按政策规定应上缴部分外，其余部分也由顺德区和清远市按照50∶50的比例分成。合作区统计工作按照在地统计、统筹实施、数据共享、不重不漏的原则进行，合作区生产总值、规模以上企业工业总产值和增加值、固定资产投资以及能源消耗等统计数据，由顺德区、清远（英德）市按50∶50的比例分享（担）。

五、结论和启示

综上研究，本项目得出以下主要结论和启示：

第一，台商在京津冀区域的投资呈现从制造业领域向服务业领域转变的特征。当前大陆正积极推动全面扩大开放和加快给予台资企业与大陆企业同等待遇，北京市正在开展扩大服务业开放综合试点工作，这种形势下，京津冀可以探讨在服务业领域率先对台资试行全面且高水平的开放政策，以扩大开放深化对台产业合作，也助推台商转型升级。

第二，京津冀三地要素禀赋互补性强、产业梯次明显、创新资源丰富且创新能力强以及主导优势产业互补性强，具有深化对台产业合作的综合性优势，在京津冀区域一体化进程中，可以通过要素资源整合、产业链整合、空间布局整合和惠台政策整合，形成深化对台产业合作的整合效应。要素整合是基础，主要是将京津所拥有的研发创新、人力资本、知识等高质量新型生产要素与河北省比较丰富的劳动力和土地资源充分结合，以科技创新提升合作水平。产业链整合是关键，主要是围绕三地彼此关联度高的主导优势产业和新兴产业开展产业链整合，积极推动台资企业主导或融入相关产业链条。空间布局整合是手段，通过联合招商统筹安排台商新投资项目的具体布局，通过区域转移优化既有台商投资企业的空间布局。惠台政策整合是必要支撑，主要是考虑三地惠台政策的相互衔接，推动形成合力。

第三，为充分发挥整合效应，可从产业协同发展、协同创新、政策协调和利益共享等方面建立健全协同机制。协同发展方面，主要是形成三地产业发展和对台合作的合理分工机制，促进台资金融业与制造业的协同发展，以及构建三地产业有序转移机制。协同创新方面，主要是支持台资企业牵头新组建或加入已有的产业技术创新联盟，并探索形成包括台资企业、本地企业、大学、研究机构、金融机构、中介组织、创新平台、非营利性组织等在内的多元主体协同互动的研发创新网络。政策协调方面，主要是围绕规划、园区建设的协调，以及围绕产业链、供应链体系建设的对接协调；利益共享方面，主要是市场主体之间的市场化利益分配机制以及政府部门之间的合理利益分配机制。

当前形势下京台中小企业深化合作研究

周小柯[*]

一、本报告研究基础

（一）研究背景与意义

近年来，两岸经贸关系发展及产业合作面临的环境出现诸多新变化，深化地方层面中小企业合作的重要性日趋凸显，客观上要求两岸以中小企业为重点、以地方政府和民间为推动主体继续深化两岸产业合作，深化京台两地中小企业合作是其中应有之义。

从全球经济发展看，近年来主要发达经济体纷纷大力发展高端制造业，发展中经济体也加快推动制造业转型升级，以"工业4.0"为代表的新一轮工业革命正在兴起，将带动全球制造业模式和结构发生深刻变化，这一大趋势在客观上强化了两岸全面深化产业合作的必要性。从两岸经济发展看，当前大陆经济及台湾经济都处于转型升级的关键时期，都将促进中小企业发展作为激发经济活力的重要手段，促进中小企业发展是两岸共同面临的一个重要问题。

就两岸关系发展而言，2014年三四月份台湾发生反服贸事件以来，两岸交流合作重点向"三中一青"（指台湾中南部、中低收入、中小企业以及青年阶层）转变的倾向日趋明显，推动在中小企业领域的合作发展成为重要方向。而2014年11月底"九合一"选举和2016年1月台湾地区领导人和"立法委员"选举以来，岛内政治生态发生结构性逆转，两岸关系进入一个新的调整期，许多制度化、机制化的交流合作停摆，未来整体层面对两岸经贸及产业合作的推

* 周小柯，北京联合大学台湾研究院助理研究员，研究方向为两岸及京台产业合作、区域经济发展。

动将进一步降温甚至停滞，同时出于促进两岸经济社会融合发展的需要，更加需要地方政府和民间层面的创新推动。

中小企业是经济和社会发展的重要力量，被视为经济发展的原动力、社会安定的稳固磐石、地方繁荣的中坚力量。促进中小企业发展，是保持经济平稳发展的根本，是提供就业岗位的主要管道，是优化改善收入分配结构的有效路径，事关国计民生和社会稳定。上述新形势下，探讨推动京台两地中小企业深化合作，不仅对激活经济两地经济发展新活力有直接促进作用，对带动促进两岸产业合作、两岸青年就业创业也都具有示范效应，也为新形势下推进两岸经济融合发展探索有效路径，以进一步促进两岸关系和平发展。

（二）相关文献综述

1. 关于中小企业发展的研究

国外学者 Harvie & Lee（2003）、[①] Newberry（2006）、[②] Mukole（2010）[③] 研究了中小企业对经济发展的作用。更多的国内外学者从不同方面分析了如何促进中小企业发展。在政策扶持方面，North（2001）[④] 等人阐述了公共部门对中小企业创新的支持；Eshima（2003）[⑤] 分析了公共政策对日本中小企业创新的影响；袁红林、陈小锋（2012）[⑥] 认为政府应该进一步在机构设置、法律规范、融资支撑以及服务体系建设方面进一步予以完善，以促进我国中小企业的持续发展。在金融支持方面，Demirguc & Maksimovic（1998）[⑦] 阐述了金融深化对中小企业融资的意义，认为金融深化不仅能为中小企业创业提供充足的外部资金，同时

[①] Harvie C., Lee C. B.. The Role of SMEs in National Economies in East Asia: Studies of Small and Medium Sized Enterprises in East Asia, Volume II. UK: Edward Elgar Publishing Inc., 2003.

[②] Newberry D.. The role of small and medium-seized enterprises in the future of emerging economies. World Resources Institute, 2006.

[③] K Mukole. Job creation versus job shedding and the role of SMEs in economic development[J]. African Journal of Business Management, 2010, 4(11): 2288- 2295.

[④] North, D., Smallbone, D., Vickers, I.. Public sector support for innovating SMEs[J]. Small Business Economics, 2001, 16(4):303-317.

[⑤] Eshima Y.. Impact of public policy on innovative SMEs in Japan. Journal of Small Business Management, 2003, 41(1): 85–93.

[⑥] 袁红林、陈小锋：《我国中小企业政策与中小企业成长环境的相关性——基于 384 家中小企业的实证》，《Enterprise Economy》2012 年第 2 期。

[⑦] Demirguc-Kunt A. V., Maksimovic V. L.. Law, Finance, and Firm Growth [J]. Journal of Finance, 1998, 12 (3): 12-35.

也能够确保中小企业创业者获得企业投融资决策的信息，从而使中小企业创业更加容易获得外部资金；贾同颖（2010）[①]的研究表明，建立中小企业信用担保体系，是各国缓解中小企业融资难、扶持中小企业发展的通用做法。在社会化服务体系方面，中小企业服务论，指的是以政府为主导，联结社会上各中介机构，建立起专业化、系列化、社会化和市场化的中小企业服务体系；池仁勇、叶倩倩（2014）[②]认为台湾中小企业的蓬勃发展离不开辅导体系的实施，探讨了辅导体系的四个演变过程：被动辅导期、选择辅导期、联合辅导期以及整体辅导期，并分析了每一个阶段所起的作用。

2. 关于两岸中小企业比较与合作的研究

有学者进行了综合性的比较，池仁勇、金陈飞（2011）[③]从界定标准、发展现状、融资、社会服务体系等方面对两岸中小企业进行了比较，认为虽然两岸中小企业发展面临的环境、发展程度和具体模式有所不同，但由于两岸共同的文化特征及中小企业发展的共性等，台湾中小企业发展可为大陆提供有益借鉴。有学者从金融视角进行比较，杨秀萍（2011）[④]比较分析了海峡两岸中小企业融资管道、融资保证体系和融资辅导体系，并提出两岸中小企业在融资辅导及融资供给方面加强合作的政策建议；章和杰、王莹（2014）[⑤]针对两岸中小企业私募债券，从发展现状和制度法规两方面进行比较研究。章和杰（2016）[⑥]则对两岸中小企业的税负历史、现状进行了比较分析，认为大陆中小企业的税负比台湾重，税收优惠政策较台湾有许多不足，并提出进一步减轻大陆中小企业税负、完善税收优惠政策的建议。

3. 关于京台产业合作的研究

随着京台两地产业交流合作实践的深入，两地的产业合作也日渐受到理论界的关注。代表性的研究有：整体层面，孙兆慧（2011）[⑦]探讨了 ECFA 框架下京台经贸合作的前景；农业领域，孙兆慧等（2013）[⑧]利用 SWOT 方法分析提出

---

① 贾同颖：《海峡两岸中小企业信用担保比较研究》，江苏大学 2010 年论文。
② 池仁勇、叶倩倩：《台湾中小企业辅导政策研究》，《科技进步与对策》2014 年第 7 期。
③ 池仁勇、金陈飞：《海峡两岸中小企业发展比较研究》，《台湾研究》2011 年第 4 期。
④ 杨秀萍：《海峡两岸中小企业融资体系比较与合作》，《福建金融》2011 年第 4 期。
⑤ 池仁勇、金陈飞：《海峡两岸中小企业发展比较研究》，《台湾研究》2011 年第 4 期。
⑥ 章和杰：《两岸中小企业税负的历史、现状比较及对大陆的启示》，《台湾研究》2016 年第 1 期。
⑦ 孙兆慧：《ECFA 框架下京台经贸合作前景分析》，《国际经济合作》2011 年第 5 期。
⑧ 孙兆慧、金彦平：《京台休闲农业合作的 SWOT 分析》，《亚太经济》2013 年第 6 期。

了京台休闲农业合作的策略组合；文化创意产业方面，李红梅（2014）[①] 阐述了京台文化创意产业合作机制，孙兆慧（2015）[②] 则分析了京台文化创意产业合作现状、存在问题及对策建议。此外，牛文安等（2015）[③] 研究了京台高端产业合作现状、面临的问题，并提出了推动合作建议。

4. 综合性评价

综上所述，当前对两岸中小企业的研究多为比较研究，较少涉及两岸中小企业的合作发展，更未具体到京台两地；而对京台产业合作发展的研究，则主要集中在农业、文化创意、金融等特定的产业领域，也未具体到中小企业。鉴于从实践层面深化京台两地中小企业具有极其重要的现实意义，本项课题将从理论和政策层面对该问题进行系统研究。

（三）主要研究内容

第一，京台中小企业发展、合作现状及面临的新形势。利用统计数据分析京台两地中小企业的发展现状及合作现状；分析两地中小企业发展面临的新形势：从全球层面看，主要是以互联网、物联网、大数据等技术发展及其与产业深度融合所引发的全球新一轮科技与产业革命；从大陆看，主要是大陆经济步入"新常态"、京津冀协同发展战略、构建对外开放新体制以及促进中小企业发展的新举措；从台湾看，主要是促进中小企业发展的新举措以及岛内政治局势的变动。

第二，新形势下京台中小企业合作面临的机遇与挑战。分析新形势给京台两地中小企业发展及合作带来的机遇与挑战。机遇方面，下一代互联网、云计算、大数据、物联网等新一代信息技术的发展，不仅直接带来新的产业如大数据、3D 打印等，还可以通过与其他技术的交叉融合在既有产业基础上衍生出新业态，给两地中小企业发展带来新的机遇和市场空间；大陆及北京市支撑中小企业发展的支撑体系日益完善，有利于中小企业创新创业的氛围正在形成，等等。挑战方面，探讨分析制约京台两地中小企业合作深化的主要问题，主要涉及两岸产业发展竞争性增强、台资企业转型升级、两岸经贸关系发展整体上呈

---

① 李红梅：《京台文化创意产业合作机制》，《全球科技经济瞭望》2014 年第 5 期。

② 孙兆慧：《京台文化创意产业合作现状、存在问题及对策建议》，《国际经济合作》2015 年第 6 期。

③ 牛文安等：《京台两地高端产业合作研究》，《中国发展观察》2015 年第 5 期。

现趋冷态势等。

第三，京台中小企业深化合作重点领域、新模式和新路径。在分析京台中小企业发展及合作基础、发展新形势下，结合对主要产业发展前景的展望，紧密围绕北京市经济高质量发展、高端新兴产业发展的现实需要，明确京台中小企业深化合作的重点领域；并进一步探讨深化合作的新模式和新路径。

第四，促进京台中小企业深化合作的具体建议。提出近期促进两地深化中小企业合作的具体建议。

（四）研究方法

本项课题综合采用以下几种研究方法开展：

第一，文献研究法。通过梳理国内外的相关文献，对国际中小企业发展、两岸中小企业发展及两岸产业合作有概括性了解，为项目展开提供研究基础。

第二，比较分析法。对京台两地中小企业发展现状、发展趋势进行比较分析，弄清各自中小企业的发展特点及合作基础。

第三，定量分析法。利用相关数据进行定量分析，以分析京台中小企业发展差异；结合具体领域定量分析主要产业的成长情况。

第四，调研访谈法。利用两岸中小企业合作发展论坛等平台，开展调研访谈工作，了解两岸及京台中小企业深化合作的方向、新模式、新机制以及深化合作面临的主要问题。

二、京台中小企业发展、合作现状及面临的新形势

（一）京台中小企业发展现状

1.北京市中小企业发展现状

中小企业在北京市产业体系中占有重要位置，根据北京市第三次全国经济普查结果，2013年末，全市有经营活动的中小微型企业42.5万个，比2008年末增长73.3%，占全部有经营活动的企业法人单位数的97.3%；资产总计15.9万亿，比2008年末增长52.7%，占全部有经营活动的企业法人单位资产总额的16.5%；实现营业收入5.9万亿，占全部有经营活动的企业法人单位营业收入总额的43.4%；从业人员平均人数达到568.2万人，比2008年末增长17.4%，占全部有经营活动企业法人单位从业总人数的63.1%；利润总额4104.2亿元，比

2008 年末增长 70.3%，占全部有经营活动企业法人单位利润总额的 20.1%。①

从发展情况看，北京市中小微企业发展目前处于"减速提质"的发展阶段。从增长速度看，2013 年到 2016 年，全市中小微企业增加值从 6617.1 亿元增加至 7524.7 亿元（见图一），年均增长 4.38%。同一时期，北京市 GDP 从 20300.1 亿元增加至 25669.1 亿元，年均名义增长率为 8.08%；中小微企业增加值占 GDP 比例从 32.55% 下降至 29.31%。显然，中小微企业增加值增速低于北京市经济增长整体水平，意味着北京市中小微企业已经进入一个比较成熟的慢速发展阶段。

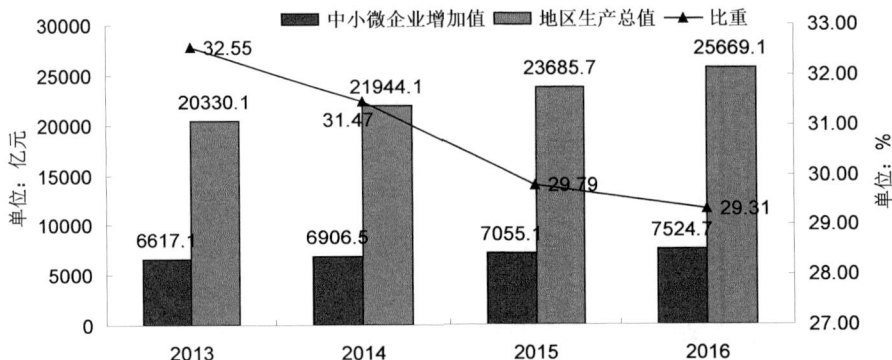

图一　2013—2016 年北京市中小微企业增加值及其占 GDP 比例

数据来源：根据 2015—2017 年《北京市统计年鉴》整理计算

表 1 给出了 2013—2016 年北京市规模以上中小微企业主要经济指标。从单位数看，3 年减少 3677 家，其中小型企业减少 3295 家，微型企业减少 1046 家，中型企业则增加 664 家。从营业收入、利润总额和应纳税金来看，2016 年比 2013 年分别增加 3454.1 亿元、152.7 亿元和 92.5 亿元，年均分别增长 2.37%、1.28% 和 1.60%。从就业人数看，2016 年较 2013 年增加 24 万人，年均增长 2.63%。进一步比较可以看出，2013 至 2016 年间，北京市中小微企业数量减少，营业收入、利润总额、应纳税金、从业人数及增加值都保持了低速成长。根据北京市统计局对中小微企业的进度统计数据，2017 年前三季度全市中小微企业的营业收入和利润同比分别增长 10.9% 和 52.3%，意味着中小微企业经营绩效

---

① 北京市第三次全国经济普查领导小组办公室、北京市统计局、国家统计局北京调查总队：《北京市第三次全国经济普查主要数据公报（第一号）》，2014 年 12 月 21 日，北京市第三次全国经济普查网站，http://www.bjstats.gov.cn/zt/bjjjpc_3/cgfb/201603/P020160322503511275933.pdf。

和发展质量的提升，这也是近年来北京市扶持及引导中小微企业创新发展效果的初步显现。

表1　2013—2016 年北京市规模以上中小微企业发展基本情况

年份	项目	单位数（家）	收入合计（亿元）	利润总额（亿元）	应纳税金（亿元）	从业人数（万人）
2013	合计	34336	47418.0	3925.2	1898.0	296.1
	中型	7795	32865.0	2355.9	1140.4	167.1
	小型	19724	13214.0	774.8	463.2	119.4
	微型	6817	1339.0	794.5	294.5	9.6
2014	合计	34014	50127.9	3751.7	1764.1	302.9
	中型	8115	32232.1	1944.9	1112.2	175.1
	小型	19572	14784.7	1078.1	561.2	118.7
	微型	6327	3111.1	728.7	90.7	9.2
2015	合计	30262	47055.2	4320.6	2107.6	309.6
	中型	8152	30545.5	2290.1	1468.9	181.7
	小型	16700	13294.7	1244.4	531.5	113.8
	微型	5410	3215.0	786.2	107.3	14.2
2016	合计	30659	50872.1	4077.9	1990.5	320.1
	中型	8459	34447.1	2191.2	1367.5	193.3
	小型	16429	13790.0	1193.7	528.6	117.6
	微型	5771	2635.0	693.0	94.3	9.1

数据来源：2015—2017 年《北京市统计年鉴》

备注：表中的企业规模划型标准，依照《国家统计局关于印发统计上大中小微型企业划分办法的通知》（国统字(2011)75 号）中关于《统计上大中小微型企业划分标准》规定。按照国家统计局要求，铁路运输业、教育、卫生、自有房地产经营活动、金融业不划分规模，因此中小微数据不含这五个行业数据。

从行业分布情况看（见表2），就企业数量而言，北京市中小微企业主要分布在批发和零售业、租赁和商务服务业、房地产业、制造业和建筑业 5 大行业，2016 年这 5 个行业的企业数量分别为5679 家、5031 家、3713 家、3253 家和3083 家，所占比重依次为18.52%、16.41%、12.11%、10.61% 和10.06%，5

行业合计占 67.71%；就企业经营收入而言，北京市中小微企业主要分布在批发和零售业、制造业、租赁和商务服务业 3 大行业，这 3 个行业企业的营业收入分别为 23938.8 亿元、7063.5 亿元和 5641.8 亿元，所占比例依次为 47.06%、13.88% 和 11.09%，3 个行业合计占 72.03%；就从业人员而言，北京市中小微企业主要分布在租赁和商务服务业、制造业、建筑业、信息传输、软件和信息技术服务业以及批发和零售业 5 大行业，这 5 个行业从业人员数分别为 68.7 万人、56.4 万人、34.7 万人、32.5 万人和 32 万人，所占比重依次为 21.46%、17.06%、10.84%、10.15% 和 10.00%，5 个行业合计占 70.07%。

表 2　2016 年北京市规模以上中小微企业行业分布情况

行业	单位数（家）	收入合计（亿元）	利润总额（亿元）	应纳税金（亿元）	从业人数（万人）
总计	30659	50872.1	4077.9	1990.5	320.1
制造业	3083	7063.5	497.5	387.5	56.4
建筑业	3253	2543.7	121.0	96.3	34.7
批发和零售业	5679	23938.8	351.2	343.5	32.0
交通运输、仓储和邮政业	933	1335.7	31.6	2.5	15.7
住宿和餐饮业	2147	433.6	-10.1	20.5	18.4
信息传输、软件和信息技术服务业	2624	2908.0	585.7	118.4	32.5
房地产业	3713	3087.2	456.7	494.1	25.6
租赁和商务服务业	5031	5641.8	1611.9	323.4	68.7
科学研究和技术服务业	2505	2389.0	251.5	109.4	20.4
水利、环境和公共设施管理业	309	228.5	15.7	10.8	2.5
居民服务、修理和其他服务业	322	93.5	1.8	5.4	3.3
卫生和社会工作	7	1.6	-1.0	0.0	0.1
文化、体育和娱乐业	932	749.5	86.9	42.9	6.9
其他	121	457.7	77.5	35.8	2.9

数据来源：《北京市统计年鉴 2017》

从区域分布情况看，北京市中小微企业的绝大部分分布在城市功能拓展区，又以朝阳区和海淀区两个区最为集中。表3显示，2017年1—2季度，北京市中小微企业营业收入合计23624.9亿元，其中城市功能拓展区13201.0亿元，占55.88%，朝阳区和海淀区分别为5948.4亿元和5200.0亿元，分别占25.18%和22.01%；从业人员合计290.1万人，其中城市功能拓展区161.2万人，占55.57%，朝阳区和海淀区分别为66.3万人和66.5万人，分别占22.85%和22.92%。但从利润分布情况看，2017年1—2季度全市中小微企业利润合计1632.6亿元，其中东城区和西城区的分别为512.2亿元和427.5亿元，各占31.37%和26.19%，明显高于朝阳区和海淀区中小微企业的盈利水平，表明分布在东城区和西城区的中小微企业的经营效益最好。

表3　北京市中小微企业区域分布情况

区域划分	收入合计（亿元）		利润总额（亿元）		从业人员平均人数（万人）	
	2017.1—2季度	同比增长（%）	2017.1—2季度	同比增长（%）	2017.1—2季度	同比增长（%）
合计	23624.9	12.7	1632.6	40.3	290.1	-2.4
首都功能核心区	4510.5	9.2	939.7	77.8	40.9	-2.5
东城区	2352.7	14.7	512.2	604.7	17.9	-3.5
西城区	2157.8	3.7	427.5	-6.2	23.0	-1.7
城市功能拓展区	13201.0	17.1	505.7	21.2	161.2	-2.2
朝阳区	5948.4	16.2	233.5	196.3	66.3	-3.1
丰台区	1423.4	8.4	85.1	83.7	19.3	-2.2
石景山区	629.3	25.6	30.5	8.5	9.1	-9.8
海淀区	5200.0	19.8	156.6	-40.7	66.5	-0.2
城市发展新区	5012.9	6.9	168.5	-11.3	70.4	-2.5
房山区	617.6	4.4	11.2	132.7	6.3	-10.3
通州区	624.8	1.6	14.5	-23.9	11.4	-1.8
顺义区	1055.4	2.0	30.3	-26.7	16.0	-2.8
昌平区	1198.8	24.9	35.4	-38.7	14.6	2.8
大兴区	664.8	3.8	17.1	-4.9	11.4	-4.2

区域划分	收入合计（亿元）		利润总额（亿元）		从业人员平均人数（万人）	
	2017.1—2季度	同比增长（%）	2017.1—2季度	同比增长（%）	2017.1—2季度	同比增长（%）
北京经济技术开发区	851.5	0.7	60.1	22.5	10.6	-2.8
生态涵养发展区	900.4	2.5	18.7	-32.8	17.6	-4.2
门头沟区	138.7	33.6	-0.1	-	1.7	2.0
怀柔区	270.1	7.3	16.8	24.2	4.7	-2.2
平谷区	169.7	-17.4	-2.1	-	4.9	-4.9
密云区	241.0	-0.3	5.0	20.9	4.6	-8.7
延庆区	80.9	7.4	-0.9	-	1.9	-1.4

数据来源：北京市统计局网站

注：行业按国民经济行业分类（GB/T 4754-2011）标准执行。

2. 台湾中小企业发展现状

台湾享有"中小企业王国"之雅誉，在台湾经济社会的发展过程中，中小企业扮演了重要角色，被视为"台湾经济发展的原动力，社会安定的稳固磐石，地方繁荣的中坚力量。"[1] 目前，台湾中小企业发展已经进入成熟阶段，无论企业数量、就业人数，还是销售和出口额，增长都十分有限。

依据表4中资料计算可知，2005—2015 年间，台湾中小企业数量、就业人数、销售额和出口额年均增速分别为 1.27%、1.29%、1.49% 和 -0.59%。截止到 2016 年底，台湾中小企业的数量为 140.83 万家，占企业总数的 97.73%；吸纳就业人数 881.0 万人，占台湾就业总人数的 78.19%；销售额为 11.76 万亿元新台币，占全部企业销售额的 30.71%；出口额为 1.42 万亿元新台币，占出口总额的 15.04%。

---

① 贺涛：《台湾发展中小企业的启示》，《上海商业》2009 年第 11 期，第 10—17 页。

表 4　2005—2016 年台湾中小企业发展情况

年份	企业家数		就业人数		销售额		出口额	
	数量（万家）	比重（%）	数量（万人）	比重（%）	数额（亿新台币）	比重（%）	数额（亿新台币）	比重（%）
2005	122.61	97.80	764.8	76.92	100002.20	29.46	15188.23	17.60
2006	124.41	97.77	775.1	76.66	102412.15	29.84	15622.24	17.89
2007	123.66	97.63	793.9	77.12	101717.50	28.34	16351.59	17.02
2008	123.47	97.70	796.6	76.58	104626.96	29.69	16447.07	17.36
2009	123.20	97.91	779.3	75.82	91894.63	30.65	13169.78	16.88
2010	124.80	97.68	819.1	78.06	107090.05	29.55	16200.33	16.16
2011	127.98	97.63	833.7	77.85	112269.33	29.64	16499.85	16.29
2012	130.24	97.67	848.3	78.11	112688.64	30.37	17351.23	17.88
2013	133.12	97.64	858.8	78.30	113218.42	29.44	14242.25	14.48
2014	135.30	97.61	866.9	78.25	118398.68	29.42	14947.73	14.62
2015	138.40	97.69	875.9	78.22	118031.0	30.36	14778.60	15.21
2016	140.83	97.73	881.0	78.19	117646.77	30.71	14237.91	15.04

数据来源：台湾"经济部"中小企业处

从产业分布情况看，从表 5 可以看出，2016 年批发及零售业、制造业、住宿及餐饮业、营造业四大行业合计集中了台湾中小企业 77.90% 的企业数量、64.29% 的就业人员、87.28% 的销售额和 97.67% 的出口额。其中，2016 年分布在批发及零售业的中小企业数量为 68.22 万家，占 48.44%；就业人数 178.2 万人，占 20.23%；销售额为 4.34 万亿元新台币，占 36.88%。分布在住宿及餐饮业的中小企业数量为 14.32 万家，占 10.17%；就业人数为 219.3 万人，占 24.89%；销售额 4.07 万亿元新台币，占 34.60%。分布在营造业的中小企业数量为 12.08 万家，占 8.58%；就业人数为 88.4 万人，占 10.04%；销售额 1.42 万亿元新台币，占 12.05%。综合来看，台湾的中小企业主要集中在制造业和批发及零售业。

表5　2016年台湾中小企业行业分布情况

行业	企业家数（家）	就业人数（千人）	销售额（百万新台币）	出口额（百万新台币）
总计	1408313	8810	11764677	1423791
农、林、渔、牧业	11380	552	24420	3269
矿业及土石采取业	1103	3	29147	230
制造业	143184	2193	4070669	977112
电力及燃气供应业	839	4	6611	142
用水供应及污染整治业	7250	35	55809	1403
营造业	120828	884	1417221	12867
批发及零售业	682218	1782	4338504	400386
运输及仓储业	31266	318	270968	8778
住宿及餐饮业	150893	804	442287	227
资讯及通讯传播业	19642	182	119942	8027
金融及保险业	16850	329	203068	708
不动产业	35157	96	230233	885
专业、科学及技术服务业	46523	293	213510	8174
支援服务业	30126	260	147708	1104
教育服务业	2417	234	10985	38
医疗保健及社会工作服务业	766	218	2730	60
艺术、娱乐及休闲服务业	25464	83	55881	135
其他服务业	82407	539	124982	246

数据来源：台湾"经济部"中小企业处

（二）京台中小企业合作现状

　　京台中小企业合作主要体现以中小企业为主体的台商在北京的投资。表6给出了1991年至2017年台湾"经济部"投审会核准的台商对北京投资总体情况，从中可以看出，北京市并非台商大陆投资的重点区域，在台商大陆投资总金额中整体上仅占2.60%，2003年以来多数年份都不超过2%。然而，从发展态势看，2015年以来台商在北京投资金额较此前有较明显的上升，这主要与两地在服务业尤其是金融业领域合作的加强有关，下面将做具体分析。

表6 1991—2017 年台湾核准对北京投资情况（单位：件，亿美元，%）

年份	大陆		北京		北京所占比重	
	件数	金额	件数	金额	件数	金额
1991	237	1.74	3	0.06	1.27	3.43
1992	264	2.47	8	0.06	3.03	2.27
1993	9329	31.68	289	0.77	3.10	2.44
1994	934	9.62	50	0.25	5.35	2.56
1995	490	10.93	23	0.19	4.69	1.77
1996	383	12.29	9	0.19	2.35	1.53
1997	8725	43.34	212	0.81	2.43	1.86
1998	1284	20.35	38	0.53	2.96	2.58
1999	488	12.53	22	0.35	4.51	2.82
2000	840	26.07	44	0.51	5.24	1.95
2001	1186	27.84	59	0.87	4.97	3.12
2002	3116	67.23	78	1.44	2.50	2.15
2003	3875	76.99	100	1.13	2.58	1.47
2004	2004	69.41	39	0.65	1.95	0.94
2005	1297	60.07	45	0.63	3.47	1.06
2006	1090	76.42	39	1.64	3.58	2.15
2007	996	99.71	40	1.47	4.02	1.47
2008	643	106.91	24	1.62	3.73	1.51
2009	590	71.43	20	1.88	3.39	2.63
2010	914	146.18	39	1.78	4.27	1.22
2011	887	143.77	28	1.54	3.16	1.07
2012	636	127.92	23	1.32	3.62	1.03
2013	554	91.90	23	1.76	4.15	1.92
2014	497	102.77	22	1.39	4.43	1.35
2015	427	109.65	22	14.28	5.15	13.02
2016	323	96.71	15	4.84	4.64	5.00
2017	580	92.49	21	3.18	3.62	3.44

年份	大陆		北京		北京所占比重	
	件数	金额	件数	金额	件数	金额
1991—2017	42589	1738.41	1335	45.14	3.13	2.60

数据来源：台湾地区经济主管部门投审会

　　台商对北京市的投资项目中，绝大多数都属于中小企业。表7给出了1991年到2016年间单项投资额达到1000万美元的投资，共38项，占全部项目1314项的比例仅2.89%；这38项投资合计投资额为25.27亿美元，占全部投资额41.96亿美元的60.22%，单项平均投资额为6649.7万美元。其余1276项合计投资额为16.69亿美元，占39.78%，单项平均投资额为130.80万美元，这意味着97%以上的台商北京投资项目大体上都可以归属为中小企业的范畴。

表7　1991—2016年台湾核准对北京投资中单项投资千万美元及以上的项目

年月	行业	核准投资金额（万美元）
2015.10	财产保险业	65766.49
2016.03	财产保险业	40002.84
2015.12	金融控股业	35668.86
2015.04	人身保险业	27088.49
2009.12	电子设备及其零组件批发业	11700.00
2015.01	金融租赁业	4410.03
2006.10	未分类其他电子零组件制造业	4381.20
2014.10	投资顾问业	3950.00
2012.08	人身保险业	3918.00
2006.04	乳品制造业	3731.00
2003.07	综合商品批发业	3454.01
2010.05	不动产开发业	3200.00
2001.11	未分类其他电子零组件制造业	3010.00
2015.06	投资顾问业	3004.36
2013.01	非酒精饮料制造业	3000.00

年月	行业	核准投资金额（万美元）
2008.10	纸张制造业	2500.00
2002.05	未分类其他电子零组件制造业	2380.00
2007.07	印刷电路板制造业	2176.50
2008.10	印刷电路板制造业	2159.40
2007.10	其他塑胶制品制造业	2131.00
2012.10	乳制品、蛋及食用油脂批发业	1900.00
2002.09	电脑制造业	1853.70
2013.03	其他综合商品零售业	1800.00
2011.03	服装及其配件零售业	1800.00
2000.10	传播及节目播送业	1609.20
1998.08	未分类其他专业、科学及技术服务业	1596.90
2011.10	公用事业设施工程业	1520.24
2010.03	入口网站经营业	1500.00
1998.04	电脑制造业	1490.00
2007.06	综合商品批发业	1350.00
2005.12	综合商品批发业	1312.50
2007.03	印刷电路板制造业	1092.15
2013.03	运动场馆业	1075.00
2011.01	基金管理业	1074.19
2015.08	管理顾问业	1045.82
2012.01	基金管理业	1034.80
2008.03	未分类其他金属制品制造业	1000.00
2013.01	入口网站经营业	1000.00
合计	—	202997.42

数据来源：台湾"经济部投审会"

从行业分布看，表8给出了2008年至2017年台商北京投资的行业分布，可以看出，农业所占比例微乎其微；制造业所占比例自2009年开始一直低于

3 成，2015 年仅为 0.9%，2017 年为 3.22%；服务业已经成为台商北京投资的主体，且主要集中在批发及零售业、金融及保险业 2 大行业。金融及保险业在 2012 年以来成为台商北京投资的新重点，分布在该行业的投资项目具有规模大的特点，仅 2015 年的 3 项投资金额就达到 12.85 亿美元，占当年台商北京全部投资的 89.99%，占 1991 年至 2017 年年台商北京全部投资的比例也有 28.47%。

表 8　2008—2017 年台湾核准对北京投资行业分布（单位：%）

行业 / 年份	2008	2009	2010	2011	2012	2013	2014	2015	2016	2017
农林渔牧业	0.00	2.38	0.34	0.00	0.00	0.00	0.00	0.00	0.00	0.00
制造业	73.88	25.96	27.88	21.89	1.53	29.14	17.48	0.90	4.51	3.22
营造业	1.09	0.48	15.11	9.86	0.00	0.00	0.00	0.00	0.00	0.00
批发及零售业	5.39	64.16	4.72	30.05	36.89	43.59	34.79	0.65	5.42	2.42
运输及仓储业	0.00	0.00	0.25	2.32	0.30	0.17	0.00	0.00	0.00	0.00
住宿及餐饮业	4.52	1.63	0.90	0.90	1.97	0.48	0.96	0.12	0.00	0.00
资讯及通讯传播业	11.01	2.75	20.09	15.41	11.79	13.44	3.00	0.95	1.67	0.43
金融及保险业	0.00	0.00	0.00	7.37	42.03	1.22	36.36	95.63	84.82	86.36
不动产业	0.93	0.00	18.05	1.87	0.10	1.19	0.00	0.00	1.36	1.10
专业、科学及技术服务业	0.58	1.66	7.89	1.15	0.49	4.63	7.03	1.75	2.21	6.47
支援服务业	0.00	0.00	0.08	0.01	0.20	0.05	0.37	0.00	0.00	0.00
教育服务业	0.80	0.04	0.08	0.00	0.14	0.00	0.00	0.00	0.00	0.00
医疗保健及社会工作服务业	1.80	0.00	3.77	2.30	0.00	0.00	0.00	0.00	0.02	0.00
艺术、娱乐及休闲服务业	0.00	0.00	0.00	1.38	0.00	6.10	0.00	0.00	0.00	0.00
其他服务业	0.00	0.00	0.00	5.49	4.54	0.00	0.00	0.00	0.00	0.00
未分类	0.00	0.95	0.82	0.00	0.00	0.00	0.00	0.00	0.00	0.00

数据来源：台湾"经济部投审会"

　　综上分析，京台中小企业在各自的经济中都占有重要位置，发展目前也都已经进入低速成长的相对成熟阶段，都需要通过新技术、新模式、新业态等激发新动力，实现在高发展水平上的转型升级和创新发展。以台商投资为纽带，两地中小企业也具有一定的合作基础，形成了以服务业为主体的合作。

（三）京台中小企业发展及合作新形势

1.全球新一轮科技及产业革命正在兴起

全球金融危机之后，主要发达经济体纷纷大力发展高端制造业，发展中经济体也加快推动制造业转型升级，以"工业 4.0"为代表的新一轮科技及产业革命正在兴起，自然会对京台两地产业发展及中小企业合作产生深远影响。

金融危机爆发以来，美国政府开始重新审视制造业的发展，逐渐把发展先进制造业上升为国家战略。先是 2009 年初公布《重振美国制造业框架》，2011 年 6 月启动了先进制造业伙伴（Advanced Manufacturing Partnership，AMP）计划，并于 2012 年 7 月和 2014 年 10 月先后推出 AMP1.0 和 AMP2.0 报告；与此同时，通用电气（GE）公司在 2012 年提出了"工业互联网"的概念，并于 2014 年 3 月底联合 IBM、思科、英特尔和 AT&T 四家信息技术巨头共同组建了工业互联网联盟（Industrial Internet Consortium，IIC），旨在通过促进物理世界和数字世界的融合。政府主导的 AMP 计划与产业界主导的工业互联网共同推动美国发展高端先进制造业。

面对世界不断变化的竞争压力和金融危机冲击，欧盟在 2010 年提出"欧洲 2020 战略"，其三大发展重点中的"智能增长"就涵盖了"再工业化"的主要内容；而在 2012 年 10 月发布的《指向增长与经济复苏的更强大的欧洲工业》中，更明确设定了 2020 年将工业占欧盟国内生产总值的比重由当时的 15.6% 提高到 20% 的"再工业化"战略目标（张茉楠，2015）。[①] 作为传统工业强国和欧盟核心成员之一的德国，由产业界于 2011 年提出了"工业 4.0"概念，并在 2013 年将"工业 4.0"上升为国家战略。在英国，政府科技办公室也于 2013 年 10 月也推出了《英国工业 2050 战略》；在法国，2012 年 5 月政府设立生产振兴部，当年 9 月该部部长宣布了 34 项振兴工业行动计划，并于 2013 年 9 月由总统奥朗德提出"新工业法国"战略。此外，日本政府分别在 2013 年和 2015 年推出"日本再兴战略"以及"机器人新战略"。

尽管各主要发达经济体所提的工业发展战略名称有所不同，但主要目的都

---

① 张茉楠：《新一轮产业与科技革命带来哪些新挑战》，《上海证券报》2015 年 12 月 16 日。

是推动制造业向"智能制造"发展，其实质是新一代信息技术、网络技术与生产制造的深度融合，全球新一轮科技与产业革命已经蓬勃兴起。

2. 新经济正成为大陆经济成长新动力

2011 年以来，大陆经济的基本面发生了历史性的实质变化，不以人的意志为转移地进入到经济发展的"新常态"（金培，2015）。[①]经济新常态背景下，大陆更加重视依靠改革创新激发发展动力，2013 年 11 月召开的十八届三中全会，为全面深化改革确立了明确的路线图和时间表，正式掀开了全面深化改革新篇章。2015 年 6 月，国务院发布《关于大力推进大众创业万众创新若干政策措施的意见》，提出要"形成小企业'铺天盖地'、大企业'顶天立地'的发展格局，实现创新驱动发展"；[②]7 月，国务院再发布《关于积极推进"互联网 +"行动的指导意见》，旨在以互联网支撑大众创业、万众创新，促进网络经济与实体经济的协同发展，并计划到 2025 年初步形成"互联网 +"新经济形态。

随着经济、政治、文化、社会、生态文明"五位一体"改革的深入实施、自由贸易实验区的由点到面的全面建设和"一带一路"倡议在国际范围的逐步推进，全面深化改革、推动区域经济协调发展、构建开放型经济新体制正在成为释放、激活新动力的源泉，创新创业以及"互联网 +"经济形态正蓬勃发展，逐渐成为大陆经济增长的新动力。

3. 北京市经济加快向"高精尖"升级

2008 年以来，受产业结构调整内在压力和金融危机外部冲击的双重影响，北京市日益重视新兴产业尤其是高附加值新兴产业的发展，并制定了一系列针对新兴产业政策措施和统计标准，以促进新兴产业的发展。表 9 给出了北京市以信息服务、金融服务、科技服务和文化创意产业为代表的高端产业的发展情况。可以看出，2007—2016 年间，北京市高端产业整体上保持了持续快速的增长，除高技术制造业年均增速相对较低外，商务服务业年均增长 11.99%，其他各类高端服务业年均增速都在 13% 以上，高端产业总体上年均增速为 15.04%，明显高于 GDP 的年均增速；整体而言，高端产业增加值占地区生产总值比重从 44.98% 提升到 60.89%，显示北京市产业的高端化发展态势。

---

① 金培：《中国经济发展新常态研究》，《中国工业经济》2015 年第 11 期。
② 《国务院关于大力推进大众创业万众创新若干政策措施的意见》，2015 年 6 月 11 日，http://www.gov.cn/zhengce/content/2015-06/16/content_9855.htm。

表9 2007—2016 年北京市高端产业发展情况 （单位：亿元，%）

项目	2007	2008	2009	2010	2011	2012	2013	2014	2015	2016	年均增速
高技术制造业	541.4	529.6	469.4	517.0	568.3	699.2	797.6	801.2	809.4	842.7	5.04
信息服务	870.5	999.1	1066.5	1214.1	1493.4	1621.8	1852.2	2081.9	2361.1	2696.7	13.39
金融服务	1302.8	1519.2	1603.6	1863.6	2215.4	2536.9	2943.1	3357.7	3926.4	4270.8	14.10
商务服务	623.6	765.3	809.6	953.2	1162.1	1340.6	1566.5	1700.2	1676.1	1727.8	11.99
科技服务	566.2	706.7	816.9	941.1	1135.5	1268.4	1472.8	1662.7	2219.4	2512.0	18.00
文化创意	1008.3	1346.4	1489.9	1697.7	1989.9	2205.2	2578.1	2826.3	3179.3	3581.1	15.12
软件、网络及计算机服务	483.4	703.1	710.5	847.1	1042.2	1190.3	1421.8	1605.2	1900.0	2109.4	17.79
合计	4429.4	5163.2	5545.4	6339.6	7522.4	8481.8	11210.3	12430	14171.7	15631.1	15.04
地区生产总值	9846.8	11115	12153	14113.6	16251.9	17879.4	19800.8	21330.8	23685.7	25669.1	11.23
比重	44.98	46.45	45.63	44.92	46.29	47.44	56.62	58.27	59.83	60.89	—

数据来源：根据 2014—2017 年《北京统计年鉴》中部分新兴产业增加值数据整理

备注：合计数据中剔除了文化创意与信息服务业重合的"软件、网络及计算机服务"部分；2015 年数据为《北京统计年鉴 2017》调整后的数据。

从发展趋势看，未来几年北京市将加快向"高精尖"经济结构升级。北京市在"十三五"时期致力于加快形成创新引领、技术密集、价值高端的经济结构，成为具有全球影响力的科技创新中心。在推进产业转型升级方面，北京市将大力培育研发设计、节能环保、融资租赁、电子商务等新兴优势产业，积极发展现代物流业，发展壮大会展经济，形成创新融合、高端集聚、高效辐射的生产性服务业发展新模式；推动生活性服务业便利化、精细化、品质化发展；大力发展电子信息、生物医药、新能源、新材料、智能制造、航空航天、新能源汽车、轨道交通等战略性新兴产业；加快推动文化产业发展；发展都市型现代农业。① 北京市委、市政府在 2017 年 12 月 20 日进一步发布了加快发展新一代信息技术、集成电路、医药健康、智能装备、节能环保、新能源智能汽车、

---

① 参见：《北京市国民经济和社会发展第十三个五年规划纲要》，首都之窗网站，http://zhengwu.beijing.gov.cn/gh/xbqtgh/t1434999.htm。

新材料、人工智能、软件和信息服务以及科技服务业等 10 个产业的具体指导意见。[①] 可以预见，高端新兴产业将在北京全市经济中占据主导地位。

三、新形势下京台中小企业深化合作面临的机遇与挑战

（一）有利条件及新机遇

1. 新一轮工业革命为中小企业发展提供了新契机

新一轮工业革命意味着诸多新技术、新产业以及新生产模式的涌现，在此过程中也将涌现一批中小企业，尤其是创新型的科技中小企业。在技术和生产模式都比较成熟的行业，大企业往往拥有中小企业难以比拟的技术优势和规模经济优势，中小企业尤其是微型企业的生存及发展空间十分有限。而在新一轮工业革命兴起趋势下，大企业的技术优势因技术变革加快及创新活动活跃而被削弱；下一代互联网、云计算、大数据、物联网等新一代信息技术的发展，以及新兴技术与生产制造的深度融合，将与消费者个性化的市场需求有机相结合，使得大规模标准化生产逐渐将被适当规模的个性化定制化生产所取代，传统上大企业拥有的规模经济优势也将不复存在。新技术不仅直接带来新的产业如大数据、3D 打印等，还可以通过与其他技术的交叉融合在既有产业基础上衍生出新业态。因此，新一轮工业革命将为中小企业尤其是科技型、创新型中小微企业的发展提供崭新机遇，也给京台两地中小企业发展带来新的机遇和市场空间。

2. 大陆及北京市支撑中小企业发展的政策体系日趋完善

2008 年全球性金融危机爆发之后，大陆加快经济转型升级的压力日趋凸显，为通过发展中小微企业进一步激发经济活力，国务院及其所属相关部委连续密集出台了一系列扶持推动中小企业发展的政策。表 10 显示，仅"十二五"时期出台的主要政策就有 17 项，内容涉及服务体系建设、金融支持、税收优惠、支持研发创新、专项资金扶持等方面。

---

① 参见：《中共北京市委、北京市人民政府关于印发加快科技创新构建高精尖经济结构系列文件的通知》，http://zhengce.beijing.gov.cn/library/192/33/50/438650/1425750/index.html?from=singlemessage。

表 10　2011 年以来大陆出台的推动中小企业发展主要政策

发布时间	政策名称	印发主体
2011.12.16	关于加快推进中小企业服务体系建设的指导意见	科技部、工信部等 5 部委
2012.4.19	关于进一步支持小型微型企业健康发展的意见	国务院
2013.3.21	关于深化小微企业金融服务的意见	银监会
2013.4.27	地方特色产业中小企业发展资金管理办法	财政部
2013.7.29	关于暂免征收部分小微企业增值税和营业税的通知	财政部、国家税务总局
2013.8.8	关于金融支持小微企业发展的实施意见	国务院办公厅
2013.8.29	关于进一步做好小微企业金融服务工作的指导意见	银监会
2014.3.21	关于开办支小再贷款支持扩大小微企业信贷投放的通知	人民银行
2014.4.8	关于小型微利企业所得税优惠政策有关问题的通知	财政部、税务总局
2014.4.11	中小企业发展专项资金管理暂行办法	财政部、工信部等 4 部门
2014.7.11	关于大力支持小微文化企业发展的实施意见	财政部、文化部、工信部
2014.7.11	关于完善和创新小微企业贷款服务提高小微企业金融服务水平的通知	银监会
2014.9.25	关于进一步支持小微企业增值税和营业税政策的通知	财政部
2014.10.24	关于金融机构与小型微型企业签订借款合同免征印花税的通知	财政部
2014.10.31	关于扶持小型微型企业健康发展的意见	国务院
2015.3.13	关于小型微利企业所得税优惠政策的通知	财政部、国家税务总局
2015.9.2	关于进一步扩大小型微利企业所得税优惠政策范围的通知	财政部、国家税务总局
2016.6.28	促进中小企业发展规划（2016—2020）	工信部

资料来源：本研究整理

进入"十三五"后，工信部在 2016 年 6 月 28 日印发《促进中小企业发展规划（2016—2020 年）》，提出了"十三五"时期促进中小企业发展的总体目标、主要任务和六项专项行动。2017 年 9 月 1 日，经第十二届全国人大常委会第二十九次会议通过的新修订的《中华人民共和国中小企业促进法》正式颁布，于 2018 年 1 月 1 日起施行。这一系列法律、法规、指导意见、规划等政策文件，表明大陆促进中小企业发展的政策体系已基本形成。

过去几年，北京市也积极推动中小微企业发展，先后于 2011 年 4 月和 2012 年 11 月出台《北京市人民政府关于贯彻国务院进一步促进中小企业发展若干意见的实施意见》和《北京市人民政府关于进一步支持小型微型企业发展的意见》，并于 2013 年 12 月 27 日通过《北京市促进中小企业发展条例》，从创业扶持、技术创新、资金支持、市场开拓以及服务保障等方面明确对中小企业发展的支持，初步形成了有地方特色的支持中小企业发展的政策体系。

3. 有利于中小企业创新创业的氛围正在形成

2015 年以来，国务院出台了《关于大力推进大众创业万众创新若干政策措施的意见》《关于积极推进"互联网+"行动的指导意见》《关于加快构建大众创业万众创新支撑平台的指导意见》《"十三五"国家科技创新规划》等政策文件，初步形成了鼓励大众创业万众创新的政策体系。在大众创业万众创新背景下，大陆也积极引导鼓励两岸青年创新创业，尤其是为台湾青年到大陆创新创业提供各种便利。在这方面，中共中央台办、国务院台办分别在 2015 年 6 月、10 月、12 月和 2016 年 8 月分四批授牌设立了 41 个"海峡两岸青年创业基地"和 12 个"海峡两岸青年就业创业示范点"，其中北京市有中关村创业大街、远见育成孵化器、联发科技股份有限公司、威盛电子（中国）有限公司、启迪创业孵化器有限公司 5 个创业基地和北京大学新媒体营销传播（CCM）研究中心和北京创业公社投资发展有限公司 2 个示范点。

2015 年以来，北京市政府在 2015 年 10 月出台了《关于大力推进大众创业万众创新若干政策措施的意见》，市经信委在 2017 年 4 月制定了《北京市小型微型企业创业创新示范基地管理办法》，积极引导鼓励创新创业。与此同时，还加快创新平台建设，正式运营北京市中小企业公共服务枢纽平台网络，培育推广以"北京工业云"、中航"爱创客"等为代表的一批"互联网+"制造创新服务平台。① 整个大陆尤其是北京市有利于中小企业创新创业的氛围正在形成。

（二）存在的主要问题及挑战

1. 两岸产业发展竞争性增强

当前及今后一段时期，两岸及京台中小企业深化合作也面临新的挑战。一方面，大陆经济减速使得投资预期收益减少，在一定程度上会削弱包括台资在内的境外资本的进入动力，传统上投资主导的增长模式不可持续；随着两岸经济发展差距的缩小及要素禀赋互补性的降低，两岸传统上基于要素禀赋差异的合作模式也难以为继。另一方面，两岸都以发展新兴产业作为产业升级的主要方向，但两岸重点发展的新兴产业领域具有较高的重叠性。根据国家"十三五"规划，大陆未来将重点发展新一代信息技术、新能源汽车、生物技术、绿色低碳、高端装备与材料、数字创意等新兴产业。另外，按《中国制造2025》规划，未来大力推动的重点产业包括：新一代信息技术产业、高档数控机床和机器人、航空航天装备、海洋工程装备及高技术船舶、先进轨道交通装备、节能与新能源汽车、电力装备、农机装备、新材料、生物医药及高性能医疗器械等10大领域。而台湾地区领导人蔡英文提出"五大创新研发计划"，将绿能科技、物联网、生技医药、精密机械、防务航太等产业作为优先发展的重点。从内容看，大陆未来重点发展的产业基本上涵盖了台湾"五大创新研发计划"所涉及的领域，两岸及京台两地的这些相关产业在发展过程中难免会相互影响甚至彼此竞争。

2. 两岸经贸关系发展整体上呈趋冷态势

2016年台湾地区领导人选举后岛内历史性地出现民进党"全面执政"的政治格局。民进党两岸政策与国民党两岸政策有很大的差异，最根本的是其"台独"党纲，不承认两岸同属于一个中国的"九二共识"，因此包括中小企业合作在内的两岸经贸合作的维持与深化将面临诸多的非经济因素造成的困难和障碍，蕴含诸多新的不确定性。当前，两岸经贸在ECFA框架下形成的制度化交流合作机制已经停摆，加上蔡英文当局试图通过推行"新南向政策"降低对大陆市场的依赖，两岸经贸关系未来整体上进一步趋冷是大概率事件。

---

① 张伯旭：《深化改革创新 加快转型发展 实现"十三五"时期经济和信息化良好开局——在2016年北京市经济和信息化工作会上的报告》，北京市经信委网站，2016年3月1日，http://www.bjeit.gov.cn/zcjd/ghjh/bjsjh/111720.htm。

四、京台中小企业深化合作重点领域、新模式与新路径探索

（一）京台中小企业深化合作重点领域

在京台中小企业深化合作重点领域选择上，必须科学评估、突出重点。具体而言，应至少考虑两方面的因素：一是具有良好的合作基础或合作条件，即所选合作领域双方都具有一定的发展基础，且各有优势，有合作的可能性；二是具有广阔的合作前景，即所选合作领域应具有足够大的成长空间，有合作的必要性。综合考虑可能性与必要性，本项报告建议紧密围绕北京市经济高质量发展、高端新兴产业发展的现实需要，选择以下产业作为京台中小企业深化合作的重点领域：

1. 信息服务业和科技服务业

信息服务业和科技服务业是京台两地都具有良好发展基础、发展前景广阔且两地合作已经具有一定基础的产业，可以作为未来两地中小企业深化合作的重点领域之一。

从发展基础看，2016 年北京市信息服务业实现增加值 3222.9 亿元，[①] 为全市现代服务业的第二大细分行业领域，占地区生产总值比重为 12.56%，占全市信息产业总体增加值 3794.8 亿元的 84.93%，显示出北京市在发展信息服务业方面的雄厚基础和较强优势。2016 年北京市科学研究和技术服务业实现增加值 2512.0 亿元，为全市现代服务业的第三大细分行业领域，占地区生产总值比重为 9.79%。2016 年"信息传输、软件和信息技术服务业"和"科学研究和技术服务业"中的中小企业分别实现营业收入 2908.0 亿元和 2389.0 亿元，显示中小企业在这两个行业领域也都具有相当的发展基础。

台湾信息产业崛起于 20 世纪 80 年代，到 90 年代后开始步入高速增长时期，目前发展已经相对成熟，具有较强的国际经营能力和产品创新经验使台湾在世界信息硬件业中占有一席之地。资讯电子工业是带动台湾经济发展的支柱产业，是世界上最大的电子信息及相关产品的代工基地，资讯电子工业具有相当规模，上下游产业链趋于完善，支撑其发展的信息服务业和科技服务业也比较发达，2016 年台湾"资讯及通讯传播业"和"专业、科学及技术服务业"分别实现增加值新台币 4828.72 亿元和 3542.30 亿元，在台湾现代服务业中也都占

---

① 具体包括：电子信息传输服务增加值 1130.2 亿元，计算机服务和软件业增加值 1675.6 亿元，其他信息相关服务业增加值 417.1 亿元。

有一定位置。

从合作基础看，上文表8显示，台商在北京的投资中，分布在"资讯及通讯传播业"和"专业、科学及技术服务业"的投资仅次于"金融及保险业"，两地在这两个产业领域的合作具有较好基础。

从发展及合作前景看，新一轮科技及工业革命的核心技术是以物联网、大数据等为代表的新一代信息技术，这些核心技术的研发及推广应用都离不开信息服务业和科技服务业的支撑，而且北京市作为科技创新中心，无论信息产业还是科技产业对周边乃至全国的辐射带动能力都非常强，可以预见，京台两地在信息服务业和科技服务业深化合作的市场前景非常广阔。

2. 创意设计产业

发达国家和地区经济发展的经验表明，进入后工业社会后文化资源将逐渐成为主要生产要素，文化消费在经济中也将占有日趋重要的角色。台湾先于北京进入后工业化发展阶段，在文创产业发展上拥有促进文化与科技融合的创新优势；北京则拥有文化品消费市场优势，文创产业发展已经具备相当的基础，2016年全市文化创意产业实现增加值3581.1亿元，占地区经济比重达到13.95%，是首都经济中仅次于金融业的第二大支柱产业。北京文化创意产业取得了长足发展，但也存在一些制约因素，如文化创意产业人才总量不足且存在结构性短缺，十分缺乏内容创意人才和擅长将创意作品产业化和市场化的经营管理人才和营销人才。

台湾是较早关注文化创意产业的地区之一。台湾文化创意的亮点在于民间自发形成、不断喷涌而出的各种创意事业，以及由此而形成的各种优势。台湾文化创意产业在很多行业领域中建立了在亚洲，乃至华人世界的影响力，如在流行音乐领域、在表演艺术领域、在影视制作领域等。但台湾市场小、规模小，无法靠内需市场形成产业，这一点已经严重制约了台湾许多文创行业的发展。

京台两地都拥有丰富的文化资源且各有特色，还都非常重视创意设计产业的发展，2010年台湾方面制定发布了"文化创意产业发展法"，北京则公布了《北京市促进设计产业发展的指导意见》。两地文化创意产业发展的各有优势，互补性强，有进一步加强合作、互惠互利的较大空间，北京可以充分利用台湾丰富的创意和人才，而台湾可以借助北京文化创意产业平台开拓更大的市场，获得充裕的传统资源将创意产业化、商品化。鉴于文创产业内企业基本上都是创业、创意型中小企业的特征，两地在该领域的深化合作必然是以中小企业为主体。

3. 养老与健康产业

目前台湾人口老龄化问题已经非常严峻，北京也在加速步入人口老龄化社会，这在客观上为两地中小企业在养老和健康产业开展合作带来了机会。在台湾，健康照护也是近年来大力推动发展的新兴产业之一，发展的内容包括医疗照护、长期照护、健康促进、智慧医疗服务、养生保健等，已经拥有相对成熟的经验，这方面可以为大陆学习借鉴。两地若合作，不仅有助于深耕两地的市场，还可以将探索出的合作经验推广到大陆其他地区。

（二）京台中小企业深化合作新模式探讨

京台中小企业围绕信息服务、科技服务、创意设计、养老健康4个产业领域深化合作，应打破两岸制造业传统上基于要素禀赋的合作模式，探索适合这些高端新兴产业发展同时有有利于带动促进两地经济社会深度融合的"市场导向、创新驱动、融合发展"的合作新模式。

1. 从投资导向转向市场导向

当前，大陆正逐渐从"世界工厂"发展成为"世界市场"，未来日趋重要的内需市场将是两岸经贸进一步发展的基础；北京市庞大的本地消费市场以及其对其他区域市场的带动能力，则可以为京台两地中小企业深化合作提供有力的市场支撑。从本地消费市场规模看，统计数据显示，2008年以来北京市社会消费品零售总额一直居大陆城市第一位。2016年，全市社会消费品零售总额实现11005.1亿元，服务性消费实现8921.1亿元，总消费规模达到19926.2亿元；2017年1—11月，全市总消费规模已经突破2万亿元，率先步入消费主导时代。北京市拥有大陆城市中规模最大的消费市场，最具有条件打造国际消费中心城市，为京台中小企业深化合作发展提供了近在眼前的广阔市场空间。

利用北京市以及大陆扩大内需的契机，京台两地中小企业可以按照优势互补和利益共享原则，加强销售层面的交流合作，依托对方相对成熟的市场网络，并积极尝试以参股已有或合作新建的形式打造利益共享的电商平台，深耕北京市和大陆市场的同时，积极拓展"一带一路"沿线市场，共同打造全球品牌，为两岸中小企业深化合作作出表率。

2. 从要素驱动转向创新驱动

用发展的眼光看，两岸要素禀赋互补性的降低是不可逆转的趋势，这在客观上要求两岸摒弃传统的基于资源禀赋差异的经贸合作模式，在更深层次的研发创新层面寻求面向未来的合作。从两岸产业目前在国际产业分工体系中的地位来看，两岸所处的位置整体上还都是以中低端为主，也非常有必要开展研发创新层面的合作，以创新为动力驱动两岸经贸深化发展。而以工业 4.0 为代表的科技及产业革命，以及大陆经济发展动力向创新驱动转换，也在客观上为两岸企业开展研发创新合作提供了良好的环境和广阔的舞台。

北京市产业加快向"高精尖"升级，以及全市形成的支撑中小企业创新创业的政策体系和良好氛围，为两地中小企业在研发创新层面开展合作提供了有利条件。可以考虑以两地科技型中小企业为主导，形成以企业、大学、研究机构为核心要素，以金融机构、中介组织、创新平台、非营利性组织等为辅助要素的多元主体协同互动的研发创新网络，探索以合作创新驱动京台两地以及两岸产业合作的升级。

3. 从独立发展转向融合发展

传统上，台资企业与大陆企业及市场的融合程度都较低，是一种"飞地"形态，这种模式的弊端已经越来越显现。京台中小企业深化合作，应从人才、资本、技术应用等方面推动融合发展。一是人才资源融合。人才合作是两地中小企业深化合作、实现两地产业深度融合的前提。这方面，可以推动的是加快吸引台湾专业人才到北京，融入北京的产业发展和京津冀区域经济发展。二是资本融合。明确赋予台资企业与民营企业完全相同的待遇，推动台资企业与本地企业彼此以合资、并购、参股等形式深化资本合作，带动促使两地企业形成紧密合作的利益共同体，从制度层面保障产业深度融合的稳定性和长期性。三是技术应用融合。技术融合是两地产业深度融合的主要手段，可以考虑利用未来的新技术促进两地产业链供应链深度合作。比如，利用智能设备和互联网技术，使包括北京企业、台资企业和台湾企业在内的两地厂商组成一个有机的系统，系统内的成员通过物联网能够实时共享从订单和生产及运输各个环节的信息，相互匹配形成开放的、可以动态调整、持续优化的供应链体系，实质上突破两地供应链厂商融合发展的信息障碍，使链条上的企业更容易建立起彼此信任关系，也由此逐渐提升京台两地企业在供应链上的融合程度。

（三）京台中小企业深化合作新路径探索

推进京台中小企业深化合作，除了按照传统路径拓展合作范围外，还可以积极探索通过以下路径促进两地中小企业深化合作。

1. 创新创业带动合作深化

北京市是创新资源的集聚中心，具有良好的创新创业的基础、氛围、支撑政策及平台，在支持两岸青年创新创业方面也拥有中关村创业大街、北京远见育成孵化器、联发科技股份有限公司、威盛电子（中国）有限公司、北京启迪创业孵化器有限公司5家由中央台办、国务院台办授牌的"海峡两岸青年创业基地"和北京大学新媒体营销传播（CCM）研究中心、北京创业公社投资发展有限公司2家由中央台办、国务院台办授牌的"海峡两岸青年创业示范点"。北京市还是台生在大陆就读的集中地之一，在京高校就读的台湾青年在校生数约有2000名。

充分利用上述诸多优势资源和有利条件，进一步引导鼓励台湾青年到北京创新创业。对于家族企业接班人，重点引导他们围绕技术和市场与相关资源相结合进行二次创业，与科技创新人才合作走联合技术创新带动创业模式，或与熟悉大陆内销市场者合作走市场拓展带动创业模式；对于科技创新专业技术人才，引导他们走专业化的技术创新带动创业模式；对于有好的创意、有决心但缺乏家族支持及个人经验的青年尤其是刚走出大学校门的青年创业者，引导他们走"实习/就业—创业"的模式，通过第一阶段的实习或就业体会熟悉北京及大陆的市场环境和政策环境，在此过程中也可以积累一定的人脉，规避直接创业因缺乏资源及经验面临的风险和不确定性。由此，既深入推进两地青年交流工作，也带动促进两地中小企业合作的深化。

2. 京津冀一体化拉动合作深化

京津冀一体化进程加速背景下，三地深化对台产业合作面临发展活力进一步被激发、资源整合利用、产业空间布局持续优化以及合作体制机制障碍逐步消除等带来的机遇。京台两地中小企业深化合作，可以整合利用天津和河北的资源协同推进。以电子信息产业为例，可以在京津冀范围内统筹考虑深化与台湾的产业合作，吸引相关的台商将电子信息制造业部分的项目布局在河北或天津，将支撑电子信息制造业发展的研发设计环节和信息服务业部分的项目布局在北京，前者多为规模较大、占地面积较多的项目，后者多为规模较小、轻资产、附加价值高的中小型项目。由此发挥三地的综合优势和互补效应，既有利于推进京津冀产业一体化，也对京台中小企业深化合作产生拉动效应。

3. 金融支持支撑合作深化

金融业是京台产业合作的重点领域之一，前述表 7 可以看出，台商在北京金融业领域的投资规模较其他行业明显较大，在该领域的合作应不直接属于两地中小企业合作的内容。但中小企业的发展及两地中小企业深化合作都面临的一个问题是资金问题，两地在金融业领域的合作恰好能为两地中小企业合作提供金融支持。具体而言，鼓励有台资参与的金融机构将金融资源向中小企业倾斜，争取其将更多的贷款额度投放到中小企业，尤其是为京台两地合作的中小企业项目和京台青年创新创业项目提供资金支持。由此，通过金融支持促进京台两地中小企业合作的深化。

五、近期推进京台中小企业深化合作的具体建议

近期可以考虑先从一些比较重要而又易于见到成效的具体工作入手，整合京台两地的相关资源和力量，促进京台中小企业深化合作。为此，本项研究报告提出以下具体建议：

（一）引导支持京津冀台资中小企业转型升级

推动既有的台资中小企业转型升级是深化京台两地中小企业深化合作的基础性工作，建议整合利用京台两地的相关智力资源，设立台资中小企业转型升级联合服务机构，主要对京津冀的台资中小企业需求开展定制化诊断辅导，促进台资中小企业实现更好的发展。引导北京的相关行业协会、辅导机构与台湾电电公会、生产力中心、资策会、中卫发展中心等专业辅导机构建立密切的合作关系，并与这些机构的优秀辅导专家建立日常联络机制。联合服务机构负责根据中小企业的实际需求，组织相关领域的辅导专家进驻企业，开展针对性的诊断和转型升级辅导，为企业提供"量身定做"式的解决方案，切实帮助企业解决实际难题和发展困境。

（二）扩大服务业对台资中小企业的开放范围

建议北京市在当前服务业扩大开放新形势下，结合国家及北京市鼓励中小微企业发展的精神，主动对台资尤其是台资中小企业给予更大范围和力度的开放，进一步吸引台湾优秀的服务业资源进入北京，为北京市经济发展提供支撑

的同时，也为两岸服务业的全面深化合作探索积累经验。

具体而言，可以考虑以落实国务院台办、国家发展改革委经商中央组织部等29个部门发布的《关于促进两岸经济文化交流合作的若干措施》为契机，出台北京市的相关政策，其中将京台中小企业深化合作的几个重点领域列入，明确鼓励台资企业优先进入信息服务业、科技服务业、创意设计产业、养老与健康产业，鼓励台湾青年优先在信息服务业、科技服务业、创意设计产业、养老与健康产业等领域创业，在引进人才、融资、专项补贴、教育、培训等方面给予必要的支持。

（三）搭建京台中小企业深化合作公共服务平台

目前京台之间已经连续举办了二十届京台科技论坛，两地160多个行业协会参与主办论坛活动，两地企业共签署合作协议和意向195项，协议金额超过465亿元。[1] 双方交流领域已经涵盖智慧城市、汽车电子、云计算、智能可穿戴设备、信息消费、生技医材、金融、文创、生态创意农业、智能交通、建筑科技、智能机器人等领域，新近一次论坛内容要涉及金融合作、"互联网＋"发展、智慧城市、智能制造、科学城合作、京津冀协同发展、"一带一路"发展等。该平台为两地深化中小企业在高端产业的合作奠定了良好的基础。建议进一步搭建两地中小企业合作公共服务平台，比如在北京·台湾在线网站开通京台中小企业合作直通车栏目，提供包括两地中小企业发展政策、动态、项目对接信息等一系列公共服务，为两地中小企业深化合作提供专业化、综合性的服务。

（四）搭建京台中小企业合作研发和人才培训公共平台

着眼于促进中小微型企业技术升级和人才升级，为京台两地中小企业深化合作提供技术和人才保障。一是搭建公共研发平台，为两地中小企业合作提供包括科学数据共享、科技文献检索、仪器设施共享、资源条件保障、试验基地协作、专业技术、产品检测、技术转移等在内的系统服务，重点帮助两地中小企业解决其面临的共性和关键性技术问题，提升中小企业科技创新能力。二是搭建公共人才训练中心，组织相关师资力量，根据中小企业的实际需要开展包括新员工入门培训、中高级工培训、技师培训、专业技术人才以及经营管理人

---

[1]　刘欢、查文晔：《第二十届京台科技论坛聚焦"融合发展"》，新华社，2017年9月8日。

才在内的"订单式培训"，帮助中小企业提升员工素质和实战能力。

（五）做好台湾青年在京创业的前期辅导和配套服务工作

一是创业环境及政策辅导，包括介绍北京经济发展及产业成长环境，重点是产业发展趋势及新近的产业政策，引导计划或尝试在京创业的台湾青年将产业选择与北京市产业发展方向紧密相结合；介绍相关法律法规，重点是与企业注册设立、税收、用工相关的法律法规；介绍支持台湾青年创业的优惠政策，不仅包括政策内容，还要包括具体的负责部门、申请流程，以及设立咨询及投诉热线；介绍创新环境，重点是中央及北京市对研发创新活动的支持奖励。

二是创业流程手续辅导，可以通过举办模拟创业的方式，让计划在京创业的台湾青年提前熟知未来创业过程中会经历的一些工作流程和办事手续。

三是专业化、系统化的辅导，对拟创业台湾青年按产业进行分组，针对特定产业聘请专业人才为他们讲解行业机遇、风险，分享经验教训，提高他们的实战能力；同时引导激励他们与在京大陆青年合作创业。

此外，还应注意做好台湾青年创业项目的各项配套服务工作，由孵化器运营主体统一协调提供优质的创业咨询服务、场地服务、通信网络服务、保安服务、保洁服务、会议服务、餐饮服务、法律事务服务、代理代办服务、技术创新服务、科技评估服务、信息服务、人才服务、社会保障服务、公共交通服务等。

新时代中国企业家精神分析

唐少清　谢茜　刘立国[*]

《中共中央国务院关于营造企业家健康成长环境弘扬优秀企业家精神更好发挥企业家作用的意见》于已于 2017 年 9 月 8 日正式发布，这是企业家精神第一次以文件的形式被提出，其对于重塑企业家精神、助力中国经济健康发展至关重要。中国已成为世界第二大经济体，对世界经济的贡献率超过了 30%。2017年中国企业的贡献有目共睹——据全球知名投资研发机构 CB Insights "全球独角兽公司榜单"显示，美国排名第一，中国第二；《福布斯世界 2000 强》排名中有 309 家中国企业上榜；《财富》世界 500 强中有中国企业 109 家入榜。企业家是经济活动的重要主体，也是改革开放四十年中推动中国经济发展的重要角色。在中国，企业家精神更是稀缺。

一、问题的提出

习近平同志在党的十九大报告中说"激发和保护企业家精神，鼓励更多社会主体投身创新创业"，在迈入中国特色社会主义新时代的关口，传承并弘扬企业家精神有助于激发市场活力，推动供给侧结构性改革，促进社会主义经济健康可持续发展。"变数与挑战"是这个时代的特征，这样的时代需要企业家精神

---

* 本文系 2015 年北京社会科学基金研究基地项目"京台产业结构与就业结构关联机制比较研究"（15JDJGB023）和 2017 年北京市财政教育科研专项"北京市促进小微企业'双创'的体制机制及政策研究"阶段性研究成果。唐少清（1965.1—），男，管理学博士，教授，北京联合大学管理学院副院长，中国管理科学研究院专家咨询委员会委员，中国软科学研究会个人会员，对外经济贸易大学文化与消闲产业研究中心兼职研究员，燕山大学公共政策评估研究中心研究员，河北大学兼职教授，研究方向：企业战略管理、产业发展，区域融合与创新；谢茜（1973.6—），女，在读博士，中国传媒大学，研究方向：新闻传播与管理，企业运营管理，通讯作者；刘立国（1980.1—），男，讲师，北京联合大学商务学院学生处，研究方向：产业经济、公共管理。

的回归，更需要重塑新时期的企业家精神。中国经济进入新周期，产业面临爬坡过坎的关键时期，无疑，时代正召唤勇于变革、敢于担当，并为社会创造价值的企业家，企业家精神就被赋予了全新历史意义。本文基于此来探讨新时代中国企业家精神。

二、"企业家精神"的由来、特征分析

企业家（Entrepreneur）、企业家精神（Entrepreneurship）最初是由法国经济学家理查德·坎蒂隆（Richard Cantillon）于1730年提出的，他将企业家定义为"使经济资源的效率由低转高的人"，而企业家精神则是"企业家的特殊技能，是精神和技巧的集合"。或者说，"企业家精神"指企业家组织建立和经营管理企业的综合才能的表述方式，它是一种重要而特殊的无形生产要素。

（一）"企业家精神"的产生与由来

对于"企业家精神"的理解多种多样，不同的人所处不同时代，用不同视角也有不同的看法。有创新论者、风险论者、责任论者等等，从已有的文献中，就能看到近100种对"企业家精神"的解读。但是到底如何正确理解"企业家精神"，必须与企业家这个主体紧密相关。企业家就是解决市场不确定的问题，因此，可以说市场的不确定性是"企业家精神"产生的根本原因，应对不确定性是企业家的必须面对的现实选择。熊彼特(Schumpeter)[①]认为资本主义的关键问题不是管理现存的结构，而是如何创造和毁灭它们。熊彼特把这一过程称作"创造性的毁灭（Creative Destruction）"，并认为这是经济发展的本质，而这一过程的主导者正是企业家。熊彼特把企业家看作创新的主体，其作用在于创造性地破坏市场的均衡。当代奥地利学派的代表人物柯兹纳(kirzner)[②]在米塞斯的基础上进一步对企业家进行了引申阐述。柯兹纳说，"领导者的企业家精神是一种个人品质——'机敏'的化身，领导者注意到了其他人没有注意到的利润机会，并通过对于机会的反应，重新界定了整个经济的手段与框架。"这种创造性

① SCHUMPETER J A. The theory of economic development［M］. Cambridge: MIT Press, 1936.

② KIRZNER I M. Competition and entrepreneurship［M］. Chicago: University of Chicago Press, 1973:18-95, 65-69.

的行为可以被定义为企业家精神。"它本质上是发现新的，而且是人们希望得到的需要，以及满足这些需要的新资源、新技术或其他手段的能力。"早期奥地利学派经济学家对企业家精神的关注主要集中在机会的发现能力上，现代奥地利学派的一些学者们认为企业家精神除了指发现机会的能力和创新能力之外，还应该包括企业家所具有的协调和监督能力。[1] 德鲁克认为创新是每位高层管理者的职责，它始于有意识地寻找机遇。[2] 并认为创新是企业家精神的本质，没有创新，企业就不能成之为企业，仅有技术创新不能构成企业家精神，企业家精神是企业的全面创新。也就是说，企业家精神不仅是经济和技术的，也是文化的和心理的。张瑞敏则认为企业家精神就是创业和创新精神。

因此，可以说，"企业家精神"是指某些人所具有的组织土地、劳动及资本等资源用于生产商品、寻找新的商业机会以及开展新的商业模式的特殊才能。也可以说，企业家精神是一个不断超越自我、改变现状、寻求成功的能力。

（二）习主席论"企业家精神"

习近平主席在不同时期、不同地点的讲话中多次提到"企业家精神""企业家作用""企业家才能"等关键词，反映出对企业家群体的高度重视。

2001年3月24日，时任福建省长的习近平参加福建省企业家活动日暨表彰大会上指出：我们要理解企业家、尊重企业家、爱护企业家、支持企业家。

2014年11月9日，在亚太经合组织工商领导人峰会上，面对来自数十个国家和地区的1500多位工商界代表，国家主席习近平特别提及企业家精神，"我们全面深化改革，就要激发市场蕴藏的活力。市场活力来自人，特别是来自企业家，来自企业家精神"。

2016年3月4日下午参加全国政协十二届四次会议民建、工商联界委员联组会时讲，我国发展一时一事会有波动，但长远看还是东风浩荡。广大非公有制经济人士要准确把握我国经济发展大势，提振发展信心，提升自身综合素质，完善企业经营管理制度，激发企业家精神，发挥企业家才能，增强企业内在活力和创造力，推动企业不断取得更新更好发展。

2016年12月举行的中央经济工作会议指出：要加强产权保护制度建设，

---

① 田鹤楠：《资源禀赋、企业家精神与高新技术企业的实物期权》，《经济问题》2018年第2期，第76—79页。

② 彼得·德鲁克，蔡文燕译：《创新与企业家精神》，机械工业出版社2007年版。

抓紧编纂民法典，加强对各种所有制组织和自然人财产权的保护。坚持有错必纠，甄别纠正一批侵害企业产权的错案冤案。保护企业家精神，支持企业家专心创新创业。

2017 年 4 月 18 日，中央全面深化改革领导小组第三十四次会议上指出："企业家是经济活动的重要主体，要深度挖掘优秀企业家精神特质和典型案例，弘扬企业家精神，发挥企业家示范作用，造就优秀企业家队伍。"

四十年前的改革开放激活了最初的"企业家精神"，让企业家有了释放才能、发挥创造力的空间与自由，使其成为社会财富的创造者、创新活动的实践者。今天，在经济发展新常态的时代背景下，转变经济结构、振兴实体经济，我们同样需要、甚至比以往更加需要"企业家精神"的存在。中国企业家应勇担使命、主动作为，深刻领会习主席关于企业家精神的重要论述，卸除思想负担，发扬企业家精神，以更大的决心、更大的勇气投身市场竞争，为中国经济发展持续注入新活力，贡献新力量。

（三）"企业家精神"的新注解

2017 年 9 月所颁布的《中共中央国务院关于营造企业家健康成长环境弘扬优秀企业家精神更好发挥企业家作用的意见》，说明了国家层面已经认识到中国经济的进一步改革开放和持续成长，需要提升企业家地位，激发和保护企业家精神。企业家精神可以理解为是一种追求成功的勇士气质，把企业当成自己王国的荣誉感，兼济苍生的情怀和社会责任。[1] 王俊霞[2] 认为企业家精神指的就是企业家这个特殊群体所具有的独特的个人素质、价值取向以及思维模式的抽象表达，也是对企业家个人内在的经营意识、理念、胆魄和魅力的一种概括，比如：创新、冒险、合作、敬业、学习、执着、诚信、责任等等。

1. 创新是企业家精神的灵魂

熊彼特关于企业家是从事"创造性破坏（Creative Destruction）"的创新者观点，凸显了企业家精神的实质和特征。一个企业最大的隐患，就是创新精神的消亡，创新必须成为企业家的本能，但创新不是"天才的闪烁"，而是企业家

---

① 李梦琳：《我国企业家精神缺失的原因》，《中国市场》2018 年第 2 期（总第 957 期），第 183—184 页。

② 王俊霞：《激发和保护企业家精神的思考》，《辽宁行政学院学报》2018 年 1 月，第 44—47 页。

艰苦工作的结果。创新是企业家活动的典型特征，从产品创新到技术创新、市场创新、组织形式创新等等。创新精神的实质是"做不同的事，而不是将已经做过的事做得更好一些"。所以，具有创新精神的企业家更像一名充满激情的艺术指挥家。

2. 冒险是企业家精神的天性

坎迪隆（Richard Cantillion）和奈特（Frank Rnight）两位经济学家，将企业家精神与风险（Risk）或不确定性（Uncertainty）联系在一起。没有甘冒风险和承担风险的魄力，就不可能成为企业家。企业创新风险是二进制的，要么成功，要么失败，只能对冲不能交易，企业家没有别的第三条道路。

3. 合作是企业家精神的精华

正如艾伯特·赫希曼所言：企业家在重大决策中实行集体行为而非个人行为。尽管伟大的企业家表面上常常是一个人的表演（One-ManShow），但真正的企业家其实是擅长合作的，而且这种合作精神需要扩展到企业的每个员工。企业家既不可能也没有必要成为一个超人（Superman），但企业家应努力成为蜘蛛人（Spiderman），要有非常强的"结网"的能力和意识。

4. 敬业是企业家精神的动力

马克斯·韦伯在《新教伦理与资本主义精神》中写道："这种需要人们不停地工作的事业，成为他们生活中不可或缺的组成部分。事实上，这是唯一可能的动机。但与此同时，从个人幸福的观点来看，它表述了这类生活是如此的不合理：在生活中，一个人为了他的事业才生存，而不是为了他的生存才经营事业。"货币只是成功的标志之一，对事业的忠诚和责任，才是企业家的"顶峰体验"和不竭动力。

5. 学习是企业家精神的关键

彼得·圣吉在其名著《第五项修炼》说道："真正的学习，涉及人之所以为人意义的核心"。学习与智商相辅相成，以系统思考的角度来看，从企业家到整个企业必须是持续学习、全员学习、团队学习和终生学习。

6. 执着是企业家精神的本色

英特尔总裁葛洛夫有句名言："只有偏执狂才能生存"。它表明在遵循摩尔定律的信息时代，只有坚持不懈持续不断地创新，以夸父追日般的执着，咬定青山不放松，才可能稳操胜券。在出现重大经济危机时，资本家可以用脚投票，变卖股票退出企业，劳动者亦可以退出企业，唯有企业家是不能退出企业的人。

7. 诚信是企业家精神的基石

诚信是企业家的立身之本，企业家在修炼领导艺术的所有原则中，诚信是绝对不能摒弃的原则。凡勃伦在其名著《企业论》中早就指出：有远见的企业家非常重视包括诚信在内的商誉。诺贝尔经济学奖得主弗利德曼更是明确指出："企业家只有一个责任，就是在符合游戏规则下，运用生产资源从事利润的活动。亦即须从事公开和自由的竞争，不能有欺瞒和诈欺。"

创新是企业家的灵魂，是企业家精神的核心。然而翻过企业家精神这枚硬币，创新的另一面理应是坚守。不忘初心是企业家精神的基石，成功的企业家必然具有前瞻的思想，远大的目标。"最高尚的人是不为自己活，不为自己死"，罗曼·罗兰的这句名言就是对企业家精神的精准解读。中国经济正处在重要战略机遇期，国际"黑天鹅"事件频出，在这样不确定的环境下，唯有不忘初心、坚守信念，才能更好地将企业的发展融入实现中国梦的进程之中。古人讲"达则兼济天下"，企业家不仅是财富的创造者，更应怀有对国家、对民族、对社会的责任和担当，积极投身公益慈善事业。这种家国情怀是企业家精神的应有之义，更蕴涵着一个中国企业内在的"软实力"。

（四）"企业家精神"的主要特征

"企业家精神"表明企业家这个特殊群体的所具有的共同特征，是他们所具有的独特的个人素质、价值取向以及思维模式的抽象表达，是对企业家理性和非理性逻辑结构的一种超越、升华。其主要特征：

1. 创新

企业家的创新精神体现为一个成熟的企业家能够发现一般人所无法发现的机会，能够运用一般人所不能运用的资源、能够找到一般人所无法想象的办法。企业家创新精神的体现：引入一种新的产品；提供一种产品的新质量；实行一种新的管理模式；采用一种新的生产方法；开辟一个新的市场。

2. 冒险

一个企业经营者，要想获得成功，成为一名杰出的企业家，必须要有冒险精神。对一个企业和企业家来说，不敢冒险才是最大的风险。企业家的冒险精神主要表现在：企业战略的制定与实施上；企业生产能力的扩张和缩小上；新技术的开发与运用上；新市场的开辟和扩张上；生产品种的增加和淘汰上；产品价格的提高或降低上。

3. 创业

企业家的创业精神就是指锐意进取、艰苦奋斗、敬业敬职、勤俭节约的精神。主要体现在：积极进取；克服因循规守旧的心理；企业家的顽强奋斗；敬业敬职的职业道德；勤俭节省的精神风貌。

4. 担当

"致远情怀济天下，盛世巨富取于勤。"担当是企业家精神的底线，企业家作为一批具有创造力、对商机高度敏感的群体，是社会财富的创造者，这个群体对社会的发展进步更应有着与生俱来的使命感及责任感。企业家有时必须面对孤独，企业家有时必须独立担当，企业家有时必须力排众议，可以说独立、独到才可能独家，推动企业在创造新世界的路上不断前进。

5. 宽容

企业家的宽容精神是指企业家具有宽容心，愿意与人友好相处，愿意与他人合作的态度和精神。主要体现在：尊重同行和下属；尊重人才；善于使用人才，敢于起用人才；虚怀若谷，善于听取别人意见，尤其是批评自己的意见；发扬民主精神，避免独断专行。

因此说，企业家精神，是一种创新意识；新思路、新策略、新产品、新市场、新模式、新发展；企业家精神，是一种责任；敬业、诚信、合作、学习；企业家精神，是一种品格；冒险精神、准确判断、果断决策，坚韧执着；企业家精神，是一种价值观；创造利润，奉献爱心，回报社会；企业家精神，是一种文化修养；广博的知识，高尚的道德情操，丰富的想象力。

三、中国"企业家精神"缺失的原因分析

中国"企业家精神"缺失，既有历史的原因，也有现实的约束，主要体现在：

（一）过度追求可预见性导致企业家缺乏创新精神

由于企业家的创新精神不是一个简单的过程，而是科研、政府、企业、金融等相互产生的复杂作用的结果，具有不可预见性。正因为创新精神是不可预见的，所以导致它也是不能计划的。由于企业在对未来的收益和发展进行预测时，对于风险的预测也不容忽视，所以通过严格控制来降低一切认为可能会出现的错误行为，这种没有给企业家提供"试错空间"机会的行为，压制了他们

的创新精神。[①]

（二）政府过多干预导致企业家精神的缺失

企业决策往往会受到很多非市场因素的影响，如一些国有企业负责人的管理水平不高，管理者往往是上级直接任命，没有公平的选拔机制，真正的人才出不来。这不仅制约了企业科学决策、长远发展，也非常不利于企业家精神的培育和弘扬。其主要原因是一些地方政府的强势，"看得见的手"没有有效约束。市场经济的主角原本是企业，企业的灵魂又是企业家。但在巨大利益的吸引下，仍有一些地方政府和部门从游戏规则的执行者变为游戏的参与者，挟政策、资源优势，频繁干预经济活动，挤压企业生存发展空间。在管住政府"有形之手"、发挥市场"无形之手"方面，改革依然任重道远。政府部门行为错位、越位及缺位，低效率的行政审批制度，不完善的法律保障机制等仍然存在，制约了企业家精神迸发活力。过度的政府干预下产生的高税负的制度环境，也加速了企业家精神的退化和保守化。"曹德旺跑了"事件也将我国企业税收负担过高问题再一次提到大众的视野中。从短期来看，企业家精神的退化会导致企业在经济市场中所要面临和承担的风险上升；从长远角度来看，这将会使我国整体经济增长出现下滑趋势，我国经济市场的活力将会逐步消退。

（三）中国企业家地位认同缺失

由于对民营企业家有"原罪论"和"仇富观"，导致了企业家形象的扭曲，阻碍了企业家精神的社会传播，误导了社会公众对企业家作用的认识，这是现实的存在。还有历史的缘故，工业革命之前，中西方本质上都是官本位，企业家阶层没有地位。西方在资产阶级革命之后，逐渐奠定了企业家阶层在经济上、社会上、政治上的主导地位。中国因为意识形态和路径依赖的原因，没有完全按照这个逻辑走，企业家阶层的经济、社会、政治地位，很大程度上是体制赋予的、给予、赐予的，有很大的不确定性。在日常经营活动中，企业家自然会碰到很多障碍，有时甚至会有"如履薄冰"。

[①] 李梦琳：《我国企业家精神缺失的原因》，《中国市场》2018 年第 2 期（总第 957 期），第 183—184 页。

（四）企业机制的缺失

企业家的初心如果只是自己发财、攀比，而不是解决社会问题，创造社会价值，实现自己的人生使命，那就很难获得长久、持续、强大的内心动力。即使企业因为一时的因缘际会，暂时发展起来了，也容易因为权钱交易、多元化、不重视管理基础工作等原因而迅速崩溃。企业的良性发展离不开以道德为准则、以合作为前提、以创新为机制的企业家精神的坚强支撑。

（五）传统文化与习惯的约束

与西方相比，中国文化的超越性思想资源相对稀缺一些，加上长期的封建专制形成了一种"集体意识而无个人意识"（Group-thinking）的思维模式，还有国内教育因为囿于体制而产生的种种问题，使得国人普遍缺乏独立思考能力，加上普遍太重视、太在乎别人对自己的看法，所以普遍缺少特立独行的人生态度，容易出现从众、跟风、乌合之众的行为模式，发生广场效应、蜂群效应（Swarm effect）等现象，很大程度上削弱了中国企业家阶层的创新精神和冒险精神。

四、新时代更加需要激发和保护"企业家精神"

中国特色社会主义已经进入新时代，我国现阶段社会的主要矛盾已经转化为人民日益增长的美好生活需要和不平衡不充分的发展之间的矛盾。"这是最好的时代，也是最坏的时代；这是信仰的时期，这是怀疑的时期"，用狄更斯的这句名言来形容我们所处的时代很是恰如其分。要建设现代化经济体系，必须把发展经济的着力点放在实体经济上。技术、资金、劳动力，是支撑实体经济高质量发展最关键的要素。通过优化制度环境，实现实体经济与三大要素协同发展，将推动实体经济沿着高质量轨道成长。要实现这个目标，必须发挥企业家的作用，弘扬企业家精神，在新时代对"企业家精神"有着新的要求。中共中央、国务院《关于营造企业家健康成长环境弘扬优秀企业家精神更好发挥企业家作用的意见》（以下简称《意见》）对弘扬企业家精神，提出了三个方面的要求。

（一）弘扬企业家爱国敬业、艰苦奋斗的精神

大力弘扬企业家爱国敬业、遵纪守法、艰苦奋斗的精神，引导企业家树立

崇高理想信念、强化企业家自觉遵纪守法意识、鼓励企业家保持艰苦奋斗精神风貌。

（二）弘扬企业家创新发展、追求卓越的精神

弘扬企业家创新发展、专注品质、追求卓越的精神，支持企业家创新发展、弘扬工匠精神、追求卓越，吸收更多企业家参与科技创新政策、规划、计划、标准制定和立项评估等工作，向企业开放专利信息资源和科研基地，探索建立创业保险、担保和风险分担制度。

（三）弘扬企业家履行责任、服务社会的精神

弘扬企业家履行责任、敢于担当、服务社会的精神，增强企业家履行社会责任的荣誉感和使命感，特别是国有企业的企业家要自觉做履行政治责任、经济责任、社会责任的模范。

企业是市场的重要主体，而企业家可说是一个企业的统帅和灵魂。企业和市场的发展都依赖于创新实干的企业家精神。这种精神是企业成长的原动力，也是当今社会一种至为稀缺的资源和最根本的竞争力。在一个企业里，无论是管理创新、产品创新、服务创新还是技术创新，都需要企业家的胆识、魄力与担当。特别是当下经济发展新常态背景之下，要完成我国经济结构转型的艰巨任务，更需要发扬敢为人先、爱拼才会赢的企业家精神，进一步激发市场蕴藏的活力，推动中国经济凤凰涅槃、转型升级。

五、新时代激发和保护"企业家精神"的新路径、新举措

"创新、敢于冒险、开放、拥抱全球化"，正成为新时代中国企业家精神的典型特征。培育和壮大企业家队伍、进一步激发和保护"企业家精神"，这是由我国新时代的改革发展形势和企业家所担负的历史使命决定的。企业家作为现代市场经济中的一种特殊要素资源，作为企业"创新者"群体中的领头者，对企业发展具有引领作用。没有企业家的"头羊效应"，企业就难以焕发蓬勃生机，也难以担当改革发展重任。企业家精神是中国经济的原动力，企业家通过

引领机制革命带来高质量的发展[1][8]。企业机制是调动企业各动力要素向企业目标前进的内在过程。企业干部员工的利益和企业效益之间有正相关的关系就是好的机制，反之就是坏的机制。新的时代条件和发展任务要求大力激发和保护企业家精神。

（一）深化体制改革是激发和保护企业家精神的关键

十八大以来，从坚决反腐败，到审批权下放，从发展混合所有制经济，到全面推进依法治国，使权力运行越来越规范化，市场环境进一步公平，企业家精神正在日益被激发出来。

（二）健全法律制度是激发和保护企业家精神的保障

良好的法治环境能够有效保护企业家的权益，市场经济是法治经济。维护企业家的合法权益，必须健全法律制度，完善法律规范体系，用法治环境稳定企业发展的预期，以确保企业依法健康稳定发展。提出了三方面的措施：一是依法保护企业家财产权，二是依法保护企业家创新权益，三是依法保护企业家自主经营权。

（三）激发和保护企业家精神需要公平竞争的市场环境

制度歧视意味着不同类型企业之间，依然缺少真正平等的市场地位。这种歧视长时间得不到消弭，自然会伤害企业家精神。要激发企业家精神，必须营造更为公平的市场环境、出台更为宽松的政策和保持更加开放的心态，完善产权制度，给各经济主体以平等的市场地位。培养企业家群体，最重要的是要通过改善营商环境、确保规则公平、稳定预期，让企业家对发展前景、社会大势有足够的信心。企业家精神的主体是企业家，但与政府及官员的作为也是直接相关的。只有市场与政府共同发挥作用，才能有现实的市场经济活动。企业的活力来自于创新驱动发展的供给侧，创新更多地依赖企业家精神，而"企业家精神"的增强取决于政府行政干预的减少。

---

① 宋志平：《机制革命和企业家精神》，《国资报告》2018 年 1 月，第 11—13 页。

（四）构建清、亲的政商关系，赋予企业家以精神正道

市场经济应是法治经济，要靠法治为市场经济护航。领导干部同民营企业家打交道要守住底线、把好分寸，并不意味着领导干部可以对民营企业家不理不睬，对他们的正当要求置若罔闻，对他们的合法权益不予保护。为了推动经济社会发展，领导干部同非公有制经济人士的交往是经常的、必然的，也是必需的。这种交往应该为君子之交，要亲商、安商、富商，但不能搞成封建官僚和"红顶商人"之间的那种关系，也不能搞成西方国家大财团和政界之间的那种关系，更不能搞成吃吃喝喝、酒肉朋友的那种关系。政商关系是市场经济里永恒的话题，良性政商关系，能够助益企业发展，也是社会主义市场经济健康发展的重要前提。只有追求良性互动、共同发展、以造福社会为最终取向的政商关系，才是一种健康、清廉、长久的政商关系。"亲""清"两字，为正确处理政府与企业关系、支持企业发展、激励企业家创新创业提供了思想和行动指南。在健康的政商关系的前提之下，社会风清气正，才可能培养出诚信、实干的企业家群体。

六、结论

"企业家精神"既是一个古老的学术命题，也是一个崭新的内涵不断丰富的范畴。在经济理论界，既有有强调创新特征的德国学派，又有强调冒险特质的芝加哥学派，还有强调发现市场机会的奥地利学派。每一种学派后面有一大批著名的学者代表。我认为，企业家精神，既是一种无形的资源，也是一种决策和行动能力，它是一个国家产业竞争优势的主要来源。作为经济发展中的最重要的无形资源，企业家精神具有独特性，它是市场经济中的一种独特的能力和行动。

首先真正认可企业家是经济活动中的重要主体，弘扬优秀的企业家精神，塑造良好的社会环境，才能激发企业家的活力，助力经济焕发新动能。"侠之大者，为国为民；商之大者，利国利民。"有家国情怀、精神信仰、使命担当，才能从商业、企业经营者上升为企业家。时代呼唤企业家精神，而企业家精神更需要被制度呵护。

其次"企业家精神"不是与生俱来的，需要后天磨砺的，企业家精神具有每个人都不一样的价值观，我们要树立正确的企业家精神。企业家精神是一个不断超越自我、改变现状、寻求成功的能力。

台湾妇女人权保障状况及其对大陆的启示

胡淑慧*

自 2003 年台湾当局推行"性别主流化"运动以来，其妇女（或两性）人权保障较之前有了显著提高。不仅增加了所谓"宪法"增修条文及其相关条例的修订，而且由于行政部门的有力配合，妇女组织工作的卓有成效，使得妇女人权保障在台湾日趋完善。不必否认，台湾的妇女人权保护形成了一些相对成熟的做法，已从整体上走在了大陆前面。因此，从维护大陆妇女人权角度考虑，我们有必要切实了解并借鉴台湾方面的有益经验做法。

一、台湾妇女人权相关保障措施

（一）依靠健全的法律制度保障妇女人权

目前台立法部门已制定或修订了涵盖妇女各方面人权的多项规定。除了"宪法"及其增修条文外，台湾当局近年又先后制定或修订了多部与妇女人权保障相关的规定，主要有"民法"（2015 年修订）、"民法亲属编施行法"（2012年修订）、"民法继承编施行法"（2013 年修订）、"家庭暴力防治法"（1998 年，2015 年修订）、"性侵害犯罪防治法"（2015 年修订）"性骚扰防治法"（2005 年，2009 年修订）、"儿童及少年性剥削防制条例"（2015 年修正）、"人口贩运防制法"（2016 年修订）、"特殊境遇家庭扶助条例"（2014 年修订）、"性别平等教育法"（2013 年修订）、"性别工作平等法"（2016 年修订），并对近两百部既有规定进行了相关修正。与此同时，台湾方面主动落实涉及妇女人权保护的国际公约，且将三部公约（"经济、社会与文化权利国际公约""公民与政治权利国际

---

* 作者任职于北京联合大学台湾研究院。

公约""消除对妇女一切形式歧视公约")的相关条文"国内法化",并于2011年颁布"消除对妇女一切歧视公约施行法"。通过上述法律措施,台湾方面对妇女人权保障渐成体系,这为女性权利的贯彻实施打下坚实的法律基础。

(二)强化行政部门政策规制保障妇女人权

为贯彻前述规定,台行政部门对保障妇女人权作了相当多的规范。主要体现在以下四个方面:

一是在机关建制上,不断提升妇女人权保护的行政级别。2012年,台当局增设"行政院""性别平等处",统筹协调与推动性别平等政策。原"行政院妇女权益促进委员会"功能扩大为"行政院性别平等会"。由"性别平等处"担任其幕僚工作,统合跨"部会"推动各项性别平等政策,督导"中央""各部会"及地方政府落实性别主流化,使当局整体施政纳入性别观点及落实性别平等。

二是在政策规章上,将妇女人权保障纳入整体发展规划。近年来,台当局相继提出:两次"国家"人权报告、性别平等政策纲领、提升女孩权益行动方案、妇女劳动政策小册子、性别平等教育小册子、人口政策小册子、"黄金十年'国家'愿景"计划、"国家"发展计划(性别平等)。

三是在政策实施上,为两性参政议政设定保障名额和最低比例。比如台当局要求各机关公职人员及政党提名候选人必须达到"任一性别不得少于三分之一"的比例原则。台湾行政主管部门开辟"消除对妇女一切形式歧视公约专区""提升女孩权益行动方案专区",以推行"性别主流化"。

四是在政策评估上,设立专门奖项鼓励各机构切实保障妇女人权。并制定"性别平等业务辅导考核","'行政院'与所属机关及地方行政机关促进女性参与决策绩效优良奖励计划",特设"行政院金馨奖",激励"中央部会"和地方政府的积极性。此外,台湾地区内部事务主管机构还成立"财团法人妇女权益促进发展基金会",以支持推动两性平权的落实。

(三)发挥社会组织在妇女人权保障中的作用

台湾在推行两性平权的进程中,社会组织(NGO)发挥了巨大作用,众多法律措施和公共福利政策均由这些社会组织率先提出,加之与当局的良好互动,使得台湾"妇女人权保障"得到切实推动。当然,这些妇女组织不仅活跃于岛内,而且活跃在国际舞台上,积极踊跃参与国际活动,汲取国际经验与输出台湾经验。

岛内方面：台湾妇女团体"全国联合会"不但整合了相关妇女团体，而且积极参与当局事务、接受当局委托计划，对当局有针对性、有需求性地推进妇女人权保障起到了重要作用；妇女新知基金会对于各项性别政策议题的掌握与倡议，都发挥了对于公权力部门的监督角色；另外，台湾妇女救援协会、台湾人权促进会、励馨基金会、妇女联盟环境保护基金会、财团法人彭婉如文教基金会等也起到积极作用。

国际参与：台湾民间力量活跃于国际场合，比如：每年派员参与联合国妇女地位委员会会议（UN-CSW）暨非政府组织周边会议（NGO-CSW）、参加APEC相关会议包括性别联络人（GFPN）会议与妇女领导人网络（WLAN）会议，成立"台湾国际职业妇女协会""妇女与运动委员会"并参与世界妇女与运动国际研讨会（IWG），参加国际人权联盟的相关活动等。

（四）全面营造保障妇女人权的文化教育氛围

随着社会情势的发展，台湾当局亦积极引导社会各界正视妇女的各项权利，在文化教育领域为全面践行两性平等培植土壤。

首先，允许通过创办和发行妇女期刊，每年度一个主题，每一个主题一期，渐次普及和唤起社会大众的两性平等意识，如《妇女新知》，将一些议题由"私领域"变成公领域。其次，出台"性别平等教育法"（2004），根据该法各县市主管机关均须设立"性别平等教育委员会"，且要求在女性教育上，各级学校制定须有关保护女性的教育准则。再次，鼓励高校成立性别研究所，截至目前，全台约计近20家高校设立了相关中心/所/室。并在各相关学系（所）开设与性别相关课程，部分大进而成立与性别相关的学程，使其成为保障妇女人权的文化阵地。最后，文化方面，在NGO支持下，举办妇女人权模拟法庭辩论赛、女权巡回演讲、工作坊、编写女权歌曲（如：伊是咱的宝贝）、女权舞蹈剧、女权公益微电影等形式，在社会上进行大量的女权意识宣传教育。此外，成立"国家妇女馆"及妇女纪念公园等，形成有利于保障女性权利的社会文化。

（五）依托专项计划保障妇女的工作权利

女性工作权利的最终落脚点在于女性就业和女性创业两个方面。在就业面，台湾配备了多种妇女就业辅导政策，支持女性安全、就近、二度就业，主要措施有：覆盖全台县乡里的"社区保姆支持系统实施计划"（截至 2016 年共计 60 间托育中心）、"居家托育管理与托育费用补助实施计划"、实施"国民小学办理儿童课后照顾及人员资格标准"的课后照顾服务、办理长期照顾及居家服务支持系统（如 2008 年起"内政部"与"卫生署"共同推动"长期照顾十年计划"，于 25 县市设立长期照顾管理中心）。在协助妇女创业机会方面，有青辅会的"飞雁项目"、"劳委会"的"微型创业凤凰"、"内政部"的"单亲妇女培力计划"、台北市社会局的"飞凤计划"等等。并编列与两性、妇女相关的年度预算，近年呈逐年上涨趋势，现如今年度预算逾百亿新台币。

同时，台湾当局也在各县市设立公办民营的"妇女福利中心""单亲家庭服务中心"，"财团法人励馨社会福利事业基金会"在全台设立的二十所女性"庇护所""蒲公英谘商中心"，以及各地社会福利团体陆续成立的"袋鼠与企鹅的家——单亲家庭服务网络补给站"，迄今已有 19 个补给站，这些计划、中心等基础服务为实现妇女权利提供了保障。

二、台湾妇女人权保障对大陆的启示

（一）应尽速制定并完善有关两性平权的法律制度

综观我国宪法，文本仅在第四十八条提及妇女享有同男子平等的权利。国家保护妇女的权利和利益，实行男女同工同酬，培养和选拔妇女干部。从字眼上看，仍然是将妇女当作弱势群体对待，而在性别主流化激荡的今天，应首先在宪法上落实两性平权理念，而不应是仅强调某一性别的论述。

在其他法律方面，《民法通则》《劳动法》《儿童法》及《教育法》等中亦仅只言片语带过与宪法条文相近的内容，这说明我国对妇女人权保障的法律规定仍相对空泛。尽管我国 2005 年实施了《妇女权益保障法》，但并未能订立得像台湾的"性平三法"与"防暴三法"那样详细和具体，更对保护妇女（包括青少年女性在内）权益的专业性和迫切性缺乏应有重视。

相比之下，台湾涉及与两性相关的规章即有二十余部，并在近年被不断修订。基于两岸共同的社会传统、文化习俗，这些皆可为大陆参考借鉴，作为大陆推进妇女人权保护利用的法律资源，须认真研究借鉴。此外，作为联合国的合法代表，大陆应积极践行三部公约（《经济、社会与文化权利国际公约》《公民与政治权利国际公约》《消除对妇女一切形式歧视公约》），加速立法，并根据公约要求修订既有相关法律，且在用词上应尽量减少使用"妇女"，而应多使用"两性"。

（二）充分发挥各级国家机关在落实两性平等中的主导作用

从前述行文中，我们可以发现台湾"行政院"在具体推进两性权利保障上起着举足轻重的作用。正是因为这种自上而下的模式，使得台湾从"中央"到地方在执行相关政策时具有统一性和系统性。大陆方面除各级人大应高度重视两性立法，充分立法，加速立法，积极推动和监督两性法律在中央和地方的落实外，国务院在保障妇女人权方面亦应扮演"领头羊"的角色，不仅应制定相关规章制度，且督导国务院各相关部委及地方政府切实执行有关妇女政策。第一，国务院应制定两性人权的中长期规划，颁布行动纲领，有计划、有步骤地渐次推进两性人权保障事业。第二，中央机关及地方政府皆应成立性别平等机关，作为执行和联络窗口，并责成各有关部、厅、局、司、处、室研拟相关的两性政策。第三，国务院及各地方政府应设立奖励机制，通过奖励机制，发挥各级部门的积极性。第四，国务院及各地方政府应积极引导各级妇女组织（NGO），充分发挥妇女 NGO 的专业性、积极性，吸纳 NGO 的建议，并建立合作机制。第五，司法机关应修订和完善相关法律，在审理相关两性案件时，充分保证两性的平等权利。

（三）充分尊重和发展非营利妇女组织在保障女性人权中的助推器作用

台湾在保障妇女人权的进程中，非营利妇女组织无疑发挥了重要作用。不仅在唤起女权意识、维护妇女权利、增进妇女就业、强化妇女救助等方面扮演着积极角色，而且在推动相关规定的制定、修正和实施等方面，亦有着无可替代的地位。相较视之，大陆相对独立的妇女 NGO 还很少，这是造成妇女人权保障现状不尽人意的重要因素。因此，我们可以考虑尽快壮大相关社会组织以保障妇女人权。

一是各级政府部门应充分尊重 NGO 的专业性，宜将一些相关的法律草案、调研报告、政策规划、座谈会、听证会等委托给 NGO 组织去做，充分发挥 NGO 的正向作用。二是引导 NGO 扮演好政府与普通女性大众之间的中间桥梁角色，缓解政府压力和节约成本。三是政府可以引入 NGO 对各级部门贯彻两性政策进行体制外监督，督促两性政策的有效执行。四是扶植优秀 NGO 走出国门，加强与国际 NGO 的联系，积极参与国际妇女事务，充分借鉴国外先进经验，以此展现大陆在保障妇女人权的决心。五是鼓励 NGO 出版相关刊物，引导媒体舆论对妇女 NGO 报道，从而形塑保障两性人权的社会意识。

（四）应优先保障妇女就业、创业等基础性权利

鉴于两岸之间社会发展的程度不同，大陆应将保障妇女就业创业等基础性权利列为优先事项。其一，应根据两性工作平等法精神，检修《劳动法》和《妇女权利保障法》，或制定《两性工作平等法》，使女性就业首先在法律得到保护。其二，各级政府应视社会需要，编列相关预算，引导和支持妇女就业、创业。其三，各级主管机关应该加强与用人单位合作，或通过补助、激励或优惠的方式，保障妇女的平等就业权利。其四，应视年龄分布、社经地位、区域限制、婚姻形态、工作场域、身心状况的差异制定相关就业政策，不宜一锅端一刀切。其五，充分利用 NGO 组织的力量，发挥他们在寻找就业机会、提升就业能力以及保护就业权利等方面的优势。其六，每一年度的政策制定执行前，各级主管单位都应进行性别统计、性别分析、制订政策、编列预算、性别影响评估，针对不同的性别提出策略方案。其七，完善相关福利设施，比如建构全国性或区域性的托育中心、老年照顾中心、再就业培训中心等。其八，制定鼓励各种吸纳妇女就业的激励措施，例如：在采购、融资及税制上的优惠等。具体可参照台湾的有关做法。

（五）应加快完善保障女性人身安全、身心健康的措施

2015 年，台湾"卫福部"调查指出现阶段需要关注妇女的福利需求主要有下列五个方面：关心妇女人身安全的议题、保障妇女就业的机会、推动教育两性平权的观念、关心妇女健康以及综合性的资源服务。近年来，大陆社会霸凌和校园霸凌现象层出不穷，给女性安全与健康造成极大隐患，切需加快完善保障女性人身安全、身心健康的措施。一是应加大对家暴法、性侵法（社会、校园）、人口贩运（包括儿童交易）法等的修订或立法及实施进度，将对女性乃至社会造成重大危害的个人或组织绳之以法。二是应大力培育社会大众的两性平等意识，强化女性的自我保护意识和保护技能，建构对性别暴力零容忍的社会意识与教育氛围。三是应设立各级女性救助中心/站，对不幸女性或家庭提供

人道关怀和温暖，协助他们树立健康积极的生活态度。四是应增加社会监控力度，强化政府与民间合作，推动社区科技防治安全网，并发挥组织、企业的社会责任。五是各单位在陪产假、育婴假、家庭照顾假、部分工时、弹性工时或工作地点对两性均应给予灵活照顾。六是各级政府或组织在女性罹患率的疾病方面应提供充分的医疗资讯、友善医疗环境，优先及较为充足的医疗补助。

应用型大学通识教育概说

常百灵[*]

随着高等教育的发展，根据培养人才的规格和层次，大学被划分为研究型大学、教学型大学、应用型大学等类别。一般来说应用型大学是指：面向地方经济和社会发展需要，设置应用学科专业；强化实践实训教学，提高应用能力；重视应用研究，促进产学研紧密结合；培养具有一定理论基础和技术能力，为党政机关、企事业等基层单位管理服务的应用型人才。[①]在台湾，应用型大学是指各种技职类科技大学。通识教育（general education）是对近代高等教育有重大影响的一种教育思想与实践。大陆和台湾的高校在教育教学改革中都先后开展了通识教育的实践。对高校通识教育的理念和实践进行系统的梳理，对应用型大学开展通识教育的特殊性进行探讨，将会进一步推动高校立德树人根本任务的实现。

一、通识教育的内涵

通识教育是由英文 general education 一词翻译过来的。在不同的历史时期、不同的国家和地区，general education 曾有多种译法。如我国大陆曾被译为通才教育、普通教育、一般教育等；在我国港台地区曾被译为宏通教育、通才教育、全人教育、通识教育；在日本则称之为教养教育。我国台湾学者从中国传统文化中引经据典，说文解意，比较恰当、深邃、全面地表达了"通识教育"的内涵。如台湾大学历史系教授高明士对通识教育一词进行了说明：何谓"通"？清儒章学诚引用《说文》释"通"为"达"，曰："通者，所以通天下之不通也。"

---

[*] 作者任职于北京联合大学。

① 孔凡敏等：《建设应用型大学之路》，北京大学出版社 2006 年版，第 33 页。

今日的问题，是人文不知理工的学问，理工不知人文的学问，这就是"不通"。其内涵不免偏指学问的求得，所以"通"之外还要有"识"。何为"识"？唐儒刘知几在名著《史通》中，引孔夫子语"多闻，择其善而识之"，解："学者有博闻旧事，多识其物。""学者博闻，盖在择之而已。"博闻是才学的能力，也就是通识教育中"通"的功夫，但择善的功夫则取决于见识、器识的程度。直到20世纪八九十年代，"通识教育"这一概念才得到了华人社会的普遍认同，并逐渐流行开来。①

关于通识教育的内涵，学者们从不同的角度就行了深入的探讨。中国大陆较早开展通识教育研究的李曼丽认为：就性质而言，通识教育是高等教育的组成部分，是所有大学生都应接受的非专业性教育；就其目的而言，通识教育旨在培养积极参与社会生活的、有社会责任感的、全面发展的社会的人和国家的公民；就其内容而言，通识教育是一种广泛的、非专业性的、非功利性的基本知识、技能和态度的教育。②北京大学李向明认为，通识教育既是大学的一种理念，也是一种人才培养模式。其目标是培养完整的人（又称全人），即具备远大眼光、通融识见、博雅精神和优美情感的人，而不仅仅是某一狭窄专业领域的专精型人才。③学者陆一、徐渊认为，通识教育在以理性和科学为基石的现代社会，人类不可避免地走向专业分化，有一种现代教育是每一种文明进行社会整合、塑造文化认同、推动文明演进的文教手段，也是每一个具有专业职分的个人获得其应有修养，从而实现美好生活和人生价值的途径。④

人们曾经为得出一个广泛接受的通识教育概念而做过艰苦努力，但迄今为止尚没有一个公认的、规范性的表述。本文认为，通识教育至少可以从理念、制度、课程几个方面来理解。

（一）通识教育是一种现代大学理念，旨在培养全面发展的人和公民

通识教育思想最早可以追溯到古希腊的自由教育（liberal education）。在这样的奴隶社会里，人被分为自由人和奴隶两种，奴隶承担仆佣性的专门化职业，

---

① 庞海芍：《通识教育内涵解读》，郭大成：《素质教育与大学使命——2011年大学生素质教育高层论坛论文集》，北京理工大学出版社2011年版，第111—124页。
② 李曼丽：《通识教育：一种大学的教育观》，清华大学出版社1999年版，第17—18页。
③ 陈向明：《对通识教育有关概念的辨析》，《高等教育研究》2006年第3期。
④ 陆一、徐渊：《制名以指实："通识教育"概念的本语境辨析》，《清华大学教育研究》2016年第5期。

自由人则主要关注公民的权利和责任，承担政治统治的职责。相应的，对奴隶的训练完全是职业性的，对于作为统治阶级的自由人，则是非职业化的、非实用性的。自由人被培养成为思索与追求美好生活的人。这种自由教育形成了西方古典人文教育的传统。通识教育与自由教育虽然在追求人的自由全面发展上具有本质上的一致性，但是并不是对自由教育的回归，而是为了回应和解决现代社会的弊病，在更高层面上的发展。

近代以来首先把通识教育与大学教育联系在一起的是 19 世纪 30 年代美国博德学院的帕卡德（A·S·Packard）教授。针对当时大学出现的允许学生选修和大量出现的选修课，帕卡德教授认为大学应该提供共同的教育："我们学院预计给青年一种 general education，一种古典的、文学的和科学的，一种尽可能综合的教育，它是学生进行任何专业学习的准备，为学生提供所有知识分支的教学，这将使得学生在致力于学习一种特殊的、专门的知识之前对知识的总体状况有一个综合的、全面的了解"。[①] 近代以来科学发展、专业分化对高等教育的影响就是大学中分科的专业教育的开展。由全部必修到大量选修课程的出现，教育界有识之士开始思考某种意义上的共同课程，这是通识教育被赋予的最初含义。由于时代的限制，帕卡德的思想并没有引起重视。

在美国的通识教育发展史上，有两大经典文本产生了深远的影响。其一是芝加哥大学原校长哈钦斯（Robert Hutchins）1936 年发表的《高等教育在美国》。该著作第三章专门谈"通识教育"。文章批评了当时美国的大学与中学只为升学考试服务的应试教育倾向，批评了大学里的功利主义和唯市场取向的专业设置和教学内容，使研究型大学日益变成职业培训的场所。在哈钦斯看来，大学应该是一种"共同教育"，即通识教育，才能培育共同的精神与文化根基，将学生培养成为"负责任的公民"。现代大学要成为现代科学创新之所，必须首先成为"文明传承之所"，这就要求探讨人类的永恒问题，即"共同人性"与本民族的族类特性问题。对哈钦斯来说，塑造了西方文明传统的那些伟大著作，恰恰是训练学生的智识能力并使他们成为具有独立思考和批判能力的公民的最好教材。因此主张通过对经典名著和苏格拉底式的小班讨论的教学方式来实现这一目标。其二是哈佛大学科南特（James Conant）领导下发表于 1945 年的报告《自由社会的通识教育》（即红皮书）。柯南特在该报告的导言中提出，通识教育的核心

---

① 李曼丽：《通识教育：一种大学的教育观》，清华大学出版社 1999 年版，第 8 页。

"在于自由传统和人文传统的传递"，以构建"维持文明社会所必需的广泛的思想基础"；[①] 识教育是学生整个教育的一部分，"旨在培养学生成为一个负责任的人和公民"。[②]

20 世纪美国通识教育的探索以及产生的重大影响，并不是脱离社会独立存在的，而是对西方社会遇到的现代性问题的回应和解答，也是高等教育自身发展逻辑的呈现。通识教育作为现代教育理念，它产生于理性化、专业分化、推崇人人平等的现代社会，它本身的现代性体现在教育对象的普遍性和平等性，针对过度专业分化造成人的疏离而言，它是对现代性弊端的纠正。[③]

其一，工业化带来的专业主义、功利主义对高等教育的冲击。工业革命对人类社会产生了深远的影响。工业的发展引起了社会分工的发展，产生了越来越多的行业、企业。人们越来越多地从乡村迁出而聚居于城市，社会形态也逐渐由农业社会转变为工业社会。随着科学技术影响力的进一步深化，企业需要越来越多的受过专业技术培训的劳动者。受到的专业教育不同，将来的职业发展不同，相应的经济利益和社会地位也会有巨大的差别。因此，学生在专业选择方面深受功利主义的影响，商科、法课等专业受到追捧。科学技术的发展以及知识领域的不断分化，对高校的影响就是专业教育成为必须，不同专业的知识分支越来越细，不同专业之间的差别越来越大。专业的分化、社会的日益多样化使教育者对社会凝聚力下降及共同生活基础缺失的担忧，迫切需要通过共同思想基础的价值观教育来增加凝聚力。

其二，高等教育大众化带来受教育者的差异性和社会的日益分化。美国大力开展通识教育探索之时，正是美国高等教育大发展的时期。受教育者由原来的少数富裕的精英阶层子弟，转变为多数的包括普通阶层在内的人员。学生在智力层次和兴趣方面有很大的差异。有些学生喜欢学术思考，智力水平适合接受更高水平的教育，有些学生则对动手操作性活动更有兴趣，有些学生则在艺术方面有更大的天赋。学生自身的差异性要求高等教育采取差异化的培养方式，使不同的学生都能得到很好的培养，能为未来美好生活奠定扎实的基础。但是，学生的差异性以及随之而来的高等教育的分化，使不同群体之间日益缺乏共同

---

① 哈佛委员会，李曼丽译：《哈佛通识教育红皮书》，北京大学出版社 2012 年版，柯南特导言。

② 哈佛委员会，李曼丽译：《哈佛通识教育红皮书》，北京大学出版社 2012 年版，第 40 页。

③ 陆一：《从"通识教育在中国"到"中国大学的通识教育"——兼论中国大学专业教育与通识教育多种可能的结合》，《中国大学教育》2016 年第 9 期。

语言，难以达成共识。带给高等教育的思考是：有没有一些共同的课程或能力是教育所必需的。

其三，通识教育不是仅为少数人提供的，而是多数人提供的，体现了教育公平的现代教育理念。在呈送给哈佛大学校长科南特的报告函中，委员会明确提出："美国教育的要务不是使少数幸运的年轻绅士学会欣赏'美好生活'……我们的目的是培养最大量的未来公民理解自己的责任和利益，因为他们是美国人，是自由的人"。① 尽管通识教育与西方传统上的自由教育本质上的一致，但是自由教育产生于奴隶社会，是为自由人即统治者提供的非职业性教育，学生只是社会中的少数成员。现代社会则认为每个人都是平等自由的，马克思主义更是把奠基于经济平等上的人的真正自由平等作为自己的追求目标；每个人都应该受到平等的教育，都应该对自己的人生负责，并且承担着共同的社会责任。所以通识教育作为现代教育理念，将"保存古代自由教育的理想，并且尽可能地将其扩展到共同体内部所有成员的身上"。②

通识教育的根本宗旨在于培养全面发展的人和公民。教育的目的就是让每个人都能够得到提升，成就未来美好生活。教育方面的专业主义、功利主义虽然有一定的客观因素，造就了"单向度的人"，但是追求全面发展是人类的理想。人的全面发展不仅是知识的跨学科融通，人的知识、能力、情感、意志的均衡发展，而且是对人与社会关系的正确认知，积极承担社会责任。所以，通识教育不仅有益于个人，是个人获得教养和完善人格的途径，也是国家的文化教育手段，最终成就社会理想。在文明和国家层面，通识教育是人类各种现代文明的凝合剂、团结力。③

通识教育作为一种源于西方的教育理念带有一定的意识形态色彩。英美社会普遍推行通识教育，绝不仅仅只是因为通识教育本身具有价值，也不仅因为它是英美教育传统中的精髓，而是为了解决英美社会发展中面临的实际问题，在教育领域所做出的扎扎实实的努力。通识教育的宗旨，是形成西方文明传统和美国历史的认同，以求奠定美国现代社会共同的文化基础，因而通识教育的主线，便是西方文明史或有关西方文明的各类课程。"通识教育的核心目标，是

---

① 哈佛委员会，李曼丽译：《哈佛通识教育红皮书》，北京大学出版社 2010 年版，报告呈送函。

② 哈佛委员会，李曼丽译：《哈佛通识教育红皮书》，北京大学出版社 2010 年版，第 41 页。

③ 陆一：《从"通识教育在中国"到"中国大学的通识教育"——兼论中国大学专业教育与通识教育多种可能的结合》，《中国大学教育》2016 年第 9 期。

为了让学生树立起对美国自由民主社会的信念，认同美国自由民主社会的价值观，推动美国自由民主社会的发展和进步。一句话，通识教育就是美国社会的教育，带有鲜明的美国烙印，是为美国利益服务的教育。"[①] 虽难免有西方中心主义的缺陷，但"在现代高等教育中寻求文明传统的共同体认，增强对人类和民族文明的社会责任感，是值得借鉴的"。[②]

（二）通识教育是指非专业化、非职业化的教学内容

一般而言，通识教育内容有广义和狭义之分。广义的通识教育内容应包括除专业教育之外的所有内容。按照通识教育培养全面发展的人和共目标，凡是有助于此目标实现的正式课程和非正式课程如，社团活动、社会实践、各类讲座、校园文化等等，目的均在于培养健全的人格。狭义的通识教育内容主要指在本科培养计划中为实现通识教育目标而设计的那部分课程，如美国许多大学的"通识教育核心课程"、我国大陆和台湾高校设计的通识教育必修或选修课程。

通识课程在课程设计方面都强调对综合性知识的掌握，重视跨学科学习，致力于促进人的全面发展。[③] 一般来说，人类的知识分为自然科学、社会科学和人文科学三部分。以在世界范围内影响非常大的美国哈佛大学为例，2005 年逐步形成的通识教育核心课程体系（core courses）分为七个模块：外国文化（Foreign Cultures）、历史研究（Historical Study）、文学与艺术（Literatures & Arts）、道德推理（Moral Reasoning）、定量推理（Quantitative Reasoning）、科学（Science）以及社会分析（Social Analysis）[④] 笼统地讲，这七个模块中外国文化、文学与艺术、历史研究属于人文学科、道德推理与社会分析属于社会学科，定量推理和科学属于自然学科。芝加哥大学的通识教育课程体系更是清晰的显示出三大知识领域的构成，这一课程体系"主要有 14 个序列课程，在 14 个序列课程中，包括三年人文课程、三年社会科学课程、三年自然科学课程、一年数学课程（还可以多选一年）、阅读与写作课程、外国语（选修）、历史、O.I.I

---

① 秦春华：《我们需要什么样的通识教育》，《中国大学教学》2016 年第 11 期。
② 张翼星：《当今大学通识教育之我见》，《现代大学教育》2016 年第 4 期。
③ 钟秉林、王新凤：《通识教育的内涵及其本土化实践路径探析》，《国家教育行政学院学报》2017 年第 5 期。
④ 北航高研院通识教育研究课题组：《转型中国的大学通识教育——比较、评估与展望》，浙江大学出版社 2013 年版，第 21 期。

[观察（Observation）、阐释（Interpretation）与综合（Integration）]"。① 虽然我们学习的知识属于不同的领域，但是生活的世界却是一个整体。自然科学旨在对自然环境有所理解，以利于我们与之保持适当的关系；社会科学旨在对我们的社会环境和人类制度有个总体的理解，以便于我们与社会保持适当关系；人文学科的目的是促使人们理解人类与其自身的关系，理解人类的内在期望与理想。②

（三）通识教育是一种人才培养模式。

所谓人才培养模式，是指在一定的教育理论、教育思想指导下，按照特定的培养目标和人才规格，以相对稳定的教学内容和课程体系，管理制度和评估方式，实施人才教育的过程的总和。通识教育作为人才培养模式，是与专业教育模式相对应而言的。作为人才培养模式，通识教育与专业教育有很大的区别（见表1）。可以看出，两种教育模式在教育理念和目标、教育内容及教学方式方法、培养制度等方面都存在较大差异。

表 1 通识教育与专业教育人才培养模式比较

层面	通识教育（美国）	专业教育（苏联）
教育理念和目标	优先考虑个人的发展、个人主义和民主主义	优先考虑社会发展，集体主义和国家主义
	重视人的协调发展和能力培养，培养健全的人	重视人的智力发展和传授知识，培养只会工作的工具人
教育理念和目标	旨在为职业生活打基础、做准备	旨在培养高度熟练的专家
教育内容及教学方式方法	人文社会科学与自然科学并重，注重理工结合、文理渗透	特别重视自然科学，重理轻文
	以基础教育为主，知识面较宽，强调适应性	以专门教育为主，专业面窄，强调适用性
	学生中心，社会中心	课堂中心，学科中心
	重视科研，通过研究实践学习	以教学为主，通过课堂教学学习

---

① 沈文钦：《赫钦斯与芝加哥大学的通识教育改革》，《比较教育研究》2006 年第 4 期。
② 哈佛委员会，李曼丽译：《哈佛通识教育红皮书》，北京大学出版社 2010 年版，第 45 页。

续表

层面	通识教育（美国）	专业教育（苏联）
培养制度等	实行学分制，较自由灵活的学习制度	实行学年制，严格统一的教学管理
	重视综合性大学和学校的综合性、多样化的管理体制	以专门性学院为主，由各工业部门主管

需要补充说明的是，通识教育在培养目标培养方式方法上的突出特点，往往人们用这些特点来代指通识教育。

通识教育是培养通识能力的教育。如《哈佛通识教育红皮书》认为教育的目标是培养整全的人（the whole man），通识教育就是要培养有效思考能力、交流能力、做出恰当判断的能力、价值辨别能力，培养"好"人和"好"公民。[①]有效思考能力是指学生掌握逻辑思维的方法、娴熟处理各种术语和概念，并运用想象力进行思考的能力，其训练涉及对自然科学、社会科学、人文科学的学习训练。交流能力是表达自己并被他人理解的能力，具体包括口头表达和书面表达的能力。一定的修辞训练，能让我们的语言表达流畅优美，对知识领域的深入研究能让我们的思考深刻独到。但是语言交流并不神秘，每个人都需要掌握适合自己的交流方式和交流能力。做出恰当判断的能力，涉及的是学生将全部思想运用于经验领域的能力。这一能力就是运用综合性的知识来分析认识实际生活中问题的能力。现代教育往往同实际的生活相阻隔，学生看到的是抽象化的知识体系；只有书本上作为表象符号存在的知识与现实生活中的问题联系起来，才能深化学生对社会的认识，做出恰当的判断。辨别价值的能力是指在多元化的环境中，学生能对不同种类的价值有清楚的意识，对各种价值之间的关系有所理解。高等教育不仅要传授有关价值的知识，还要致力于价值本身，将理想内化于行为、感情和思想。有关美德的知识虽然不能自动地使学生具有美德，但会引人向善。

通识教育是指经典研读＋小班讨论的教育方式。这一教育方式所带来的人才培养的高质量和独树一帜的通识教育传统，最为人们所推崇。以美国芝加哥大学为例，其通识教育的授课方式大致分为两种：一种是以讨论为主，另一种是以授课为主。如果以授课为主，则采取"大班讲授，小组讨论"的模式。讨

---

① 哈佛委员会，李曼丽译：《哈佛通识教育红皮书》，北京大学出版社2010年版，第58—59页。

论课构成了芝加哥大学通识教育的核心内容，也形成比较成熟的组织形式。对于小班讨论而言，教师事先的准备工作是关键。首先是阅读材料的选择。在材料的选用上，芝加哥大学已经形成了一套成熟的做法，有些已经作为教材出版。选定教材后另外需要准备的就是如何处理经典文本，设计相关的讨论主题等。学生不仅需要细读规定内容，还要就准备 3 分钟发言，提出自己认为值得注意和讨论的问题，并且要积极参与讨论。课后还要提交课后总结。通过这种紧张的训练，学生虽然付出的时间和精力比较多，但是基本的写作能力、有效地把握讨论的关键议题并迅速做出反应和有效表达的能力等到良好的训练。[①] 经典文本作为思想内容和修辞表达浑然一体的最高典范，既是思想与心智训练的好材料，也是表达风格的好范例。[②] 通识教育以经典著作深层阅读和讨论为主的教学方式弊病不是少数课程所独有的，而是贯穿在各门课程和各种教学环节中，这从根本上保障了美国高校，特别是研究型大学人才培养的高质量。

二、通识教育在中国

（一）中国传统教育中的通识教育资源

通识教育作为现代教育理念和实践源于西方，或者说是直接从美国大学引进，但是，中国在理解和接受这一理念时却是通过传统文化中相似的资源达到，通识教育一词的汉语翻译就体现了中西文化的沟通和交流。中国传统教育中有着丰富的思想资源，从某种意义上来说，中国的传统高等教育在本质上就是通识教育。孔子是中国古代最有影响的教育家，他提出教育的目标就是培养具有"智""仁""勇"三德的"君子"，以这样的贤能之人去治理国家，实现"大同世界"的社会理想。他提出"知（智）者不惑，仁者不忧，勇者不惧。"（论语·子罕）陶行知先生将"智""仁""勇"比附为智、德、体的全面发展。这反映了孔子关于"三达德"的思想，已经初步具有关于人的各种素质和谐发展的因素。[③] 中国传统儒家经典《中庸》概括的学习方法为"博学之、审问之、

---

① 范广欣：《芝加哥大学的西方文明核心课程：通识教育与大学理念》，https://www5.cuhk.edu.hk/oge/oge_media/rcge/Docs/Conference/Idea_of_University/fanguangxin.pdf。

② 陆一：《从"通识教育在中国"到"中国大学的通识教育"——兼论中国大学专业教育与通识教育多种可能的结合》，《中国大学教育》2016 年第 9 期。

③ 王炳照等：《中国教育思想史（第一卷）》，湖南教育出版社 1994 年版，第 60 页。

慎思之、明辨之、笃行之"，可见儒家教育思想非常重视"博学"和会通。中国古代教育修德与修学目的是为治国理政培养人才，这与古希腊的贵族教育在政治维度上并没有太大差别。但是我们的经学体系无法有效容纳逻辑与科学理性，在知识论和方法论上过于偏重伦理道德层面，其长远后果就是中国在近现代的系统性落后。[①]

（二）清末民国时期通识教育的探索

中国近现代意义上的大学产生于 19 世纪末期，它既不是中国传统高等教育自身逻辑发展的结果，也不是社会经济发展到一定阶段的产物，而是与民族救亡运动相伴而生，是移植西方国家大学制度的产物。[②] 为了挽救民族危亡，实现教育救国、实业救国，清末和民国的官员都主张大力引进西方现代科学技术，专门教育开始崭露头角，传统的"通才教育"模式受到冲击。从此，中国近现代大学教育就在"通识教育"和"专门教育"的天平上摇摆。发展专门教育和实业教育的客观需要和随之而来的功利主义、实用主义倾向，专家学者围绕通识教育和专门教育孰轻孰重，展开了激烈的争论。争论的结果是教育部认可了大学教育以"研究高深学术，培养能治事、治人、创业之通才与专才"为目标，并且规定了统一的大学共同必修课程标准，加强了大学基本训练。[③] 一批教育家奉行通识教育的思想，对大学进行了卓有成效的改革。比较有代表性的有蔡元培、梅贻琦钱穆等。

蔡元培 1917 年出任北大校长以后，主张"德、智、体、美"育全面发展，养成一种"健全的人格"；主张学术分离，将基础科学和应用科学进行区分，明确北京大学的办学定位为"研究高深学问"的研究性大学；主张文理融通，要求学理工科的学生学些人文社会科学知识，学文科的学生学些自然科学知识，以"打破存在于从事不同知识领域学习的学生之间的障碍"；主张学术自由、兼容并包。蔡元培的教育改革非常明确地培养四育完全人格作为通识教育的目标，把宽厚的通识教育看作精深的专门教育的基础，推动了北大的发展，这些思想探索对今天通识教育改革仍然具有重要启示。

---

① 北航高研院通识教育研究课题组:《转型中国的大学通识教育——比较、评估与展望》，浙江大学出版社 2013 年版，第 21 页。

② 李佳:《近代中国大学通识教育课程研究》，浙江大学出版社 2010 年版，第 16 页。

③ 冯慧敏:《中国现代大学通识教育》，武汉大学出版社 2004 年版，自序。

梅贻琦面对大学教育中存在的通识和专识的争论，在《大学一解》这篇文献中明确提出"通识为本，而专识为末"观点。"窃以为大学期内，通专虽应兼顾，而重心所寄，应在通而不在专；换言之，即须一反目前重视专科之倾向，方足以语于新民之效……通识之用，不止润身而已，亦所以自通于人也。信如此论，则通识为本，而专识为末；社会所需要者，通才为大，而专家次之。以无通才为基础之专家临民，其结果不为新民，而为扰民……通识之授受不足，为今日大学教育之一大通病"。①

钱穆 1940 年撰文《改革大学制度议》提出"智识贵能汇通"，并警示中国大学"一门学术之发皇滋长，固贵有专家，而尤贵有大师……今日国内负时誉之大学，其拥皋比而登上座者，乃不幸通识少而专业多。如此则将使学者不见天地之大，古今之全体，而道术将为天下裂"。②

民国时期中国大学通识教育探索，形成了很多有价值的思想，也积累了一些经验，培养了大批汇通中外、融通文理，学识渊博又富于创造精神的卓越人才。受当时社会环的影响，这种通识教育的探索并没有持续太久，所影响的范围也很有限。

（三）台湾地区通识教育的探索

台湾通识教育的发展经历了萌芽、起步与发展三个历史阶段。③

萌芽时期（1950—1984）：当时称作通才教育，主要是由几所大学提出并实践的。1956 年 7 月，私立东海大学曾提出宏通教育（通才教育）方案，致力于培养学生广博的知识与融通的能力。20 世纪 70 年代，台湾清华大学在留美学者沈君山等人的呼吁下，大力推动通识教育课程。1981—1984 年，虞兆中教授担任台湾大学校长期间，致力于推动通才教育。他组织制定了《推行通才教育计划书》，根据实际需要设计了 5 大知识领域 13 门课程供学生自由选修。早期的这些通识教育探索虽然都因种种原因失败了，但是却埋下了通识教育的种子。

起步时期（1984—1994）:1984 年 4 月，台湾教育行政部门经由专家组的研究，公布了"大学通识教育选修科目实施要点"，通知各公私立大学及独立学院遵照办理通识教育选修科目，包括 7 个学术范畴：文学与艺术，历史与文化，

---

① 梅贻琦：《大学一解》，杨东平：《大学精神》，文汇出版社 2003 年版，第 46—54 页。
② 钱穆：《改革大学制度议》，《大公报》，1940 年 12 月 1 日。
③ 庞海芍：《通识教育：台湾和大陆之比较》，《中国高教研究》2007 年第 6 期。

社会与哲学，数学与逻辑，物理科学，生命科学，应用科学与技术。所有学生必须在毕业前修满4—6学分的通识科目。"实施要点"的颁发，标志并推动了台湾各大学通识教育的普遍开展。

发展时期（1994至今）：1994年台湾通识教育学会的成立以及"大学法"的修正，宣告了台湾通识教育时代的来临。1995年5月26日"大法官"380号解释———大学共同必修科逾越"母法"且与"宪法"的教育宗旨不符，各大学公共必修课目（三民主义、"国父"思想等意识形态必修课）开始解冻，教育行政部门做出决议："国文"、外文、历史、"宪法"与"立国"精神四个领域，为各校必开之科目。1995年起，各大学为响应废除共同科目之新政策，重新规划校内共同科目及通识课程，课程充分体现通识教育理念。1998年始，台湾教育行政部门多次进行通识教育评鉴活动，引起了台湾各大学对通识教育的进一步重视和改进，将通识教育推向新的阶段。

（四）大陆的通识教育探索

新中国成立后，于1952年进行了院系调整，大陆采用了苏联的专业教育体制。这种体制的主要特点就是从大学一年级开始就实行专业教育，重理工、轻人文社科，通识教育作为体制被完全排除，只保留了思想教育、体育等具有通识教育性质的内容。大陆20世纪50年代采用这种本科专业化的大学体制有其历史合理性和必要性，大批专业技术人才的培养，有力的支撑了中国工业化快速发展的进程。这种与发达国家接轨的方式有力推进了中国高等教育的初级现代化，为国家工业体系建设和科技发展打下了坚实基础。但是这种体制的弊端也是明显的：过早过窄过细的专业划分，严重限制了大学生的想象力和创造力的充分发展，尤其不利于跨学科、跨领域的前沿性思维和研究，[1] "批判思考与创新能力"的培养，必须建立在广博的知识基础之上，而且必须凭借深厚的文化资源，才有可能进行批判与知识的创新；[2] 学生人格教育缺失，难以有效融入社会和承受挫折。[3] 基于此，教育部门和各高校开始探索大学本科教育模式的转型

---

① 甘阳：《大学人文教育的理念、目标与模式》，甘阳等：《中国大学的人文教育》，生活·读书·新知三联书店2015年版，第3—40页。

② 黄俊杰：《21世纪的大学专业教育与通识教育：互动与融合》，《顺德职业技术学院学报》2007年第1期。

③ 北航高研院通识教育研究课题组：《转型中国的大学通识教育———比较、评估与展望》，浙江大学出版社2013年版，第68页。

问题。1999 年教育部批准建立 32 所"国家大学生文化素质教育基地"。1999 年中共中央、国务院颁发《关于深化教育改革全面推进素质教育的决定》，大学的文化素质教育逐步深入。各大学特别是理工科院校通过在教学计划中加强人文社科课程，增设、活跃第二课堂如讲座、文化艺术活动、社团与社会实践等来推动文化素质教育的开展。与此同时，一些知名综合性大学开始明确使用"通识教育"的概念，仿效欧美特别是美国高校开设"通识教育选修课"，并开展通识教育人才培养模式的探索，如北京大学的元培计划、复旦大学的复旦学院、浙江大学的竺可桢学院等，大陆高校的通识教育拉开了帷幕。

大陆的通识教育经过十几年的探索，一些深层次的问题逐渐显现。对这些问题的讨论会对通识教育的深入开展指明前进的方向。

作为一个从西方文化移植过来的概念，实现通识教育的本土化是首要问题。北京大学校长林建华 2015 年底在全校公开讲座"通识教育大讲堂"启动仪式上提出："我们不应该沾沾自喜地停留在过去，也不要一味地去模仿美国的博雅教育，我们要走出一条'通识教育与专业教育相结合'的道路。"他将"懂得社会、懂得自己、懂得中国、懂得世界"设置为北大通识教育目标，[1] 形成区别于西方的通识教育目标是本土化的第一步。美国通识教育真正有价值的方面在于其经典研读和小班讨论的教学方式，在于课程所带来的思维训练和人格塑造。为此，能否在必读经典上达成一定共识，是决定中国大学通识教育落地生根的本质。[2] 在经典的选择方面，中华传统优秀文化、革命文化、西方文化都要囊括其中，只有以更加开放包容的心态去拣选经典，才能帮助学生形成看待中国和世界的正确观念，形成正确的世界观、人生观和价值观。教育的探索注定是一个漫长的过程，只有我们不断总结教育实践中的经验，抓住问题的本质，真正凝聚共识，通识教育才能破浪前行。

三、应用型大学开展通识教育的合理性

在大陆开展通识教育的实践中，应用型大学开展通识教育的问题存在一些否定性的声音。一些学者提出，通识教育可能不一定适合所有大学，而可能更

---

① 林建华：《什么是成功的大学教育》，《光明日报》2015 年 12 月 25 日。

② 陆一：《从"通识教育在中国"到"中国大学的通识教育"——兼论中国大学专业教育与通识教育多种可能的结合》，《中国大学教育》2016 年第 9 期。

加适合某些一流大学。因为这些一流高校承担的是为国家培养各行各业领袖型人才的任务，这些社会精英首先应该是一个全面发展的人。[①] 教育实践中，一些应用型大学教学改革多关注与行业、企业的融合，强化学生专业能力的培养，通识教育课程问题远没有引起重视。本文认为，无论从欧美国家还是台湾地区通识教育的实践来看，都没有把应用型大学排除在通识教育之外，不同培养类型和培养层次的大学都应该开展通识教育。不同的学校通识教育的内容和形式可以不同，不存在适用类型方面的区分。通识教育应用型大学开展通识教育有其理论和现实的合理性。

（一）通识教育有助于为个人职业发展提供多元支持系统

应用型大学培养目标明确，就是为了提高学生的职业能力，毕业后能够从事相关行业的工作。为了满足社会对某种应用型人才的需求，学校往往通过产教融合等手段提升学生的职业能力。但是，由于较早的就把目标限定在特定领域中，视野未免受限，学生难以走出各自专业的小圈子，认识不到知识之间的联系，缺乏从比较广阔的视角思考和处理问题的意识和能力。毕业生面临的是比传统社会更加复杂、多变的工作环境，需要开阔视野，关注并利用其他相关领域的新进展、有效地解决工作中遇到的问题，并需要应对职业经常变换的挑战。[②]

通识教育通过提供多学科领域贯通的通识课程，为学生开阔视野，理解不同知识领域思考和处理问题的方式。通识教育还可以通过多元的课程，帮助学生构筑与自己职业领域相关的知识体系，增强对未来职业的适应性。以汽车生产为例，优秀骑车固然需要优异的制造技术来生产好材料、零组件、装配、测试等，但要让骑车进入市场被广为接受而存活与发展，还需要艺术品位、研发、设计、色彩学、心理学、人类学社会学、管理学、休闲运动学、广告行销、保险、法令……众多领域一起来成就。[③] 社会生活日益成为一个复杂的系统，行业之间、部门之间、部门内部需要互相了解认知、互相支持协作。在通识教育中知识和见识的增长，团队协作意识和能力成就，将会对学生未来的职业发展和更好地适应社会提供支持。

① 黄达人：《关于大学通识教育的一些思考》，《中国高等教育》2015 年第 22 期。

② 陈向明：《从北大元培计划看通识教育与专业教育的关系》，《北京大学教育评论》2006 年第 3 期。

③ 林崇熙：《技职体系通识教育的新大道》，http://www.chinesege.org.tw/geonline/html/page4/publish_pub.php?Pub_Sn=138&Sn=2025。

（二）通识教育有助于学生人格的完善

梅贻琦在《大学一解》中谈到，道德修养包括知情意三个方面，专业教育往往注重知识的传授，于情感、意志方面很是忽视，甚至无所作为。这是传统教育转型为现代教育过程中必然经历的过程。传统教育是小众的，少数的学生从游于学养深厚、品德高尚的教师，耳濡目染，品行修养自在其中。在现代教育中，受教育者的规模大幅增长，远远超过了优良师资增长的规模，小班授课模式近乎成为一种奢侈。随着知识的迅猛增长，学生和教师追求新知的压力和动力超过了对品性修养的关注。然而，人格的完善对学生一生的重要意义远远超过专业本身所带来的影响。

教育的目的在于培育和造就完整的人，实现人的全面发展。在个人层面，通识教育的作用就是健全人格，是对人性的确认、成全和反省。通识教育通过经典阅读、小班讨论等教学方式帮助学生认识自我、认识社会，形成健康的生活情趣，成就完整人格。通识本身就是为己之学，因而对于并不直接追求其他功利性目标。但是通识教育在直指人心，塑造灵魂的同时，也成就了受教育者在现代社会通用的种种技能，这些技能、知识的副产品也是我们乐见的。

教育应该是公平和平等的，应该为每个人的全面发展提供条件。这是马克思主义的根本价值目标，也是人类的共同理想。马克思说："在共产主义社会里，任何人都没有特殊的活动范围，而是都可以在任何部门内发展，社会调节着整个生产，因而使我有可能随自己的兴趣今天干这事，明天干那事，上午打猎，下午捕鱼，傍晚从事畜牧，晚饭后从事批判，这样就不会使我老是一个猎人、渔夫、牧人或批判者。"[1]

（三）通识教育有助于凝聚社会共识、再造文明。

成就全面发展的人、成为更好的自己，为美好生活奠定基础仅仅是通识教育个人层面的目标。人是生活在社会之中，个人才智及美好生活只有在社会中才能得到承认和成就。因此，更好的社会也就意味着更好的个人。从人类社会发展来看，通识教育就是要在学科融合的基础上培养学生的参与意识、批判精神和综合素养，解决人们面对复杂社会现实问题的时候表现出来的无能、无力、

---

[1] 中共中央马克思恩格斯列宁斯大林著作编译局：《马克思恩格斯文集（第1卷）》，人民出版社2009年版，第537页。

无助等难题。[①]

通识教育作为一种源于西方的教育理念，不可避免地带有意识形态色彩。中国的通识教育承担着传承和创造中国文化的任务。当代中国文化是中国特色社会主义文化，它源于中国优秀传统文化，继承了革命文化，"不忘本来、吸收外来、面向未来"，开放包容，继承创新，才能发展中国特色社会主义文化。文化自信是一个国家、一个民族发展中更基本、更深沉、更持久的力量。当今中国大学的通识教育改革"绝不仅仅是对过度专业分化、过度应试的缓和性策略，而是联系着激活文化自觉、再造中国现代文明的使命。"[②]

通识教育对应用型大学的必要性不仅仅是停留在理论层面上，还要通过大学和社会的安排、检验和确认。大学行为可以用教育目的和课程安排来描述，社会期望则主要通过社会发展和个体发展之需要来表征。[③]通识教育效果的显现不是即时的，往往需要一个漫长的过程。不以过分功利主义来衡量效果、合理的制度安排，将有助于通识教育的健康发展。

四、通识教育与相关概念辨析

（一）通识教育与专业教育

通识教育作为教育内容并不是对立的，而是高等教育中不可分割的两个组成部分。通识教育是"指学生整个教育的一部分，该部分旨在培养学生成为一个负责任的人和公民。而'专业教育'这个术语，指的是旨在培养学生将来从事某种职业所需的能力的教育。此二者同为人的生活的两个方面，是不能完全分离的"。[④]如前所述，作为人才培养模式，通识教育和专业教育人才培养模式有明显的差异。

① 钟秉林、王新凤：《通识教育的内涵及其本土化实践路径探析》，《国家教育行政学院学报》2017年第5期。

② 陆一：《从"通识教育在中国"到"中国大学的通识教育"——兼论中国大学专业教育与通识教育多种可能的结合》，《中国大学教学》2016年第9期。

③ 周光礼：《论高等教育的适切性——通识教育与专业教育的分歧与融合研究》，《高等工程教育研究》2015年第2期。

④ 哈佛委员会，李曼丽译：《哈佛通识教育红皮书》，北京大学出版社，2012年版，第39—40页。

（二）通识教育与素质教育

文化素质教育产生于对应试教育、大学教育过度专业分化和重理工轻人文的自我反省，是对苏联大学教育弊端的纠偏。而通识教育的提出，则预示着以综合性大学为先导，中国高等教育朝着美国模式的转向，特别包括了人文主义的回归。从纠偏到建构，文化素质教育和通识教育在中国高等教育改革的道路上接力推进。[①] 文化素质教育作为教育内容来看属于广义的通识教育。素质教育某种意义上上通识教育的本土化表达。

（三）通识教育与思想政治教育

近年来高校素质教育的经验之一就是，要继续把思想政治教育放在突出地位，同时也不能忽视"通识教育"。那些把思想政治教育和"通识教育"对立起来或者割裂开来的观点是偏颇的。"通识教育"是实现素质教育的重要途径，也是加强和改进思想政治教育的重要方式。"通识教育"是教育理念的创新，是"全面实施素质教育"的重要内容和路径。[②]

---

① 陆一：《从"通识教育在中国"到"中国大学的通识教育"——兼论中国大学专业教育与通识教育多种可能的结合》，《中国大学教学》2016年第12期，第9页。

② 顾海良《"全面实施素质教育"中的思想政治教育与通识教育》，《高等教育研究》2006年第3期。

海外智库及学者的中国发展道路评析

刘文忠[*]

以 21 世纪初的"北京共识"为开端,海内外兴起了研究中国发展道路和"中国模式"的研究热潮。是否存在中国模式、中国模式的内涵、性质、意义等问题,国际社会提出了各种观点。作为中国发展道路及其"中国模式"的话语探讨起源于改革开放 30 年后,中国经济的飞速发展及其综合国力的提高,海内外都试图解读中国崛起的秘密。中国研究外国,外国研究中国,中国再研究外国人对中国的研究,是中国走向世界,使世界认识中国的一个不断发展变化、前进向上的过程,它必将有助于深化和反思对中国经验的认知,向世界表达中国的话语权。近年来有关"中国威胁论"和"中国崩溃论""中国责任论"等言论不时在西方学者与媒体中出现,最近"软实力"的首创者约瑟夫·奈则提出了"中国不确定论"。约翰·奈斯比特也在《中国大趋势》中预言:"中国模式将会改变世界"、马丁·雅克更推出了轰动全球的《当中国统治世界》来分析所谓"中国的崛起和西方世界的衰落"。面对众说纷纭的世界的中国观,重新认识与发现中国模式与发展道路则变得非常重要,以确立世界的中国观,完善中国发展的世界观。

一、基本观点概括

近年来,各大智库也越来越重视对中国的研究。最具有代表性的美国智库包括布鲁金斯学会(Brookings Institution)、国际战略研究中心(Center for Strategic and International Studies)、伍德罗·威尔逊国际学者中心(Woodrow

* 作者为北京联合大学京台文化交流研究中心执行主任,台湾研究院副院长;本文是北京社科基金项目《国际视阈下的中国发展道路、发展模式评析》阶段性成果;项目编号:13KDB038。

Wilson International Center for Scholars）等；欧洲专业智库多在对华研究方面主要聚焦中国崛起的影响、欧盟对华战略选择、中欧战略伙伴关系及具体双边问题等，以中国为对象的研究中心和研究项目近年也在欧洲大学不断涌现；多数日本智库认为中国崛起在经济上给日本带来了许多机遇，同时也提出了在军事和战略上的各种隐忧。他们认为应加强同中国的交流与合作，抓住中国崛起带来的各种机遇，另一方面也要针对中国崛起可能带来的威胁加强防范。

自乔舒·亚库珀·雷默提出"北京共识"以来，在国外学者（这些学者多是智库成员）掀起研究中国模式的热潮。代表性的著作有：2005 由美国学者马丁·哈特—兰兹伯格和保罗·伯克特合著的"China and socialism：market reforms and class struggle"，提出中国模式是一种有中国特色的资本主义发展模式；2009 年英国学者马丁·雅克著"When China Rules the World: The Rise of the Middle Kingdom and the End of the Western World"强调中国传统文化在中国模式中的重要地位及其对未来世界的影响；2010 年在"The Beijing Consensus：how China's authoritarian model will dominate the twenty-first century"一书，认为中国模式将使西方观念日趋边缘化；国内学界日益重视海外的中国研究，成立了几家专门的"海外中国学研究中心"；出版了系列海外中国研究的著述。如《国外学者对"中国模式"的研究》（朱可辛 2009 ）、《国外有关中国模式的评论》（徐崇温，2009 ）、《国外中国模式研究新趋势及其启示》（谢永宽、刘志礼 2011 ）、《国外中国模式研究评析》（刘爱武，2010 ）等。上述国内外研究集中在以下几个方面：

（1）是否存在中国模式且形成独特发展道路。部分学者认为，改革开放以来中国走出了一条独特发展道路，形成了具有鲜明特色的中国模式（郑永年 2009；约翰·奈斯比特 2010 ）。也有学者否认中国模式的存在（沈大伟和里奥·霍恩 2010 ）。概括而言，对中国发展道路的基本概括有 5 种：形"北京共识"、市场社会主义、经济自由加政治压制、"中国模式"、"中国案例"。

（2）中国发展道路的类型和模式之辨。代表性观点有"北京共识"（雷默、胡凡尔 2004 ）、市场社会主义（郭苏 2008 ）、经济自由加政治压制（罗恩·卡利克 2007 ）、"中国模式"（丁关良 2010 ）等，中国发展道路也被贴上不同类型的标签，如中国特色资本主义（马丁·哈特·兰兹伯格和保罗·伯克特 2004 ）、中国特色新自由主义（戴维·哈维 2004 ）、实用主义（约翰·奈斯比特 2008 ）。特别是以香港学者丁学良《辩论"中国模式"》一书为发端，海内外学界积极推动"中国模式"的探讨：是否可以把中国发展道路提升为一种概念化的认知，如果存在这样一种认知，是否具有普遍性的意义（何迪 鲁利玲 2012）。客观审视这些观点实质上是如何认识我国改革开放的性质，一些西方学者在中国模式研究问题上所带有的意识形态偏见，需要我们做出坚决的批驳，而他们对中国模式所存在的问题的一些客观认识，也应该引起警觉。国外学者对中国模式特点的概括总体只看到了中国模式的表面特征，暗含着对"中国模式"的担忧以及对"中国模式威胁论"的宣扬。

（3）中国发展道路的具体制度的研究，如环境、经济发展、政治结构、社会发展、科技进步、法治等。如从西方民主的价值观认识我国人大制度（艾尔·巴尔 2005）、从三权分立解析我国的国家职权分工（大卫·什 2006）；从1995 年开始，The China Quarterly 出版专刊研究中国法律制度。

综上，研究队伍上，海外中国学学者研究重点放在中国共产党及其个别领袖人物、介绍中共党史、分析中国当代政治，个别学者关注某个制度（如国外的"一国两制"研究）；研究方法上，重在述评和概括性的分析，缺少国外对中国发展道路的微观研究；研究视野上，重在阐释中国特色社会主义理论与中共党史研究，缺失对中国发展道路普遍规律性的认知。

二、方法和视角

国外学者通过诸多方法开展进行当代中国的研究，对我们研究中国发展道路具有重要的借鉴意义。本文重点介绍海外中国研究的几种视角和方法：

（一）比较方法

将"中国模式"与"东亚模式"进行比较，在寻找其共同点和相似性的基础上，来概括"中国模式"的内涵。中国走的是一条独特的东亚道路，其特点是强大的国家、活跃的家庭劳动经济和主要由小企业组成的私有经济和小规模资本主义经济 (Joel Andreas 2008)。

（二）结构分析法

中国的改革并没有按照传统的西方分析家们给出的路线来处理其政治改革的压力（罗斯·加诺特 2012）。中国政治和经济建设的重点仍然是经济结构改革、农业现代化、增加社会保障，从而最终建成社会主义和谐社会。在经济领域，和谐社会体现为降低收入差距和城乡发展差距，完善社会保障体系；在政治方面，和谐社会则体现为坚持社会主义制度，同时逐步降低政府专权，建设有中国特色的法治国家（叶烈娜·波多利科 2010）。

（三）系统方法

"中国模式"并不单是经济成就，而包括多个方面的内容。"中国模式"是一种将本国国情与具体实践巧妙集合的模式、一种将过去与未来相结合的模式、一种将中国发展与世界进步相结合的双赢模式（埃尔·皮卡尔 2008）。中国模式包含有丰富的内容，有支撑中国新的社会经济体制基础的八大支柱。（约翰·奈斯比特 2008)。

（四）现代化研究方法

中国的改革开放是现代化过程的一部分，且不是一个典型的资本主义过程——即在市场化和经济快速发展的同时并没有建立起民主化的政治机制和自由化的核心价值。在理论偏好上以西方经典的现代化理论、市民社会理论等为基准来衡量当代中国并得出社会经济结构中某一领域或某一区域的"中国特色"，然后从历史、文化和改革环节等方面找出这种"特色"形成的"根源"，以增强经典理论对中国的解释力（吉尔伯特·罗兹曼1995）。

三、具体制度研究

海外学者研究中国问题分为两个基本路径，宏观研究和微观研究。微观研究包括对中国的环境、经济发展、政治结构、社会发展、科技进步、法治等方面进行研究。在美国，日本、欧洲、俄罗斯大学和智库研究中国问题的专家众多，内容涉及政治、经济、文化各方面，主要方法是针对中国问题的规范研究（以价值、标准为基础）。如，从西方民主的价值观认识我国人大制度（艾尔.巴尔 2005）、从西方的三权分立解析我国的国家职权分工（大卫·什 2006）。认为中国政府越来越重视立法的社会参与，发挥了两个不同的角色，即不同阶层的代表者以及不同利益冲突的调停者角色。由于市场经济和公共治理的需要，中国人大制度的立法和政治协商过程更加开放、多样化和充满竞争性（Young.Nam

Cho 2006)。

The China Quarterly专门研究中国法律制度的发展，讨论主题包括中国法律制度的立法过程（Murray Scot Tanner 1995），法院和行政机构在立法活动的参与过程（Anthony R. Dicks 1995）、人事编制中法律顾问的角色（Donald C. Clarke William P. Alford 1995）、刑事法律和人权（Donald C. Clarke and James V. Feinerman 1995）、关键地区的对外贸易和投资的法律（Pitman B. Potter 1995），中国的法律在世界法律秩序中的作用（James V. Feinerman 1995）、中国法律的未来（Stanley Lubman 1995）。借助警察权和司法权的视角还广泛探讨了中国法律中央政府和地方政府的关系，分析了法律规则因素外的以警察权为特征的国家强制执行力问题（Murray Scot Tanner Eric Green 1995）。

结论

国外中国发展道路达成的共识是中国经验的一部分，当然这些共识也包括对中国发展道路的诸多忧患的认识。普遍认为中国发展道路为第三世界国家提供发展经验，中国的社会主义并非他国模式的拷贝，而是人类社会众多成就的创造性集大成者（亚历山大·萨利茨基 2010）；中国发展道路为社会主义国家提供一种社会主义发展的新模式，恰恰是中国特色社会主义体现出社会主义的生命力，对西方资本主义提出严峻挑战，西方国家深感"中国崛起"速度大大超越了西方的预期（阿·雅可夫列夫 2009）。系统梳理和述评国外学者关于中国发展道路研究的主要观点、方法，有利于深刻剖析国外中国模式和发展道路研究的背景、立场及动因，澄清国际社会对中国道路的错误认识，回应"中国威胁论""中国模式威胁论""中国崩溃论""中国责任论"等各种论调，提炼国外中国发展道路的共识和分歧，构建中国发展道路研究话语体系，对国外的中国发展道路的宏观研究和微观研究进行框架性的整合，为决策提供有价值的参考。

民间私人幕僚型智库的实证分析：
以"小英教育基金会"为例

刘文忠 *

"小英教育基金会"是台湾民进党现主席蔡英文成立的具有私人幕僚属性的智库，是她2012年竞选失败后的寄寓之所。"小英教育基金会"在她2014年重新回锅党主席的两年期间内，为她累积政治资本和曝光度中起到了承前启后的作用。深入分析该基金会两年来的活动，从现实性上有利于理清蔡英文的思想动态、政治动态，认清蔡英文为首的民进党大陆政策的可能走向；从理论上，可以进一步加强民间智库研究，丰富对私人幕僚属性民间智库的认知。

一、发展概况

"小英教育基金会"2012年8月6日正式挂牌运营。蔡英文将基金会作为自己败选后的反省之地，它是蔡培养自己的幕僚，重构自己人际关系网络的重要场所。

（一）政治符号式标识

蔡英文表示基金会名字"小英教育基金会"里的小英并不是指代她本人，当初在拟定基金会名称时，受到台湾播出的卡通"小英的故事"的启发，卡通里的小英代表的是十九世纪末，在资本主义当道的社会，许多贫苦孩子的象征和缩影，而小英的故事翻译成英文叫作《Nobody's girl》，蔡英文希望通过他们的努力能够让《Nobody's girl》变成《Everybody's child》，这就是"小英教育基

* 作者为北京联合大学京台文化交流研究中心执行主任，台湾研究院副院长。

金会"未来要努力的方向。

她试图通过广为流传的媒体故事包装基金会，将政治意图通过卡通故事标识成政治符号。基金会成立之初名字的选择上，便试图拉近台湾社会底层民众的情感共识，铺垫基层基础，从青年人的孩提文化记忆中拉近与青年人的情感距离，进而辐射年轻世代的政治理念。"小英教育基金会"维持了蔡英文的政治能见度，通过一系列智库活动使她在民进党内部、台湾政党的角逐、两岸关系中不断发声，继续保持了台湾民众对蔡本人的注意，为她 2014 年回锅党主席起到了承前启后的作用。

（二）灵活的资金筹集渠道

基金会的运作资金主要来源是蔡英文参选 2012 选举时所筹集的竞选资金以及"大选"的补助款。根据岛内相关规定，"大选"时每得一票可获 30 元新台币补助款。此次选举，蔡得 609 万票，约获补助款 1.83 亿元。依民进党条例规定，1/3 的"大选"补助款需上缴中央党部，其余归属候选人。由此，蔡的"大选"补助款所余约 1.22 亿元投入了基金会。根据 2012 年 7 月台"监察院"公布的"大选"政治献金收支情况报告，蔡所获政治献金总额约 7.98 亿元。个人捐赠方面，蔡英文利用"三只小猪"的小额募款活动共获献金 5.51 亿元，另有匿名个人捐赠 1.65 亿元。团体捐赠方面，民进党党部捐赠 2667 万元，企业捐赠约 7000 万元，人民团体捐赠 272 万元。扣除选举总支出月 7.1 亿元，结余 4685 万元。结余款全部投入了基金会。由此推算，基金会的基础运作资金约有 1.68 亿元。[①]

基金会在举办的一些活动时，也会收取部分钱作为基金会运作资金的补充，比如开展的一系列青年运动计划，以向学生收取学费的方式收取一定费用。[②]

二、"小英教育基金会"的组织结构和人员构成

基金会采用董事长负责制，一名董事长、一名执行长、一名监事和九位董

---

① 左秋子:《"小英教育基金会"运行情况》，http://www.huaxia.com/lasd/twzlk/2014/06/3919275.html. 2014-06-06。

② 如 2014《政治最前线——青年政治工作实习计划》，参见财团法人小英教育基金会官网http://www.thinkingtaiwan.org/[2014-05-14]。

事。蔡英文自任董事长，其余十一位人员囊括了前民进党中央一级主管、高级党工、前政务官、知名学者及重量级企业家等，是蔡延揽的一批各具专长的心腹。2014 年 6 月，蔡英文回锅党主席后，辞任董事长职务，任民进党智库——新境界智库董事长，林全也一并辞职，担任"新境界智库"执行长，而由简志忠担任董事长，张振亚担任执行长。

（一）严密的组织结构保证了基金会的执行力

蔡英文自任董事长，执行长为前"财政部长"、蔡的重要财经幕僚林全。组织机构见图一：

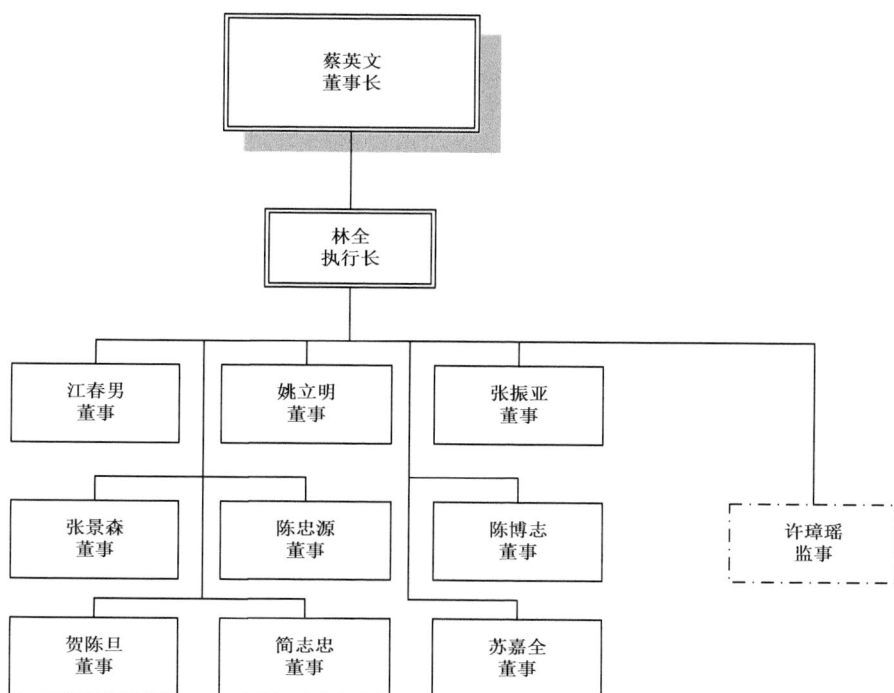

图一：2014 年 6 月前的"小英教育基金会"组织机构图

（1）明确的组织分工。基金会有三个重要的组织分别是"想想论坛""小英之友会"和"社会力发展中心"，从三个外围组织的活动来看，他们功能分别对应了蔡英文所说的为台湾点亮的三只火柴"思考力""行动力"和"社会力"。

"想想论坛"在基金会成立前一天便提前上线，蔡英文希望在网络平台上和民众一起想想这个世界。论坛主编为师大社教系新闻组毕业，曾任"中央广播电台"总台长，后升任"中央社"总编辑的赖秀如，论坛主要以公共政策讨论的社会教育及社会关怀为主轴，也兼涉其他议题，并鼓励岛外学者包括大陆学者一起来为这个世界想想，想想论坛的运作，显然是蔡英文集团在思想舆论战线打出的一张牌，通过想想论坛延揽网上有共同思想倾向的人士，扩大蔡英文集团在网络媒体的网络人脉，想想论坛英文版也于今年五月上线。

"小英之友会"是蔡英文为了2012"大选"胜选而在台湾各地成立的"竞选机器"，蔡英文希望"号召社会各界之进步力量，凝聚具有相同理念之支持者，成为台湾最坚强的后盾。"现今，这个直接为蔡英文个人服务的"小英之友会"被编入"小英基金会"的下属部门，为蔡英文招募人才，存好与其共同理念者，实现基金会"行动力"的功能，继续为蔡英文服务。

"小英教育基金会社会力发展中心"是蔡英文研究策划社会活动的重要机构，中心的主要负责人为民进党前"外省人台湾独立促进会"成员、1990年"野百合学运"主要人物杨长镇。杨长镇长年从事社会运动和少数民族运动，是民进党"学运世代"骨干分子，有理由相信，今年3月的"太阳花学运"与此人有密切联系。

（2）私人幕僚属性明显，"小英教育基金会"各部门的设计都有极强的为蔡英文个人服务的色彩在内。

（二）同质性很高的人员构成保证了政策和思想的凝聚力

"小英教育基金会"都是蔡延揽的一批各具专长的心腹，同质性高，有一致的政治理念，形成了一个"认知共同体"。人员特点主要表现在以下四个方面：

表1：2014年6月前的小英教育基金会人员构成

序号	职称	姓名	主要经历
1	董事长	蔡英文（政）	前民进党主席
2	执行长	林 全（商）	前"财政部长"
3	监事	许璋瑶（政）	前"主计长"
4	董 事	江春男（媒）	苹果日报专栏作家
5	董 事	姚立明（学）	文化大学教授

序号	职称	姓名	主要经历
6	董 事	陈忠源（商）	前春福建设公司董事长
7	董 事	陈博志（学）	前"经建会主委"
8	董 事	张振亚（商）	前娇生公司台湾区总经理
9	董 事	张景森（政）	前"经建会副主委"
10	董 事	贺陈旦（商）	前"交通部长"
11	董 事	简志忠（商）	圆神出版社董事长
12	董 事	苏嘉全（政）	前民进党秘书长

（1）多为陈水扁当局时期与蔡英文共事的同事。蔡英文在扁当局时期历任"大陆委员会主任委员""立法委员""立法院党团副总招人""行政院副阁揆"。林全为前"财政部部长"，许璋瑶为前"行政院主计处主计长"，陈博志曾担任"行政院经济建设委员会主任委员""总统府国策顾问""中央银行理事"等职，这些基金会核心人员均为蔡英文在扁当局的同事，蔡英文与他们很早就有较深的交往，而苏嘉全为前民进党秘书长，更是蔡英文2012"大选"时的副手，他们与蔡英文的关系可谓"一荣俱荣，一损俱损"。

（2）祖籍多为本省人，非国民党败退台湾人员后裔。民进党是20世纪80年代，由党外势力联盟发展壮大而来，党内的主要人物均为本省人，基金会绝大多数核心成员均为台湾本省人，有的甚至有台湾少数民族血统，就拿蔡英文来说，她的祖母即为少数民族，本省人的态度倾向往往较强，这对拥有强烈态度倾向的蔡英文来说，真可谓是一帮"志同道合"的心腹。

（3）欧美留学居多。蔡本人毕业于美国康乃尔大学并取得法学硕士，并于英国伦敦政治经济学院（LSE）取得法学博士。基金会前执行长林全为美国伊利诺伊大学经济学博士，姚立明为西德毕勒佛大学法律研究所博士，现任执行长张振亚毕业于哈佛商学院，贺陈旦为弗吉尼亚大学都市计划硕士。拥有留学背景的人自然与蔡英文的关系非同一般，他们同样接受了西方式的教育，可能都接受了西方资本主义的自由民主的思想，这都加深了他们共同价值观的认同。

（4）经济财经类学者居多。蔡英文毕业于英国伦敦政治经济学院并取得博士学位。回台后，担任"经济部国际经济组织首席法律顾问"，以及台湾政治大学和东吴大学国际贸易研究所兼法律系所教授；前执行长林全是地地道道的经济学出身，不仅有经济学硕士和博士学位，更是担任过前"财政部长"；许璋瑶毕业于成功大学会计系，获政治大学统计研究所硕士学位，担任前"行政院主计长"；现任执行长张振亚毕业于哈佛商学院，长期的企业人士。蔡英文吸引众多经济人士进入基金会，可理解为提高基金会对经济政策的制定和执行能力，贯彻基金会提出的台湾新经济的政策。

三、"小英教育基金会"影响能力分析

民间智库能力的构成要素概括为决策支持能力、舆论引导能力、学术研究能力、成果推广能力等。

智库作为政策参与者，在进行政策问题研究的时候，还必须和社会各界保持紧密的联系，这样才能提高影响力的广度和深度，智库的专家在长期的与社会各界的交往和参加社会活动的积累中，因此便逐步累积形成了相对稳定的关系网络，这些网络有行政体制网络、政府官员网络、社会精英网络、媒体网络。

智库社会资本是思想库建立并巩固起来的社会网络的结构，这种结构就是一种镶嵌于思想库网络的资源，并且，思想库的结构将直接影响思想库的功能实现。思想库网络和社会资本是实现思想库影响力的两个最重要因素。"小英教育基金会"通过一系列的智库活动，扩大自己的社会网络和思想网络。"小英教育基金会"主要活动包括开展工作坊、邀请各方面专家学者演讲并开展研讨会、走访基层尤其是台湾地区少数民族基层和开展青年政治运动。她试图通过基金会的运转在与民进党内部党魁的竞争中获得良好的竞争地位，累积政治资本；掀起一系列"朝野"议题和公民议题，意在参政议政，维持政治影响力，给台湾植入自己的政治判断，为将来谋取务实的政治利益创造平台；通过基金会与大陆的相关研究机构进行所谓的"专业性"研讨，谋求与大陆智库进行沟通的管道，试图逐步在两岸彰显蔡有能力处理两岸关系的能力和方法。

（一）培育思想工厂，抢夺台湾的话语权

智库的核心竞争力是产生思想市场，是指思想工作者在商品市场的范围里从事自己的行业，其产出和供应乃是思想的商品形态。[①]基金会成立当天，蔡

---

① 罗纳德·科斯：《商品市场和思想市场》，《美国经济评论》1974年第64期。

英文作为董事长发表讲话，她用点亮三根火柴的比喻点出基金会作为一个民间社团，期许未来能够奉献力量，为台湾点亮三只火柴引导台湾思想市场。

第一支火柴是公共议题的思辨。并为此开启了一个网络公共言论平台——"想想论坛"，不定期举办实体论坛和工作坊，让不管是产业经济、中国观察、民主法治、全球视野、社会关怀，或者文化教育等各种公共议题，都能够在"想想"论坛里自由发挥、相互激荡，欢迎不同的主张一起来想想台湾，一起带动台湾社会进步的思想和勇于思辨的"公民意识"；第二支火柴是在地关怀的行动。基金会将结合在地的公民团体，以实际的行动投入社区照顾；第三支火柴是鼓动民众参与的社会力。通过鼓动广大的社会力，不管是个人或企业，平时就能共同参与、付诸行动。让每一个人都是改变社会的"参与者"，而不只是"旁观者"或"批判者"。

基金会就是用"思考力""行动力"和"社会力"这"三支火柴"，结合广大的社会民间能量，一起点亮台湾的希望。2014 年 6 月，蔡英文回任党主席，并辞去基金会董事长职务，基金会官网发表公告称新任董事长将继续沿着点亮三支火柴的道路继续前进。基金会在一定程度关怀推进了一系列有着教育意味的活动，但那也只是蔡扩大与基层的联系，提升她在基层中的支持度，为他的政治生活增加筹码的手段而已，基金会更多的是蔡及其幕僚进行一系列政治意味浓厚的活动场所。

（二）网罗人才，扩大社会资本

政治决策体系是由多种力量构成的"决策共同体"或"政策网络"，其内部各种力量的互动形成不断流动的政策过程，决策者为处理复杂问题，必然依赖"决策共同体"内由专家构成的"认知共同体"。[①]基金会的人员可谓"多才多艺"，涉及政界、商界、媒体界、学界，有的人甚至是跨界的精英，他们为基金会提供了丰富的人脉关系，他们在社会各界的人脉构成了基金会的社会网络，但基金会成员与蔡英文的人身依附关系十分强烈。

"小英教育基金会"核心组成人员自成立以来并未发生变化，但内部组织结构有稍许变动，这主要是由于蔡英文五月底回锅党主席，对重掌民进党大权拥有党内资源的蔡英文来说，基金会的重要性有所下降，所以蔡辞去董事长职位，

---

① Peter M. Haas, *Epistemic Communities and International Policy Coordination*, International Organization,1992,NO.46.

相应的人员随之变动。

（三）挑动公共议题的讨论，提高社会影响力

智库影响通过一系列决策体系对政治决策施加影响。这个政治决策体系是由政治、财经、媒体、学术四个领域构成的复合空间，与决策相关的信息与资源在此空间内流动，形成"权力场"，而智库居于此"权力场"的中心，对决策体系的四个领域均构成影响。[①]"小英教育基金会"正是借助政治、财经、媒体、学术领域掀起对公共议题的讨论，将这个影响施加到政治决策中。

媒体成为民间智库在中国社会发挥影响力的主要渠道。所以从未来的发展来看，民间智库的发展一定要保持和媒体的良好合作关系，将自己的政策意见、对公共政策的评估等都通过媒体表达出来，继续扩大民间智库在社会上的影响。

蔡英文败选并辞去党主席后并没有就此金盆洗手善罢甘休，而是马不停蹄地进行自己的活动，打亲民牌，树立自己的亲民形象。她走访了台东建和书屋、和台东小朋友一块看动画电影、参访社会福利机构，倡导全台的专业人士投入社福机构的运作，协助心智障碍朋友在艰困的市场中，开出一片天，建立能继续关照，步入老年的身心障碍者照养体系、倡导给罗东圣母募捐等等活动。

（1）开展了台湾新经济工作坊。工作坊主要探讨台湾经济发展新模式，蔡英文在工作坊开幕致辞时表示，台湾目前面临了空前的危机和挑战，我们必须诚实地面对、愿意承认我们遇到了困难，希望透过工作坊中聚焦的讨论、脑力的激荡，找出下个阶段的台湾经济发展新模式。

（2）开展研讨会是基金会的重要活动。基金会成立的一年多时间里，分别邀请了前台湾地区副领导人萧万长、宏碁集团创办人施振荣、台积电董事长张忠谋、经济学家辜朝明、韩国前总统李明博、全球事务顾问索尔曼、大陆方面的中国银行首席经济学家曹远征及前"美国在台协会（AIT）处长"司徒文等重量级人士举行主题讲座与研讨。与丹麦举办创造多元高价值养猪产业国际研讨会，并且于2014年1月，由执行长林全带队，对大陆进行了低调的回访，这次回访被定性为两岸专业领域的学术交流。公共议题的思辨被认为是基金会在台湾"点亮的第一根火柴"，基金会在网络上开设了"想想论坛"以配合不定期举办的实体论坛和工作坊。"想想论坛"广泛掀起对产业经济、大陆观察、民主

---

① 周静、卢敦基：《中国智库：历史渊源与当代发展》，《浙江社会科学》2014年第7期。

法治、全球视野、社会关怀，或者文化教育等各种公共议题的讨论。

（3）基层关怀活动频繁。走访基层，开展在地关怀行动是蔡展开基层耕耘重要的手段。蔡英文表示将结合在地的公民团体，以实际的行动投入社区照顾。在基金会筹备阶段，蔡英文就已经先行在基层活动，尤其对偏远地区的关怀活动，他走访山区，与少数民族、山区儿童打成一气，呼吁当局合理地调控资源，加强基层设施建设，并批评马英九当局的效率低下，如果民进党执政会会比较有效率。蔡英文出身贵族，基层基础很薄弱，加强基层关怀活动，提高她在群众中的好感将为她参选 2016 有很大帮助。蔡英文走访了许多地方包括偏乡、少数民族部落，参观台东兰屿乡民服务中心，希望改善兰屿的基础设施，回到她的家乡恒春半岛探视天秤台风的受创地区，举办了那玛夏达卡奴瓦部落 VS. 哈玛星鼓山小学影像交流等一系列活动。

（4）撇开民进党党部，独自进行两岸交流。两岸关系是蔡英文集团不可回避的问题。对两岸问题处理的得当与否将直接影响蔡英文 2016"大选"，对此，蔡英文不得不重视两岸的交流、政策。2013 年 7 月基金会邀请中国银行首席经济学家曹远征教授就"人民币国际化的缘起与发展"发表专题演讲，这是"小英教育基金会"首度邀请大陆经济专家面对面座谈。作为回访，2014 年 1 月，基金会执行长林全与前"国安会副秘书长"江春男等接受大陆对外经济贸易大学金融学院院长丁志杰邀请参与学术研讨会，这次互访便是以"小英教育基金会"为学术交流机构。

（5）重视国际交流。基金会 2013 年与丹麦一同举办"2013 与丹麦有约：创造多元高价值养猪产业"研讨会。蔡英文呼吁台湾地区和印尼积极交流、掌握亚洲区域发展先机，邀请了法国知名经济学家索尔孟作题目为"金融海啸后的世界"的演讲，邀请日本首相安倍的经济顾问辜朝明也在基金会做主题是"安倍经济学的挑战"的演讲。2014 年 3 月 25 日，美国智库"2049 计划研究所"拜访基金会参访团拜会"小英教育基金会"，与蔡英文董事长进行会谈，双方针对目前的"学生运动"、服贸协议、台美安全与经贸关系、两岸关系以及能源政策等议题交换意见。

（四）重视年轻世代工作，长远传递智库理念

青年政治运动是蔡英文集团具有长远打算的计划，通过对青年的思想引导，向台湾下一个世代灌输基金会意识。蔡英文及其基金会招募青年大学生让大学

生进入"国会办公室"、非政府组织实习，透过参与实作，近身观察政治实务。小英基金会的各个领域的活动似乎都体现了蔡英文对下个世代的重视，尤其表现在以下几个方面。

（1）在举办台湾新经济模式工作坊时，参加座谈的以四十岁以下的年轻学者居多。蔡英文认为年龄希望限定在 40 岁以下，这不是对年纪大的人有歧视，而是 40 岁以下的人，刚完成阶段性教育、刚开始新生涯，思想、学识、学问的纯度最高，尚未被世俗妥协掉，若大家太熟悉现在一切，很可能会丧失创新思考。在第二期工作坊结束时，蔡英文直言不讳期许大家一起鼓励下个世代创业，期望下一世代开放、不保守、勇于承担，是个敢于创业的世代，基金会未来也将继续这样的对话讨论。

（2）在创立想想论坛时，鼓励年青学者踊跃讨论，发表自己的见解。蔡英文 2014 年 1 月 4 日出席基金会征文颁奖活动，致辞时指出，台湾走到了历史进程的关键时刻，过去传统的价值与想法已无法因应未来挑战，台湾社会需要一个思想运动，希望有更多年轻人站出来，为台湾想想，希望台湾可以改变。

（3）实施青年政治工作实习计划，招募大学生进入"国会办公室"、非政府组织实习，透过参与实践，近身观察政治实务。蔡英文对下个世代的重视显然是有她的长远计划的，下个世代是台湾将来的希望，是未来台湾的主人，争取到他们的支持，将为蔡英文实现她的政治野心提高很多筹码。

四、结论

私人幕僚属性的智库是智库发展的一个趋势。这种智库在形态上可追溯到古代中国的三种制度。一是春秋战国时期的门客；二是战国至五代的幕府；三是明清时期特别是晚清时期的幕府，公务私办、为一人效劳是其精神实质。[1] 现代私人幕僚智库更加重视网络社会资本运用和知识运用是该类智库发展的重要特征。主要表现在：

第一，智库组成人员与思想服务对象的人身依附关系密切，往往是一荣俱荣，一损俱损；第二，智库的结构和功能往往随服务对象的要求改变而立即发生改变；第三，智库的活动往往围绕为私人服务对象服务的目的去进行的。

---

[1]　李志茗：《传统与现代之间：晚清幕府制度之演进》，《学术月刊》2008 年第 9 期。

　　"小英教育基金会"是私人幕僚属性的智库，整个智库是为一个个人服务的，而非为一个集团或组织服务，它类似于中国古代幕府制度。但它与幕府又有显著区别，幕府的人士都为私聘，幕府类的幕僚对服务对象的依赖性极强且没有正规的组织编制，而智库是有组织规模能独立运营能力且一般拥有法人资格的。

　　近年来，大陆智库发展迅速。智库专家学者若能提供专业性的建议则需要接近群众，接近基层，接近青年；智库若能够提供智库产品，发挥社会影响力，则需要在思想力、行动力和执行力上完善智库结构建设；智库要以新形式进行传播，通过新媒体推动思想市场进入社会传播领域。